Wenn wir den Körper als Spiegel erkennen, können wir uns besser wahrnehmen und verstehen – und unseren Körper leichter annehmen. Wir werden dann verständiger und milder, konsequenter und erfolgreicher mit uns selbst und anderen umgehen, während unsere Seele auflebt.

DANKSAGUNG

Für Korrekturen danke ich Margit und ihren Mitarbeitern im Heil-Kunde-Zentrum in Johanniskirchen: Christa Maleri, Anja Schönfuss, Hildegunde Kirkovics, Freda Jeske, Josef Hien und Gerald Miesera. Anregungen verdanke ich Dorothea Neumayr sowie Manfred Müller, dem Spezialisten für Physiognomik. Dr. Eduard Lanz bin ich für seine orthopädische Schützenhilfe zu Dank verpflichtet. Wichtige Ideen, Anregungen und Korrekturen kamen von Vera, die mir obendrein die Freiräume ermöglichte, in denen das Buch wachsen konnte. Korrekturen aus Sicht der jüngeren Generation stammen von ihrer Tochter Lara. Christine Stecher hat dem Ganzen in bewährter Weise eine runde Form gegeben.

IMPRESSUM
© 2007 GRÄFE UND UNZER VERLAG GMBH, München
Alle Rechte vorbehalten.
ISBN: 978-3-8338-0722-0

Layout und Umschlaggestaltung: independent Medien-Design, München, Luitgard Schüller
Illustrationen: Hendrik Hellige, Berlin
Sachgrafiken: Axel Hummert, Dortmund
Fotos: Kay Blaschke, München

Die im Buch veröffentlichten Ratschläge wurden mit größter Sorgfalt erarbeitet und geprüft. Eine Garantie kann jedoch nicht übernommen werden. Ebenso wird eine Haftung für Personen-, Sach- oder Vermögensschäden ausgeschlossen.

2. Auflage 2007
Druck und Bindung: sachsendruck GmbH, Plauen
www.graefeundunzer-verlag.de

Ein Unternehmen der
GANSKE VERLAGSGRUPPE

RUEDIGER DAHLKE

der körper als
spiegel der seele

Inhalt

Körperformen als Ausdruck der Seele 7
    Selbsterkenntnis 8
    Mit den Augen der Liebe sehen 10
    Den eigenen Weg finden 11
    Glück und Zufriedenheit 13
    Die Praxis der Körperdeutung 15

Figurtypen – ihre Bedeutung und Erlösung .. 21
    Proportion und Schönheitsempfinden 21
    Die Körpergröße 24
    Archetypisch männliche und weibliche Figurmuster ... 26
    Der moderne Kampf um die schlanke Linie 29
    Die neuen Modelmaße 38
    Zur Problematik plastischer Operationen 43
    Weibliche Silhouetten 48
    Männliche Silhouetten 58

Die Körperzonen und ihre Symbolik 69
    Der Kopf – Krone des Lebensbaumes 69
    Das Gesicht – Fassade und Visitenkarte 78
    Die Haut – Landkarte der Seele 95

Die Augen – Sterne und Fenster der Seele 98
Die Nase – Orientierung und Durchsetzung 111
Die Ohren – horchen und gehorchen 115
Der Mund – Ausdruck und Lebensgenuss 124
Die Zähne – Zeichen gesunder Aggression 128
Der Hals – Verbindung von oben und unten 137
Die Schultern – Belastbarkeit und Haltung 145
Die Arme – unsere Art, die Welt zu umarmen 148
Die Hände – auf das Leben zugreifen 151
Der Rücken – Anstrengung und Aufrichtigkeit 154
Die weibliche Brust – Sinnlichkeit und
   Mütterlichkeit 157
Der Bauch – Mitte des Menschen 162
Taille und Hüfte – in Bewegung bleiben 173
Das Becken – die Lebensgrundlage 176
Der Po – sich durchsetzen 179
Die Beine – Fortschritt und Standfestigkeit 189
Die Füße – Beständigkeit und Verwurzelung 194

Im Haus der Seele wohnen 201

Anhang 203
Literatur, CDs und Videos 203
Adressen 206
Register 206

Körperformen als Ausdruck der Seele

Wer sind wir in körperlicher Hinsicht? Welche Aufgaben und Herausforderungen liegen darin, dass wir so sind, wie wir sind – und welche Chancen bieten sich uns dadurch? Die Antworten auf diese Fragen finden wir in unserem Körper selbst, in seiner äußeren Form und Gestalt.

Unser Körper spricht eine eigene Sprache. Wir beachten sie noch zu wenig, obwohl sie die meistgesprochene Sprache auf Erden ist und sie uns viel über uns selbst mitzuteilen hätte: die Körpersprache. In unserem Zusammenhang ist damit jedoch nicht die ebenfalls bedeutsame Sprache unserer Gesten und Gebärden gemeint. Vielmehr will ich in diesem Buch darstellen, wie unser individueller physischer Körper bereits durch sein Aussehen mehr oder weniger deutlich zeigt, was uns ausmacht und was uns als Aufgabe gestellt wurde. Jeder Spiegel, in dem wir uns betrachten, kann uns verraten, wofür unser Körper (wie) geschaffen ist.

Wenn wir das Spiegelbild deuten, berühren wir tiefere Ebenen unseres Seins und können Aufgaben und Chancen wahr- und wichtig nehmen, die in uns liegen und nur darauf warten, ergriffen und verwirklicht zu werden. Dabei wird uns natürlich auch gezeigt, wer wir nicht sind und welche Möglichkeiten wir folglich gar nicht haben – und welche Ziele wir besser auch nicht anstreben sollten. Erst auf der Grundlage dieser Erkenntnis kann es für uns sinnvoll sein, damit zu beginnen, unseren Körper durch äußere Maßnahmen (wie etwa Training) zu verändern. Wer klar erkennt, was er niemals erreichen wird, spart sich somit viel Mühe und vermeidet Enttäuschungen.

Wenn wir dagegen die Möglichkeiten nutzen, die in Figur und Aussehen *deut*lich werden, lassen sich der eigene Typ und die eigene Art erkennen und weiterentwickeln. Der individuell passende und vorgesehene Lebensweg zeichnet sich klar ab. Hilfen tauchen umso rascher und leichter auf, je mehr wir im Einklang mit uns selbst und unseren

Anlagen leben. Um all diese Chancen nutzen zu können, muss man sich um sich selbst kümmern. Unsere Eigenliebe ist gefragt. Gleichzeitig sind wir aufgefordert, um mit den Worten der Bibel zu sprechen, auch unseren Nächsten wie uns selbst zu lieben – nicht mehr, aber auch nicht weniger. Der Psychoanalytiker Erich Fromm hat diesbezüglich einen Vers aus dem Talmud abgewandelt, den ich ebenfalls noch ein wenig umformuliert habe und diesem Buch als Motto voranstellen möchte:

Wenn ich nicht auf mich schaue, wer dann?
Wenn ich nur auf mich schaue, wer bin ich dann?
Wenn nicht jetzt – wann?

Beginnen wir also, uns selbst anzuschauen und zu erkennen und für uns zu sorgen, bevor es andere tun (müssen). Wir erfahren dadurch auch, warum andere in einer bestimmten Weise auf uns reagieren.

Selbsterkenntnis

Im griechischen Tempel der Antike stand über dem Eingang »Erkenne dich selbst«, und im Innern soll die Fortsetzung gelautet haben: »damit du Gott erkennst.« Was auf den ersten Blick wie Hybris wirken mag, Gott in sich selbst zu sehen, wird uns auch im Christentum nahegelegt, wenn es in der Bibel heißt, das Himmelreich Gottes liege in uns. Die Aufgabe des Anfangs lautet also, sich selbst in aller Ehrlichkeit zu betrachten und sich bereitwillig zu akzeptieren, um dann Gottes (oder des Schicksals) Wirken in der eigenen Gestalt zu erkennen.

Anders ausgedrückt können wir aus unserem Aussehen die Aufgaben Gottes an uns ablesen und darin Bedeutung und Sinn finden. Sobald dies gelungen ist, besteht der nächste Schritt darin, auch andere Menschen in ihrem Aussehen zu erkennen und Gottes Anspruch an sie zu verstehen. Dann könnten wir ihnen und uns besser gerecht werden und damit harmonischer und zugleich liebevoller auf Erden leben. Das Wort Anspruch ist hier durchaus in seiner Doppelbedeutung gemeint. Gott spricht uns an und hat dadurch auch einen (mehr oder weniger großen) Anspruch an uns. Ihm gerecht zu werden ist die Aufgabe jedes in irgendeiner Weise spirituell oder religiös orientierten Menschen.

Diese Anschauung ist keineswegs auf unseren Kulturkreis beschränkt, denn Buddhisten sehen den Körper ebenfalls als ein großes Geschenk an, dem sie durch ein ethisches, am großen kosmischen Gesetz (Dharma) orientiertes Leben gerecht zu werden suchen. Mit dieser Einstellung ergeben sich von Anfang an weder Wertungen noch Beurteilungen, jene hässlichen Vorstufen von Vorurteilen und Verurteilungen.

Bei einer Annäherung auf solch respektvoll leisen Sohlen wird unsere Deutungsweise heilend wirken, statt verletzend zu sein, ja sie kann dann sogar Verletzungen heilen. Dies sei das höchste Ziel. Wer am Ende der Reise durch dieses Buch glücklicher und zufriedener in seinem Körper lebt und klarer spürt, wofür er (wie) geschaffen ist, hat es erreicht und sich ein weiteres Stück verwirklicht.

» Erkenne dich selbst «
– das ist der einfache, aber wirkungsvolle Weg zu mehr Gesundheit und Wohlbefinden und die Grundlage von Weisheit und Lebensglück.

Aber wichtiger noch als der Körper ist die Seele, denn wichtiger als das Haus ist dessen Bewohner, dessen Bewohnerin. Dem physischen Körper gebührt unsere Achtung, aber er wird nicht bleiben. Das Vorrecht der Unsterblichkeit kommt nur der Seele zu. Wenn wir aber den Körper als Chance begreifen, mehr über unsere Seele und ihre Aufgaben zu erfahren, werden wir unserer seelischen Entwicklung und nebenbei auch noch dem Körper nutzen, denn wir nehmen ihn wichtig, ohne ihn überzubewerten. Wenn der Körper dieser besondere Körper sein darf, wenn er seinen Stellenwert und die ihm gebührende Achtung erfährt – im Sinne der großen Chance, die er hier auf der Erde darstellt –, ist ihm wundervoll gedient.

Mit den Augen der Liebe sehen

Wem es gelingt, die Entwicklungsmöglichkeiten zu erkennen, die im eigenen Körperhaus wohnen, wird Schönheit selbst dort sehen können, wo etwas auf den ersten Blick problematisch erscheint. Dann kann die eigene Aufgabe mit Liebe akzeptiert werden. Selbst »Problemzonen« bekommen die Chance, angenommen, wenn nicht sogar liebgewonnen zu werden.

Diese Sichtweise mag schwerfallen, wenn Wirklichkeit, Möglichkeit und Wunschdenken weit auseinanderklaffen. Auch in diesem Fall besteht die beste Chance darin, selbst große, schwierige Aufgaben mit Liebe anzunehmen. Lieben heißt immer, sich zu öffnen und das andere, Fremde hereinzulassen.

Ein Problem des deutenden Ansatzes dieses Buches ist die an die Polarität gebundene Sprache. Sie wirkt rasch verletzend, besonders wenn sie Symptome und Krankheitsbilder *treffend* beschreibt. In unserem Zusammenhang sollen die Deutungen den Leser durchaus berühren und in Bewegung bringen. Wo eigene Betroffenheit im Spiel ist, werden sie aber auch empfindlich treffen und betroffen machen. Dies wird manchmal notwendig sein, um aus eingefahrenen Bahnen herauszukommen und den eigenen Weg zu finden. Der Schmerz, den manche Wortspiele und Sprachbilder auslösen können, ist deshalb am besten als eine Art Heilschmerz zu deuten: im Sinne einer homöopathischen Erstreaktion. Sie dient dazu, einen neuen Entwicklungsprozess einzuleiten, die Lebenskraft zu aktivieren und etwas zu verändern. In diesem Sinne sind selbst die von den Deutungen ausgelösten Schmerzen ebenfalls liebenswert und von Nutzen. Es ist wichtig, sich von Anfang an darauf einzustellen, in Liebe der ehrlichen Wahrheit den Vorzug vor der schonenden Lüge zu geben.

Sobald ein Mensch ehrlich mit sich ist, kommt er zu sich und wird eins mit sich. Er findet zu sich und seinem Rhythmus, was wir dann als berührend und schön empfinden – und so sind ehrliche Menschen tatsächlich attraktiv, ganz unabhängig von ihrer äußeren Gestalt. Christian Morgenstern drückt dies mit den Worten aus: »Schönheit ist empfundener Rhythmus. Rhythmus der Wellen, durch die uns alles Außen vermittelt wird.« Und weiter: »Schön ist eigentlich alles, was man mit Liebe betrachtet. Je mehr jemand die Welt liebt, desto schöner wird er sie finden.« Und desto schöner wird er auch selbst werden, denn die äußere Welt und die eigene Körperwelt zu lieben macht schön. Dafür braucht man an beidem gar nichts zu verändern, aber selbst wenn man es wollte, wird es viel leichter gelingen.

Lieben heißt, sich zu öffnen – in unserem Fall für die eigenen Aufgaben, die sich im Körperhaus spiegeln.

Wahre Schönheit kommt von innen. Der erste Schritt dorthin besteht darin, ehrlich anzuerkennen, was ist, es anzunehmen, sich dafür zu öffnen und es mit den Augen der Liebe zu betrachten. Diese werden immer für die Chancen der Situation offen sein. Was auf den ersten Blick schön ist, kann sofort genossen werden, was auf den ersten Blick unschön erscheint, könnte auf den zweiten als Chance erkannt und durch den Lernprozess, den es auslöst, doch noch als schön empfunden und (bedingungslos) angenommen werden. Vor diesem Hintergrund ist es für unsere Entwicklung noch viel wertvoller. Vergleichbar mit der Liebe zu einem schwierigen oder behinderten Kind, die von einer Mutter zwar viel mehr fordert, aber bei ihr auch mehr Entwicklung in Gang setzt.

Den eigenen Weg finden

Der Aufbruch in dieses Neuland der Körperbetrachtung fällt umso leichter, wenn es gelingt, die Deutungen mit etwas Selbstironie und Humor zu nehmen. Neben der Liebe ist Humor ein bewährtes Rezept, denn das Wort selbst steht für das Fließende. Erinnert sei hier an die alte Humoralpathologie oder Säftelehre, die davon ausging, dass Krankheitsbilder auf ein fehlerhaftes Misch- und Fließverhalten der Körpersäfte zurückgehen.

Körperformen als Ausdruck der Seele

Abgesehen davon, dass manche Aufgaben so schwer sind, dass sie überhaupt nur mit einer Haltung fließender Leichtigkeit zu ertragen und erst recht zu lösen sind, sollte jeder versuchen, über seine mitgebrachten oder angenommenen Probleme ein wenig zu lächeln. Wenn dies gelingt, werden sich einem Lösungen für die eigenen Probleme nicht nur schneller anbieten, sondern die Bewältigung der sich hinter den Deutungen abzeichnenden Aufgaben fällt auch spürbar leichter.

Hilfreich für unser Unterfangen ist ein wesentlicher, verschiedene östliche Philosophien verbindender Gedanke. Danach sucht sich jede Seele, die sich inkarnieren will, ihre Eltern selbst und mit ihnen den Körper sowie ein passendes Umfeld, um die vorgesehenen Lebensaufgaben optimal zu lösen. Dabei müssen weder die Eltern noch der Körper, noch die Lebensumstände besonders schön oder auch nur angenehm sein. Vorrangig ist, dass alles seinen Zweck erfüllt und ideale Voraussetzungen für den anstehenden Lernstoff bietet. Wer diesen Gedanken – vorerst nur als Hypothese – weiterverfolgt, wird im Laufe der Arbeit an sich selbst erkennen, wie tröstlich und stimmig diese Anschauung ist, von der immerhin mehr als die Hälfte der Menschheit ganz selbstverständlich ausgeht.

Wenn also die Seele sich die passenden Eltern sucht und sich selbst einen Körper formt, der im Einklang mit dem Lehrplan ihres Lebens steht, wird der Körper sowohl zum Ausdruck der Seele als auch zum Werkzeug für ihren Entwicklungsweg. Dann hören alle Schuldzuweisungen und Projektionen wie von selbst auf.

Vor diesem Hintergrund macht es gar keinen Sinn, den Körper oder die Lebensaufgaben auf- oder abzuwerten. Sie sind uns gegeben, und deshalb stehen sie auf dem Programm. Kinder werden ihre Prüfungsaufgaben in der Schule auch nicht immer angenehm finden, aber sie gehören nun einmal zum Lehrplan, und Protest führt eher zu Nachteilen, jedenfalls nicht zu einer Vereinfachung der Aufgaben. Wenn jemand beispielsweise lange Beine mitbekommen hat, soll er offenbar lernen, große Schritte zu machen und schneller im Leben voranzukommen und möglicherweise dabei größeren Fortschritt zu erzielen. Hat jemand dagegen kurze Beine auf seinen Lebensweg mitbekommen, ist daraus die Aufforderung zu lesen, sich mit kleinen, bewussten Schritten zu bewegen.

Glück und Zufriedenheit

In meinem Fastenseminar »Körper – Tempel der Seele« erfahre ich zusammen mit der Gruppe regelmäßig, wie durch Fasten und eine Stimmung heiterer Gelassenheit die Umwandlung des Körper(bilde)s vom Haus zum Tempel der Seele möglich ist und heilend wirkt. Tag für Tag beschäftigen wir uns meditativ und kontemplativ mit den Bedeutungen der verschiedenen Organe und Regionen unseres Organismus und der dahinterliegenden seelischen Ebene. Auf diese Weise verbessert sich das eigene Körperbild und -verständnis, und die darin zutage tretenden Lern- und Wachstumsaufgaben werden deutlicher und akzeptabler.

Während das Fasten den Organismus auf sanfte Art entschlackt und reinigt und in überschaubarem Rahmen den Körper verändert, indem es ihn der ursprünglich angelegten Form und Figur wieder näher bringt, wird zugleich das Bewusstsein weiter und offener. Dies ermöglicht einerseits Klärung und andererseits Akzeptanz dessen, was da Konturen und Formen gewinnt. Das Entscheidende ist dabei aber nicht das objektiv bessere Aussehen durch den Verlust überflüssiger Kilos, sondern das Annehmen der eigenen Gestalt, so wie sie gedacht war und einem geschenkt wurde.

Viele eindrucksvolle Menschen zeigen uns beispielhaft, dass es möglich ist, in jedem Körper Erfüllung zu finden. Man braucht nur an die taubstumme und blinde Helen Keller zu denken, die so vielen Menschen zum Vorbild wurde. Mich selbst hat in dieser Hinsicht Schwester Alberta, eine katholische Nonne, sehr beeindruckt. Man hatte sie sehr jung für das Klosterleben bestimmt, weil ihr Rücken einen großen Buckel zeigte und obendrein seitlich verkrümmt war. Die winzig kleine Person besaß scheinbar eine nur minimale Lebenserwartung. Aber Alberta stellte sich ein Leben lang ihrem Schicksal und ist auch ihr Leben lang gewachsen, geistig-seelisch vor allem, sogar auch ein wenig körperlich. Zentimeter für Zentimeter hat sie sich bis ins hohe Alter von über achtzig Jahren aufgerichtet und ist aufrecht und gerade ihren Weg gegangen. Obwohl sie klein und krumm von Gestalt blieb, war sie einer der beeindruckendsten, glücklichsten und *aufrichtigsten* Menschen, den ich ken-

Körperformen als Ausdruck der Seele

nenlernen durfte – ausgesöhnt mit Gott und der Welt und mit sich und ihrer Erscheinung. Ihr Beispiel hilft uns zu erkennen, dass Glück und Zufriedenheit und selbst Erfolg keinesfalls direkt abhängig vom Aussehen sind, sondern viel eher davon, was wir aus dem eigenen Typ und seinen mitgebrachten Anlagen machen. Wenn wir (auch mit dem eigenen Aussehen) einverstanden und in Einklang mit uns und unserer Welt sind, fühlen wir uns glücklich. Sobald wir dagegen im Widerstand leben, werden wir uns unglücklich und unzufrieden fühlen. Widerstand führt zu Leid. Einverstandensein und Akzeptanz sind dagegen wundervolle Steigbügelhalter zu Gipfel- und Glückserlebnissen. In jedem Fall ist das Akzeptieren der eigenen Ausgangssituation immer der erste Schritt in die richtige Richtung. Selbst wenn es einem Menschen mit an sich massiger Statur gelingen sollte, durch funktionale äußere Maßnahmen zarte Anmut zu erreichen und zu demonstrieren, liegen doch immer anstrengender Aufwand und durchschaubare Absicht darin, was auf Dauer ermüdet und ein ganzes Leben lang kaum durchzuhalten ist.

Die Praxis der Körperdeutung

Wir werden uns in diesem Buch zuerst mit verschiedenen Konstitutionen, dem mitgebrachten Potenzial und den sich daraus ergebenden Figurtypen beschäftigen und sie deuten. Danach wenden wir uns den einzelnen Regionen und speziellen Aspekten des Körpers zu, zum Beispiel dem Thema Doppelkinn oder große Füße. Wir folgen dabei der Krankheitsbilderdeutung, was möglicherweise ungewohnt ist, da diese Vorgehensweise nicht der immer noch vertrauten Reparatur- oder Schulmedizin entspricht. Was »Krankheit als Weg« für die Welt der Körper*symptome* war, strebt dieses Buch für die Welt der Körper*formen* und *-figuren* an.

Nach der möglichst ehrlichen Bestandsaufnahme – dem Annehmen und Sicheingestehen der Ausgangslage – folgt das Deuten, um die verschiedenen Be-Deutungen und die verborgenen Lebensaufgaben zu entdecken. Dabei sind Fragen hilfreich wie: Warum habe gerade ich gerade diese Figur oder Symptomatik? Warum passiert das gerade jetzt in meinem Leben, bzw. seit wann geschieht es? Wie komme ich zu dieser Körperform? Vor welchem kollektiven und sozialen Hintergrund ist mein Aussehen zu verstehen?

Selbst wenn es sich um geerbte Symptome und Familienthemen handelt oder um solche, die der Zeitgeist heraufbeschwört wie die aktuelle Polarisierung in Fett- und Magersucht, sind solche Fragestellungen sinnvoll. Auch mitgebrachte oder die ganze Gesellschaft betreffende Aufgaben sind individuelle Herausforderungen und können gedeutet werden.

Bei der Beschäftigung mit Symptomen ergeben sich neben Deutungen des unerlösten Ausgangszustands auch Einlösungen, auf denen die Hoffnungen ruhen, denn hier liegen die besten Entwicklungsmöglichkeiten. Ein Beispiel mag dies illustrieren: Wenn ich übergewichtig bin, geht es nicht vordringlich darum, in den Gegenpol zu springen und abzunehmen, sondern erst einmal darum, nach der erlösten Seite dieser Art von Übergewicht zu fahnden. Dabei kann die Archetypen- oder Urprinzipienlehre sehr hilfreich sein. Übergewicht und Fettgewebe gehören genauso wie Fülle und Erfüllung zum jovischen Urprinzip (Jupiter-Prinzip), bei dem es um Wachstum und Expansion geht. Übergewicht ist eine unerlöste Spielart dieses Prinzips, während Fülle verschiedene Möglichkeiten beinhaltet. Auf der Ebene des Glücks oder des Geldes wird sie begrüßt, auf der des Körpergewichts bedauert. Er*füllung* ist in jedem Fall eine erlöste Form – sei es, dass Wünsche in Erfüllung gehen oder dass wir Erfüllung in der Liebe, bei der Arbeit oder im Leben finden.

Bevor wir also auf den Gegenpol zur schlanken Figur schielen, müssen wir dem jovischen Thema gerecht werden. Auf irgendeiner wichtigen Ebene unseres Lebens sollen wir offenbar Fülle und Erfüllung finden. Dann können wir die körperliche Fülle nicht nur erfolgreich, sondern auch nachhaltig loslassen – wenn es denn notwendig ist. Das jovische Prinzip wird damit nicht aus dem Leben hinausgedrängt, sondern vielmehr erfüllt, allerdings auf einer anderen Ebene, die weniger oder keine Nachteile mit sich bringt und bestenfalls sogar nutzt.

Wer versteht, warum er ist, wie er ist, was er mitbekommen hat und was er selbst daraus machen kann, hat beste Chancen, sich zu verwirklichen. Wer aber ständig sich und der Welt ein X für ein U vormacht, wird davon weder schlank noch glücklich.

Wenn wir auf den folgenden Seiten den ganzen Menschen von Kopf bis Fuß betrachten, wird es jeweils darum gehen, die erlöste Aufgabe oder Chance der entsprechenden Region auf der Grundlage der Urprinzipienlehre zu erkennen und aus den dort auftretenden Problemen zu lernen. Bei der individuellen Suche nach Lösungsschritten ist dann ein wenig Realismus anzuraten, um die eigenen Möglichkeiten nicht zu überschätzen und sich nicht zu überfordern. Am wichtigsten ist, sich klarzumachen, dass jede Körperform, mit der wir weder einverstanden noch ausgesöhnt sind, eine Chance in sich trägt und Aufgaben stellt. Gerade an dem Punkt, wo wir unzufrieden sind, liegt die größte Herausforderung, Frieden zu schließen. Symptome und Formen sind jedoch niemals als Strafe zu verstehen – und schon gar nicht als die Gottes –, sondern als wichtige Herausforderung, zu wachsen und sich weiterzuentwickeln. Das sollten wir immer berücksichtigen, wenn wir uns selbst oder andere betrachten.

Deuten statt werten und verurteilen

Jeder muss für sich selbst entscheiden, wie zufrieden oder ausgesöhnt er mit sich und der Welt seiner äußeren Formen ist. Außerdem vermag kaum jemand, anderen Menschen den Grad ihrer Aussöhnung, zum Beispiel mit ihrer Figur, sofort anzusehen. Aus diesem Grund verbieten sich Wertungen von selbst. Ein Beispiel: Bei einem sehr kleinen, drei Zentner schweren Mann könnte man versucht sein, wertend zu deuten nach dem Motto »Äußere Fülle statt innerer Erfüllung«, und damit ein typisches Kompensationsmuster meinen. Das heißt, wir unterstellen, dass mangelnde innere Erfüllung durch äußere Fülle kompensiert wird. Nun könnte es sich aber um einen spirituell erwachten Menschen wie Buddha handeln. Wir müssten dann wohl sagen: »Äußere Fülle spiegelt innere Erfüllung wider« oder »Wie außen, so innen«. Zwar ist die erste Variante, die Kompensation, heute die weitaus häufigere, aber es kann vorkommen, dass wir einem erwachten Menschen begegnen, der uns seine innere Fülle auch sehr plastisch äußerlich vor Augen führt.

Grundsätzlich sind wir demnach gut beraten, uns nicht unaufgefordert mit anderen deutend zu beschäftigen. Wir sollten lieber bei uns selbst beginnen. Nur der Einzelne kann ermessen, ob er sich zum Beispiel wegen seiner krummen Nase schämt oder nicht, ob er sein Thema in der Kompensation lebt oder ganz direkt.

Wichtig ist, ob die Betroffenen tatsächlich unter ihrer Körperform leiden. Bei Symptomen können wir meist davon ausgehen, dass es sich um Kompensationen handelt, während »gesunde« Strukturen häufig ein direkter Spiegel sind. Allerdings ist dies nicht zwingend, denn natürlich verbirgt sich nicht hinter jedem schönen Gesicht ein guter Mensch. Und ebenmäßige Zähne müssen nicht unbedingt auf einen harmonischen Umgang mit den vitalen Energien der Aggression hindeuten, sondern es könnte sich um Jacketkronen handeln, die als Prothesen etwas vortäuschen.

Es wäre gut, sich ständig bewusst zu sein, wie sehr wir dazu neigen, andere über Deutungen zu beurteilen und nicht selten auch gleich zu verurteilen. Gute Lösungen für jeden liegen dagegen im liebevollen Annehmen. Alles, was es befördert, ist hilfreich, alles, was Widerstand auslöst, ist hinderlich. Aber wir könnten für Widerstände wach werden. Wo immer wir Widerstand auslösen, sind wir Teil des Problems; wo immer wir Akzeptanz fördern, sind wir Teil der Lösung. Wo wir selbst in Widerstand geraten, liegt unsere Chance, uns zu öffnen und daran zu wachsen.

Haben wir also Respekt vor der Macht des Deutens von Körperbildern. Wir sollten dieses Werkzeug vorsichtig und liebevoll einsetzen, um uns und anderen zu helfen, mehr aus den eigenen Möglichkeiten zu machen.

Außen wie innen

Wir können davon ausgehen, dass alles, was Form hat, auch Inhalt ausdrückt. Folglich wird auch unsere äußere Form, die Figur, einiges über uns aussagen – über unsere Situation und mögliche Rolle im Leben. Der Mechanismus der Körperdeutung ist somit einfach: Die Grundlage ist, dass Seelisches körperliche Gestalt annimmt. Beim Deuten schließen wir folglich vom körperlichen Aspekt zurück auf den seelischen Hintergrund. Wir gehen davon aus, dass der Körper jeweils zur Bühne wird für Themen, die im Bewusstsein nicht mehr gelebt und oft auch nicht akzeptiert wurden.

Ein weit verbreitetes Krankheitsbild mag diese Zusammenhänge beispielhaft erläutern: Wer sich in der Lebensmitte weigert, Ballast abzuwerfen, um sich den Rückweg zu erleichtern, wird erleben, wie ihm sein

Körper diese Aufgabe abnimmt und stellvertretend die Knochen entkalkt (Symptom Osteoporose). In der zweiten Lebenshälfte ist Ballast das Letzte, was wir für den Heimweg der Seele zwingend brauchen. Wir müssen also überflüssig Gewordenes loswerden, entweder in seelischer Hinsicht oder konkret körperlich, und dann eben auch symptomträchtig.

Krankheitsbilder können vieles über seelische Aufgaben aussagen, wenn man sie entsprechend deutet. Genauso viel verraten die Formen des Körpers – ob sie nun Symptomcharakter haben oder nicht.

Nach demselben Deutungsprinzip können auch gesunde Organe und Körperteile Auskunft über ihren Sinn geben. Umgangssprachliche Wendungen enthüllen, dass beispielsweise die Ellbogen mit Durchsetzung zu tun haben. Damit verbundene Probleme können sich im Arm- und Ellbogenbereich zeigen, dem man vielleicht solche Bedeutungstiefe gar nicht sofort ansieht. Und so wie wir unseren eigenen Körper mit seinen Formen deuten können, um zu individuellen Ergebnissen zu gelangen, die unsere Sicht von uns selbst verändern mögen, lassen sich auch Probleme deuten und einordnen, die die Gesellschaft als Ganze betreffen, wie die rapide zunehmenden Gewichts- und Figurprobleme.

Statt im individuellen Fall mit funktionalen Maßnahmen einzugreifen und den Körper an seiner Darstellungsaufgabe zu hindern, wie es die Schulmedizin mit der Schönheitschirurgie versucht, ist es naheliegender, der Körperbühne die Darstellungsaufgabe (wieder) abzunehmen und sie stattdessen auf seelischer Ebene anzupacken. Wer beispielsweise sein Herz seelisch öffnet und weitet, entlastet sein physisches Herz von dieser Aufgabe und erspart sich eine Herzinsuffizienz. Wer freiwillig seelischen Ballast abwirft, kann seinem Körper die entsprechende Problemdarstellung mittels Knochenentkalkung ersparen. Wer sich mit seinem Konstitutionstyp aussöhnt, vermag sich in seiner Haut rundum wohl zu fühlen.

Figurtypen – ihre Bedeutung und Erlösung

Proportion und Schönheitsempfinden

Der Eindruck von körperlicher Schönheit ergibt sich am ehesten aus der stimmigen Proportion der Formen. Wenn eine Frau sogenannte Traummaße vorweisen kann, was an Hüft-, Taillen- und Brustumfang festgemacht wird, geht es genau darum. Diese Art der Bewertung mag primitiv sein; sie verrät jedoch die Wichtigkeit der Proportionen. Ein jeweils großer Umfang von Brust und Hüfte bekommt seinen Wert erst durch eine vergleichsweise schmale Taille. Sobald dieser mittlere Wert wächst, verlieren die beiden Rahmendaten ihre Bedeutung, und die Figur büßt an Attraktivität ein.

Falls ein hoher unterer Wert, das heißt ein breites Becken, von einem geringen mittleren Wert, einer Wespentaille, betont wird, war dieses Verhältnis früher schon ein ausreichender Grund für Attraktivität, egal, was oben noch nachkam, denn diese Frau hatte erfahrungsgemäß alle körperlichen Voraussetzungen für das sichere Gebären. Hier wird aber auch deutlich, dass äußere Traummaße innere Einstellungen nicht ersetzen und keine Garantie dafür sind, dass sich hinter einer überaus weiblichen Silhouette auch eine liebevolle Mutter und Ehefrau verbirgt.

Der moderne Zeitgeist hat das alte Ideal in deprimierend unerreichbarer Weise verändert und die Bedingungen verschärft, denn er nimmt die hinzukommende große Oberweite mindestens genauso wichtig. Wer heute bei einem breiten Becken und einer schmalen Taille oben wenig zu bieten hat, gilt als nicht attraktiv. Gebären wird sowieso immer unmoderner und »uncooler«, außerdem gibt es für die moderne Wohlstandsfrau längst den Kaiserschnitt auf Wunsch. So zeigt sich ein deutlicher Wandel in den bevorzugten Proportionen, aber es geht doch immer noch um Proportion.

Ähnlich müsste ein Mann mit einem eindrucksvollen Oberkörper auch einen schlanken, aber kräftigen Unterbau vorweisen, um gut auszusehen. Wenn auf einem wohlgestalteten, kräftigen Unterbau ein zu vernachlässigender Oberkörper sitzt, ist der Eindruck unbefriedigend. Diese Variante kommt auch insofern schlecht an, als wir heute insgesamt den unteren Bereich immer mehr vernachlässigen und den oberen immer wichtiger nehmen.

Wir wenden außerdem viel mehr Zeit für unser Gesicht als für den restlichen Körper auf und für die obere Körperhälfte mehr als für den Unterleib. Wie viel mehr werden beispielsweise unsere obersten Waffen, die Zähne, gepflegt als unsere mittleren, die Reste der Krallen an den Händen, wenn auch die Ergebnisse trotzdem schlecht sind, wie der Mundgeruch zeigt. Den Fingernägeln aber geht es wiederum noch gut im Vergleich zu den unteren Krallen in Gestalt der Fußnägel. Hier spielt allerdings auch die Devise »Außen hui – innen pfui« hinein, nach der alles Sichtbare ungleich mehr Aufmerksamkeit bekommt. Danach sind die Schneidezähne oft in einem besseren Zustand als die Backenzähne und bekommen manche Fußnägel nur im Sommer Aufmerksamkeit. Auch dies ist wieder Ausdruck unserer Gewohnheit, die oberen Bereiche lieber zu zeigen als die unteren.

Beim Gesicht, unserer Visitenkarte und Fassade, ist es für die Attraktivität sehr wichtig, dass es bei Frauen besonders weiblich und bei Männern betont männlich aussieht. Insofern ist ein markantes Kinn für einen Mann von Vorteil, für eine Frau aber nachteilig. Männer profitieren von einer gewissen als männlich empfundenen Härte, wohingegen Frauen damit verlieren. Bei ihnen spielt das Kindchenschema eine entscheidende Rolle. In der Urprinzipienlehre gehören das Weibliche und das Kindliche zum selben Archetyp des Mondes. Je kindlicher der Eindruck, desto attraktiver wird *ihr* Gesicht wahrgenommen. Zum Kindchenschema, das in der Natur offenbar dazu dient, Mitgefühl und Schutzreflexe auszulösen, gehört typischerweise eine kleine Nase, eine hohe Stirn, ein zierliches Kinn und die sprichwörtlich makellose Babyhaut. Volle Lippen gehören eigentlich nicht dazu, sind aber typisch weiblich und damit ebenfalls vorteilhaft. Ganz entscheidend ist bei den Lippen, dass sie sich häufig zu einem Lächeln öffnen. Lächelnde Gesichter wirken bei beiden Geschlechtern wesentlich gewinnender. Symmetrie spielt eine weitere entscheidende Rolle für den Grad an Attraktivität. Deutliche Asymmetrie empfinden wir als unattraktiv.

Wenn jemand äußerlich sehr aus der Balance geraten ist, verbirgt sich darin offenbar eine zu deutliche innere Aufgabe, was als nicht besonders anziehend erscheint. Die Evolution hat immer die ausbalancierte Mitte angestrebt, und das zeigt sich in einem weiteren wichtigen Punkt, der über Attraktivität entscheidet: Wir haben eine beweisbare Vorliebe für das durchschnittliche Antlitz. Je mehr ein Gesicht dem mathematischen Mittel der jeweiligen Bevölkerung entspricht, als desto anziehender wird es empfunden. Wer wie der Durchschnitt aussieht, hat von allen (vererbten Genen) etwas, und das ist im Sinne der Evolution vorteilhaft.

Ein dritter Punkt relativiert das Gesagte jedoch wieder. Am schönsten finden wir die Gesichter, die dem Durchschnitt ähneln, aber ihre davon abweichenden speziellen Merkmale haben. Zum Beispiel ist beim US-Supermodel Cindy Crawford das Muttermal im Mundwinkel eigentlich ein Schönheitsfleck. Es ist jene Abweichung oder jener kleine Fehler, der – nach östlicher Auffassung – in keinem Kunstwerk fehlen darf.

Schönheit liegt ganz allein im Auge des Betrachters. Doch wird erfahrungsgemäß als attraktiv eingeschätzt, wer wie der Durchschnitt aussieht. Auch hier ist die goldene Mitte das beste Rezept.

Die Harmonie der Erscheinung ist für den Gesamteindruck, den wir machen, letztlich am wichtigsten. Denn fast alle Menschen schließen automatisch von äußerer auf innere Harmonie, wie auch von äußerer auf innere Schönheit, aber auch von Disharmonie und Hässlichkeit in der äußeren Erscheinung auf entsprechende innere Charakterprobleme.

Die Aufgabe eines äußerlich harmonisch gebauten Menschen liegt darin, sein Inneres in Übereinstimmung mit dem Außen zu bringen. In östlichen, mit dem Gedanken an Wiedergeburt lebenden Gesellschaften würde man ein wohlgestaltetes Äußeres als ein Geschenk betrachten, das man sich einstmals verdient und dem man sich in Zukunft als würdig zu erweisen hat.

Bei einer disharmonischen Erscheinung liegt die primäre Aufgabe darin, sich mit diesem Bild auseinanderzusetzen, um es schließlich anzunehmen und sich damit auszusöhnen, nachdem die Lernaufgaben und -chancen verstanden sind. Die aus der Harmonie fallenden Bereiche und die dadurch dargestellten Aufgaben wollen innerlich verwirklicht werden. Zum Beispiel betont eine übergroße Brust das Nährende, Versorgende oder eine dominante untere Körperpartie die Verwurzelungs- und Erdungsaufgabe. Danach erst ist es sinnvoll, auch äußere Veränderungen anzustreben. Werden diese sofort – operativ – erzwungen, ist die krankmachende Diskrepanz zwischen innerem Bild und äußerer Erscheinung zu beachten.

Die Körpergröße

Die Menschen haben sich während der Evolution offenbar von kleinen Anfängen zu immer mehr Größe aufgeschwungen, die allein schon wegen der besseren Reichweite und Hebelkraft ein Gewinn ist. So erleben Kinder, wie vorteilhaft es ist, bei Sportfesten zu den Größeren zu gehören. Dies gilt aber für alle Ebenen unseres Seins. Große Menschen gelten einfach mehr.

Die Aufgabe großer Menschen lautet ganz klar, innerlich zu ihrer Größe aufzuschließen und Außen und Innen in Harmonie zu bringen. Dies ist jedenfalls ungleich befriedigender als der Versuch, sich kleiner zu machen, als man ist, und sich damit zugleich herabzusetzen. Im Gegenteil gilt es *heraus*zuragen, andere zu *über*ragen und *hervor*ragend zu sein, auch auf der Ebene eigener Leistungen. Allerdings sollte man sich dabei der Gefahr der Arroganz bewusst sein, von oben herabzublicken und damit andere herabzusetzen und zu verachten. Wenn man andere herablassend behandelt, wird man sie (und im Sinne der meisten Religionen auch Gott) gegen sich aufbringen. Ein *hervorragender*, großer Körper erlaubt seinem Besitzer, in der Oberliga zu spielen und so auch zu erleben, wie dünn die Luft dort oben ist.

Kleine Menschen haben dagegen die Aufgabe, sich zuerst einmal ihre Kleinheit einzugestehen und sich mit ihrer Statur anzufreunden. Sie sollen offenbar Demut lernen und zu anderen aufschauen. Oft fühlen sie sich herabgesetzt und gedemütigt, was nur die andere Seite derselben Medaille ist. Sie können sich entscheiden, wie viel Wachstum sie in geistig-seelischer Hinsicht anstreben wollen und wo sie ihre wahre Größe vermuten, zu der sie dann versuchen innerlich aufzuschließen. Inneres Wachstum allerdings, das weit über die körperliche Statur hinausgeht, könnte zu einer Diskrepanz führen. Das muss aber in der Lebenspraxis kein großes Problem darstellen, wenn die wahre Größe innerlich akzeptiert und mit den sich selbst gestellten Aufgaben vereinbar ist.

Hinter Körpergröße wird stets auch innere Größe vermutet. Zu seiner Kleinheit zu stehen verlangt Mut.

Größe zeigt auch, wie jemand im Leben steht, wie sicher er sich fühlen kann, wie viel Selbstvertrauen und Eigenständigkeit er hat. Kleine Menschen und besonders kleine Männer neigen dazu, ihre Situation durch Kompensation zu verbessern. Beim Blick in die Geschichte fällt der hohe Anteil von kleinen Menschen in Spitzenpositionen auf. Napoleon ist der Prototyp des kleinen Erfolgreichen. Auf der anderen Seite gibt es sehr Große, wahre Giganten, die offenbar solche Probleme haben, zu dieser eindrucksvollen Statur innerlich aufzuschließen, dass sie sich lieber künstlich klein machen, um so der Norm näherzukommen. Dies geschieht vor allem über die gebückte Haltung oder das Schieflegen des Kopfes, als würden sie um Nachsicht für ihre Überlänge ersuchen und um Verzeihung bitten, dass sie sich so über den Rest erheben.

Der Wechsel des Zeitgeistes und Modegeschmacks zeigt sich wie bei den Proportionen auch bei der weiblichen Körpergröße. Während Männer früher gern eine kleine Partnerin hatten, die sie auch schmeichelnd als »meine kleine Frau« vorstellen konnten, sind heute große Frauen begehrt. Früher durfte die Frau auch deswegen klein sein, weil sie sich bei der Größe ihres Mannes bedienen konnte, ganz ähnlich wie sie – durchaus nicht nur in Österreich – Frau Direktor oder Frau Doktor werden konnte, ohne auch nur eine Chefetage oder Universität von innen gesehen zu haben. Selbst wenn sie nicht überall so angesprochen wurde, konnte sie vom Status des Mannes zehren. Die moderne eigenständige Frau dagegen braucht – obendrein in Zeiten wenig verlässlicher Beziehungen – ihre eigene Größe, die zudem körperlich auf langen Beinen daherkommen darf.

Insgesamt zeichnet sich ab, dass auch hier wie schon bei Figur und Proportion der Durchschnitt das angenehme Maß ist und das entspannteste Leben ermöglicht. Wer nicht zu sehr von ihm abweicht, hat offenbar am wenigsten zu befürchten. Er braucht keine Angst zu haben, einen Kopf kürzer gemacht zu werden oder nach unten durchzufallen.

Archetypisch männliche und weibliche Figurmuster

Polarität prägt unser Leben. Auch auf der Figurebene erkennen wir eine Auseinandersetzung zwischen zwei Polen, genauer gesagt zwischen männlichen und weiblichen Tendenzen. Während der männliche Pol typischerweise den Körper auf das Nötigste reduziert, will der weibliche ihn mit weichen, fließenden Formen abrunden und ausschmücken.

Wenn der Körper eines Mannes von opulenten weiblichen Formen und fließender Überfülle geprägt wird, ist dies als Aufforderung zu verstehen, den weiblichen Pol mehr zu leben – jedoch nicht auf körperlicher Ebene, sondern auf anspruchsvolleren seelischen Ebenen in Gestalt der inneren Frau, der Anima. Oder der Betroffene sucht und findet im Außen eine Partnerin, die eine Animagestalt bietet und ein entsprechendes

(Er-)Leben möglich macht. Die Auseinandersetzung mit der eigenen Mutter ist ein erster Schritt, der – wenn er gelingt – in anerkennender Befreiung endet und die Möglichkeit schafft, nun wirklich aus sich heraus den Schritt zu einer Partnerin zu schaffen, die ihm Gegenpol ist im Sinne von Herausforderung und Erfüllung zugleich.

Eine weitere Möglichkeit für Männer, ihre *innere* Frau zu leben, besteht zum Beispiel darin, sich mit der eigenen Seele zu beschäftigen und die unerledigten psychischen Geschäfte anzugehen und sich schließlich sogar ins eigene Schattenreich zu wagen. Auf profanerer Ebene könnte *man* sich sehr bewusst (mehr) mit Poesie und Lyrik beschäftigen, das Tanzen und Mitschwingen lernen sowie mehr zuhören und sich einfühlen.

Wenn dagegen eine Frau in harte männliche Muster rutscht, wie im Extrem der Magersucht oder eines übertriebenen Bodybuilding- oder Marathontrainings, ist ihr zu raten, mehr Männliches in ihr Leben zu integrieren. Dabei empfiehlt es sich aber, erlöste männliche Muster der Durchsetzung zu wählen und sich mehr dem inneren Mann, dem Animus, zu widmen. Auch hier gibt es natürlich die Möglichkeit, sich im Außen einen Partner zu suchen, der dieses Thema darzustellen vermag und der es *ihr* leichter macht, sich mit der Animusthematik auszusöhnen.

Andere Möglichkeiten für eine Frau, ihren inneren Mann zu leben, liegen zum Beispiel in der Übernahme von Verantwortung für all ihre Angelegenheiten, angefangen bei der seelischen bis hin zur materiellen Ebene. Die eigenen Geschäfte sollten von ihr alleinverantwortlich angegangen werden. Selbstbestimmung und eigenständige Entscheidungen sind gefragt, ebenso der Wille, den Weg der Selbstverwirklichung zu gehen.

C. G. Jung empfiehlt Männern, spätestens ab der Lebensmitte ihren weiblichen Seelenanteil in sich zu verwirklichen – das Entsprechende gilt für Frauen und ihren männlichen Anteil. Das Einswerden mit dem Gegenpol nennt die spirituelle Philosophie chymische Hochzeit.[1] Der

---

[1] Mehr zu Animus und Anima in meinem Buch »Lebenskrisen als Entwicklungschancen«.

Figurtypen – ihre Bedeutung und Erlösung

verwirklichte Mann lässt seine *innere* Frau, die Anima, leben und die verwirklichte Frau ihren inneren Mann, den Animus. Das Ergebnis ist – auf seelischer Ebene – ein androgynes Wesen. Darin besteht die Chance; in Wirklichkeit sinkt wie so vieles auch dieses Thema heute meist in den Körper und wird dort unter anderem als Figurproblem deutlich.

Wenn jemand stark in den geschlechtlichen Gegenpol rutscht, sehen das andere auf den ersten Blick und erkennen die Unstimmigkeit einer solchen Erscheinung. So ist ein extrem dicker, schwabbelweich wirkender Mann viel mehr *daneben* als eine entsprechende Frau, die in gewisser Weise auch noch in dieser ausufernden Figur der Großen (Mutter-)Göttin Ehre erweist. Umgekehrt wirkt eine weibliche Bodybuilderin ungleich grotesker als ein entsprechend muskelbepackter Mann, der prinzipiell noch dem männlichen Archetyp eines Herkules entspricht. Bei der Frau wirken die in der Regel winzigen Brüste auf den mächtigen Brustmuskeln besonders deplatziert; diese Muskelfrau ist genauso weit von ihrer archetypischen Heimat entfernt wie der durchs Leben schwabbelnde Mann.

Die archetypisch männliche Figur ist muskulös, hart und auf das Wesentliche reduziert, die archetypisch weibliche mehr rund, weich und fließend. Das extrem schlanke Figurideal ist ein Ausdruck der heutigen Dominanz männlicher Werte.

Ein Mann, der die seelische Aufgabe der Entwicklung der Anima in sich ignoriert, wird auf der Körperebene oft »weibische« Gesichtsformen entwickeln oder Brüste erheblichen Ausmaßes sowie ausladende Kurven, inklusive eines »schwangeren« Bauchs. Dass dies keine sinnvolle oder auch nur ästhetisch befriedigende Lösung ist, wird jeder Blick in den Spiegel enthüllen.

Die Frau, die ihren inneren Mann nicht als seelisch zu bewältigende Aufgabe erkennt, kann neben herrischen, herben Gesichtszügen mit entsprechendem Damenbart auch eine harte, männliche Figur zeigen. Damit könnte sie zwar dem heute modischen Körperideal genügen, aber in (ihrer seelischen) Wirklichkeit ist sie meist auf einen Abweg geraten.

In unserem Zusammenhang ist auch wichtig festzustellen, dass das extrem schlanke Figurideal unserer Zeit eher archetypisch männlich geprägt ist und seinen Gegenpol in den Fettsuchtfiguren findet, die immer häufiger auftreten. Die kugeligen Gestalten extrem Übergewichtiger sind möglicherweise das Korrektiv zum asketischen oder sogar magersüchtigen Ideal unserer Tage. Beide Extreme boykottieren jedoch jeweils die Welt der geschlechtsspezifischen Formen. Mann und Frau nähern sich einander an – allerdings als Strichfiguren oder Kugelrunde auf der denkbar ungünstigen körperlichen Ebene. So entsteht die Karikatur des androgynen Wesens der chymischen Hochzeit.

Der moderne Kampf um die schlanke Linie

Der Organismus schafft Kunstwerke an archetypisch weiblicher Fülle durch großzügigen Einsatz seines wertvollsten Brennstoffes: Fett. Es ist der Körperbaustoff, der uns als Brennmaterial wärmt und als Modelliermasse dem Leben am besten anpasst und unserem Äußeren alle runden, weich fließenden Formen verleiht.

Zu den frühesten überlieferten Artefakten gehören weibliche Figuren mit gewaltigem Becken, dickem Bauch, entsprechend großen Schenkeln und Brüsten. Der bekannteste Fund ist die sogenannte Venus von Willendorf, offenbar eine Fruchtbarkeitsgöttin, die den überbordenden Reichtum und den Überfluss von Mutter Natur widerspiegelt. Die Große Göttin, die das Leben beherrschte, bis das Patriarchat das Zepter übernahm, zeigte sich einst tatsächlich in der Gestalt der modernen Fettsuchtfigur, dem Albtraum und damit auch dem Schatten unserer modernen Zeit mit ihrem Schlankheitswahn.

Figurtypen – ihre Bedeutung und Erlösung

Heute hat Fett für die Menschen in den Industrienationen absolut nichts Kostbares und Göttliches mehr an sich, denn es ist im Überfluss vorhanden. Fettreiche Nahrung lässt sich mühelos beschaffen und einverleiben. Der Volksmund verurteilt Übergewicht und Fettsucht folglich gnadenlos; die Betroffenen werden schlicht als »faul«, »gefräßig« und irgendwie »unappetitlich« gesehen. Solche Deutungen schaden, und doch enthalten sie manchmal einen wahren Kern. Sicher wird ein Fettsüchtiger zumindest körperlich träge, und in der Regel wird er auch zu viel gegessen haben.

Manch großer Appetit lässt sich nur durch Liebe und Glück stillen.

Wer aber innere Rundheit sucht und sich körperlich kugelrund futtert, gerät in dicke Probleme und nimmt den Mythos von den Kugelmenschen zu wörtlich. Der griechische Philosoph Platon erzählt deren Geschichte. Danach hatten die Menschen ursprünglich Kugelgestalt mit vier Armen und Beinen und zwei Köpfen. Sie rollten so flink und patent über die Erde, dass die Götter eifersüchtig wurden. Sie beauftragten Apollon, die Kugelmenschen mit dem Schwert in der Mitte entzweizuschlagen. Seitdem haben die Menschen den Auftrag, ihre andere, damals verlorengegangene Hälfte wiederzufinden. Der Mythos stellt sein Thema bildlich und gleichnishaft dar; gemeint ist, dass ein Mann seine bessere Hälfte, die Anima, in der Frau zu suchen hat. Entsprechend muss die Frau ihren Animus verwirklichen. Was auf geistig-seelischer Ebene sinnvoll ist, nämlich ein rundes, vollkommenes Leben anzustreben, wird jedoch auf der Ebene des Körpers absurd. Wer sich zur Kugelgestalt futtert, wird durch diese Verwechslung der Ebenen nur krank.

Oft steckt auch ein genereller Lebenshunger hinter dem nicht zu befriedigenden Appetit. Hier ist das buddhistische Anliegen des sogenannten Weltessens oder »Bhoga«-Übens auf die falsche Ebene gerutscht. Wir sollten das Leben in Gestalt der Karmafrüchte als all der von uns früher ausgestreuten Samen, die nun aufgegangen sind, essen beziehungsweise aufnehmen und das Verzehrte anschließend gut verdauen. Natürlich ist dies ein Gleichnis. Die Verwechslung der Ebenen von Form und Inhalt oder von Körper und Bewusstsein ist aber geradezu ein Kennzeichen der modernen Welt geworden.

Die gelbe Schutzschicht aus Fett wird heute außerdem als Burgwall benutzt, hinter dem *man* und *frau* sich verkriechen können. Hier steht der Aspekt im Vordergrund, dass Fett besser als alle anderen Körpermaterialien isoliert. Schutzbedürftige Menschen möchten sich hinter den gelben Bergen am liebsten verstecken und jede Menge *Vorwände* schaffen, sich nicht mehr hinaus in die Welt wagen zu müssen. Ein weiterer Grund, sich Polster zuzulegen, mag im Widerstand gegen den »schlanken« Ehrgeiz und die hektische Art moderner Erfolgsmenschen liegen. Indem Übergewichtige für runde Gemütlichkeit sorgen, entwickeln sie eine gute Strategie gegen die nüchterne Betriebsamkeit, bei der das Leben heruntergespult wird, als sei es ein Wettlauf gegen die Zeit.

Vom erlösenden Umgang mit der Leibesfülle

Letztlich geht es für Männer und Frauen bei runder Körperfülle darum, zur eigenen weichen, weiblichen Art bewusst stehen zu lernen, das eigene Leben – und nicht die Körpergrenzen – zum Fließen zu bringen und den einem selbst entsprechenden Raum bewusst einzunehmen. Auch der in die Figur fehlgeleitete Überfluss kann sich andere Ebenen der Verwirklichung suchen, das *Überschwäng*liche andere Wege der Umsetzung gehen.

Die Große Göttin braucht auch heute noch Verehrung. Dies muss aber nicht in Form der Nachahmung ihres alten Figurideals geschehen, das aus Zeiten stammt, in denen Nahrung generell knapp und das Leben daher ständig bedroht war. Heute würde die Muttergöttin sicher andere Formen annehmen, wenn sie sich den Menschen zeigen wollte.

So liegt eine Lösung möglicherweise darin, Mutter Natur neuerlich zu verehren und das mütterliche Prinzip wieder in Ehren zu halten. Auf diese Weise könnten sich die Betroffenen ihres figürlichen Ballasts nach und nach entledigen, während sie die inhaltliche Ebene von Spiritualität, Philosophie oder Religion mit neuem Leben (er)füllen.

Figurtypen – ihre Bedeutung und Erlösung

Wer sein Leben rund werden lässt und im Mandala, jener kreisförmigen Struktur, die als Rosenfenster der Gotik oder in unzähligen anderen Spielarten der verschiedenen Traditionen den menschlichen Lebensweg abbildet, sein rundes Lebensmuster erkennt, wird sich leichter tun, figürlich in der Spur und auf (seiner) Linie zu bleiben. Rund und vollkommen aber wird das Leben, wenn alles integriert wird und die bisher ausgeschlossenen Teile wieder (Lebens-)Raum bekommen.

Wenn Essen zum Ersatz für innere Erfüllung gemacht wurde – mit dem Ergebnis äußerer Fülle –, ist es notwendig, am Thema Erfüllung anzusetzen. Das innere, spirituelle Ziel muss in den Mittelpunkt der Aufmerksamkeit rücken. Von Meditation, Gipfel- und Glückserlebnissen ist langfristig mehr zu erwarten als einerseits von Fressorgien und andererseits von Diäten oder vom Fettabsaugen.

Wenn das eigentliche Thema des Übergewichts das erwähnte Schutzbedürfnis ist, hilft nur, andere Schutzmechanismen zu entwickeln. Der Betreffende könnte zum Beispiel schlagfertiger werden, um sich seiner Haut zu wehren und so auf das *dicke Fell* verzichten zu können.

Falls beim Essen die Belohnung im Vordergrund steht, geht es darum, sie sich auf anderen Wegen zu verschaffen. Konkret ist damit eine höhere Entlohnung, eine Gehaltserhöhung, gemeint. Oder es gelingt, in der Arbeit oder in der Partnerschaft einen anderen, höheren Sinn zu finden – oder überhaupt eine andere Arbeit oder Beziehung.

Steht der Wunsch im Vordergrund, seine Figur in Babyspeck zu verhüllen, um sich nicht den Themen und Aufgaben erwachsener Sexualität und Partnerschaft stellen zu müssen, ist dieser Bereich im Rahmen von Psychotherapie oder mutigeren Schritten ins Leben in Angriff zu nehmen. Die bewusste Übernahme der eigenen Geschlechtsrolle hat oft mit dem heute besonders für Jungen schwierigen Thema des Erwachsenwerdens zu tun und wäre entsprechend den Vorschlägen in meinem Buch »Lebenskrisen als Entwicklungschancen« anzugehen.

Falls Kummerspeck das anfängliche Übergewicht auf die Waage gebracht hat, ist das zugrundeliegende Liebesproblem ins Auge zu fassen. Dass *die Liebe durch den Magen geht*, ist am Anfang des Lebens natürlich, wobei es schon beim Stillen an der mütterlichen Brust nicht um bloße Nahrungsaufnahme, sondern auch wesentlich um Zuwendung und Liebe geht. Später jedenfalls ist der Weg durch den Magen ein schlechter Ausweg aus Liebesproblemen, die letztlich nur auf ihrer Ebene zu lösen sind. Wenn die Liebe zurückkehrt und man sprichwörtlich von Luft und Liebe lebt, ist Übergewicht kein Thema mehr.

Bei all diesen unterschiedlichen seelischen Mustern ist zu bedenken, dass sie sich auch mischen können und dass sie letztlich immer Sinn ergeben. Irgendwann im Leben hat der Kummerspeck einem vielleicht sogar das Leben gerettet, denn besser als Selbstmord aus Liebeskummer ist er allemal. In ähnlicher Weise haben auch die anderen zugrunde liegenden Probleme zu einer Umstellung des körpereigenen Gewichtsreglers geführt, um Schlimmeres zu verhindern. Wer nun versucht, lediglich durch rein funktionelle Maßnahmen sein Gewicht neu einzustellen, muss immer gegen diese innere Instanz, den verstellten Gewichtsregler, arbeiten. Dies mag zeitweise gelingen, wie bei Diäten in der Initialphase; auf Dauer wird es jedoch scheitern. Menschen halten in der Regel solche mit einem sehr hohen Disziplinierungsgrad verbundenen Maßnahmen wie Reduktionsdiäten nicht jahrzehntelang durch. Ein Leben ohne Genuss und gegen die eigenen Bedürfnisse macht außerdem ungenießbar. Auch dies hält kaum jemand auf Dauer aus. Deshalb ist es absolut sinnvoll, sich mit der Psyche und der bewussten Neueinstellung des inneren Gewichtsreglers eingehend zu beschäftigen.[2]

Selbstliebe, die nährt

Übergewichtige betten sich besonders weich – allerdings auch auf der problematischen materiellen Ebene jedes ihrer inneren Organe. Sie sollten sich daher überlegen, wie sie sich im übergeordneten Sinne weicher betten könnten und wie sie jedes der Themen, die hinter den betroffenen Organen stehen, sanfter angehen. Zum Beispiel sind bei Herzproblemen die Herzensthemen angesprochen, bei Leberproblemen die Lebensphilosophie und die Frage nach Sinn und Inhalt des Lebens. Nierenprobleme weisen auf die Themen Partnerschaft, Ausgleich und Harmonie hin.

---

[2] Siehe dazu das Audioprogramm »Mein Idealgewicht«.

Die Ursache vieler Probleme – oft auch von Übergewicht – liegt in der Verwechselung von äußerer materieller und innerer geistig-seelischer Ebene.

Die Aufforderung, sich in anderer Hinsicht weich zu betten, kann sich auf private und berufliche Ebenen beziehen. All diese Themen sind natürlich leichter anzugehen, wenn man die eigene Tendenz zur Fettsucht früh diagnostiziert. Sie werden schwieriger zu bewältigen sein, wenn der Prozess schon fortgeschritten ist, weil sich dann – wie auch bei anderen Krankheitsbildern – Teufelskreise entwickeln. Man nimmt das entstandene Problem, in diesem Fall das Übergewicht, als Ausrede, um nichts mehr zu ändern. Aber selbst in fortgeschrittenen Gewichtsklassen gibt es noch die besten Chancen zur Wandlung, die jedenfalls allen funktionellen Maßnahmen wie Fettabsaugung oder Diät weit überlegen sind und immer zumindest zu solch verzweifelten Versuchen hinzukommen müssten, wenn diese eine Chance haben sollen.

Echte Lösungen sind in der Regel innen zu finden und wirken sich dann positiv nach außen auf den Körper aus.

Obendrein werden alle Lösungen aus eigener Kraft subjektiv als wesentlich befriedigender empfunden. Es ist immer wieder berührend zu erleben, wie jemand innerlich aufblüht, der sein seelisches Muster hinter dem Übergewicht entdeckt und die damit verbundene Aufgabe anpackt, während der Fettpanzer äußerlich schmilzt. Diese Aufbruchstimmung, während äußerlich Ballast abgeworfen wird, hat etwas Mitreißendes und geradezu Ansteckendes. Menschen, die sich verlieben, schaffen plötzlich solche Schritte, die ihnen jahrelang als unmöglich erschienen. Und verlieben kann man sich natürlich auch in eine Aufgabe, eine Berufung und das Leben an sich.

Wer sich selbst zu lieben beginnt, wird sich sehr viel mehr schätzen und nicht mehr so viel körperliches Umland brauchen. Sobald man selbstzufriedener und liebevoller mit sich und damit auch selbstgenügsamer ist, wird übermäßiges Essen überflüssig. Diejenigen, die sich selbst genügen, werden auch anderen genügen, sie können das Leben genießen und von Luft und Liebe leben – Essen wird für sie weniger wichtig, aber vielleicht gerade dadurch noch viel genussvoller.

Sich mit Vollwertnahrung in Form bringen

Wenn wir den körperlichen Ursachen der modernen Fettsucht nachspüren, so stoßen wir rasch auf die USA als Heimat aller großen modernen Trends und auf ihr Nationalessen, den Hamburger. Unser Organismus hat bei dieser Art Nahrung wenig Chancen, Form zu bewahren.

In Jahrmillionen der Evolution hat unser Körper sinnvollerweise gelernt, so lange zu essen, bis sein Hunger gestillt ist. Es war für ihn die einzige Chance, all das zu bekommen, was er zum Überleben brauchte. Daraus entstanden lange keine Probleme, denn es gab nur natürliche und damit vollwertige Nahrung. Seit dem Einsatz von Kunstdünger haben wir jedoch ein Problem. Statt dem Boden Zeit zu geben, sich langsam zu regenerieren, führt man ihm Stoffe zu, um mehr aus ihm herauszuholen. Da man sich beim Düngen aber auf die Hauptbestandteile der Nahrung, etwa Kalium (in Gestalt von Kalisalzen) oder Phosphate beschränkt, sind die Böden im Laufe der Zeit immer ärmer an Spurenelementen und an Nährstoffen geworden und in der Folge auch die Feldfrüchte.

Das Ergebnis sind heute Pflanzen, die zwar noch Nahrungs-, aber schon längst keine *Leben*smittel mehr liefern. Von ihnen kann man essen, bis man fast platzt, ohne wirklich satt zu werden. Wenn man die falschen, »leeren« Nahrungsmittel statt vollwertiger Lebensmittel wählt, kann man auf höchstem Kalorienniveau geradezu verhungern. Es entsteht Mangel im Überfluss: Mangel an lebenswichtigen Vitaminen und Mineralstoffen bei gleichzeitigem Überfluss an Kalorien.

Dieses Dilemma zwischen Qualität und Quantität kennzeichnet unser ganzes modernes Leben; es wird aber bei der Ernährung besonders deutlich.[3] Wer also aus der Fett(sucht)falle herauswill, muss sich auch vollwertig ernähren, um seinen berechtigten Hunger zu stillen, denn

---

[3] Ausführlich in meinem Buch »Richtig essen«.

solange ihm auch nur einer der Mikronährstoffe fehlt, wird sein Organismus bei Nachlassen des Völlegefühls sofort wieder Appetit entwickeln. Bei der großen Zahl von sekundären Pflanzenstoffen, Forscher sprechen von bis zu 100 000, wird klar, dass wir mit Nahrungsergänzungsmitteln wenig ausrichten können. Hier ist einer der seltenen Fälle, dass man über diätetische Maßnahmen, in unserem Beispiel Vollwerternährung, sinnvoll Einfluss auf Figurmuster nehmen kann.

Schulmedizinische Scheinlösungen

Die Schulmedizin bietet bei Fettleibigkeit rein funktionelle Lösungen an, die sich längerfristig oft als äußerst problematisch erweisen. Bei einer Fettabsaugung geht es nur um den äußeren Eindruck; die innere Verfettung von Herz und Leber bleibt unberücksichtigt.

Bereits diese Oberflächenkosmetik – die Fettlösung und die anschließende Absaugung – beeinträchtigt die Energiebahnen, die unter der Hautoberfläche verlaufen. Diese »Gefäße« werden in der Traditionellen Chinesischen Medizin Meridiane genannt; in der ayurvedischen Gesundheitslehre heißen sie Nadis. Mit modernen westlichen Verfahren wie der Hautwiderstandsmessung und der Thermographie kann man ihre Existenz nachweisen. Nach einer Fettabsaugung ist dieses Energiesystem bis in die Tiefe nachhaltig gestört. Außerdem setzen solche Maßnahmen eine Vollnarkose voraus, die immer ein Risiko einschließt, ganz zu schweigen von der tödlichen Gefahr der Fettembolie, die droht, wenn man Körperfett verflüssigt. Wer weiß, dass dabei gar keine Rücksicht auf Blutgefäße genommen werden kann – man verlässt sich schlicht darauf, dass im Fettgewebe kaum größere Gefäße verlaufen –, muss zu dem Schluss kommen, dass es sich hier um ein Vabanquespiel handelt. Selbst im »gelungenen« Fall, den es bei näherer Betrachtung gar nicht geben kann, ist der Effekt lediglich kosmetisch und täuscht über die weiter bestehende innere Verfettung nur schlecht hinweg.

Eine andere rein funktionelle Maßnahme der Schulmedizin ist die Magenbändelung. Hierbei wird der Magen durch ein sogenanntes Magenband chirurgisch verkleinert, so dass die Betroffenen nicht mehr so viel in sich hineinstopfen können. Auf Dauer führt diese Einschränkung in den meisten Fällen zur Gewichtsabnahme. Die Frage ist nur, was daraus wird, wenn diese Menschen mit ihrem »eingeschränkten« Magen alt werden, denn normalerweise schrumpft das Organ im Alter. Die Operation kann ja nicht rückgängig gemacht werden, weil nach Jahrzehnten alles verwachsen ist. Niemand kann diese Folgen heute absehen, denn die Technik der Magenbändelung ist noch zu neu.

Das Schlucken eines Ballonkatheters ist hingegen bereits als gefährliche und obendrein sinnlose Maßnahmen entlarvt worden. Bei dieser Methode wurde im Magen ein Ballon aufgeblasen, der für Wochen jede Nahrungsaufnahme und das normale Trinken verhinderte.

Beim großen Darmumbau, wie er in den USA schon routinemäßig angewandt wird, geht es darum, in einer zehn- bis zwölfstündigen Operation das Verdauungssystem chirurgisch so umzuwandeln, dass die Betroffenen danach einfach weiterfuttern können wie bisher, aber dabei abnehmen. Sie können wie gewohnt den ganzen Tag essend verbringen und zehntausend und mehr Kilokalorien in sich hineinschlingen, während sie abnehmen. Was aber auf den ersten Blick wie ein Triumph moderner Medizin anmutet, ist eine problematische Scheinlösung. Diese Menschen brauchen offenbar fortan enorm große Kalorienmengen, um am Leben zu bleiben. Was aber, wenn auch sie alt werden und solche Nahrungsberge nicht mehr vertilgen können? Ein Rückgängigmachen der Operation ist unmöglich. Viele könnten im Alter zu Intensivpatienten werden. Die Frage ist auch, wer ihre Pflege finanzieren soll. Einer verantwortlichen Medizin ist abzuverlangen, bis zum Lebensende der Betroffenen vorauszudenken.

Auch andere funktionelle Maßnahmen wie das Schlucken von »Wundermitteln« und Appetitzüglern halten ihre Versprechen meist nicht. Auf diesem Weg gibt es kein Entkommen aus der Übergewichtsfalle; im Gegenteil, diese wird für ihre Opfer nur immer bedrohlicher.

Auch bei den Diätmaßnahmen in eigener Regie sieht die Erfolgsbilanz kaum besser aus, selbst wenn hier die Nebenwirkungen deutlich geringer sind. Die Fülle der allesamt wirkungslosen Diäten habe ich an anderer Stelle (in »Richtig essen«) beschrieben. Speziell »Lowfat« und »Lightfood« bringen nichts, abgesehen von Profit für die Verkäufer solcher Illusionen. Im Alltag führen diese kastrierten Nahrungsmittel, die selten Lebensmittelqualität erreichen, zu mehr Verzehr, da sie nicht so gut schmecken und den Hunger nicht richtig stillen. Es wäre besser, lieber gleich Dinge zu wählen, die einem munden und deshalb wenigstens die Chance echter Sättigung bieten. Wirklich satt ist der Mensch auch erst, wenn er zufrieden ist.

Zu diesen eher entmutigenden Erkenntnissen scheint sich in letzter Zeit ein geradezu wundervoller Gegenpol in Gestalt einer verblüffend einfachen Lösung zu ergeben. Moderne Medizinforschung vermittelt uns zunehmend die Bedeutung der Neurotransmitter für unsere Stimmung, Gesundheit und Entwicklung. Es scheint so, dass sehr viele Menschen an dem diesbezüglich wichtigsten Botenstoff, nämlich Serotonin, Mangel leiden, was sich in Missstimmungen bis zu Depressionen ausdrücken kann. Gelingt es, den Serotoninspiegel im Gehirn zu normalisieren, steigt einerseits die Stimmung, andererseits nimmt der Hunger ab. Eine verblüffend einfache Nahrungskombination vollwertiger Rohkost namens Aminas kann hier verblüffende Erleichterung bringen und vielen Übergewichtigen helfen, die oft an großem Hunger und gedrückter Stimmung leiden.[4]

Die neuen Modelmaße

Wo liegen die Ursprünge für das moderne Ideal der dünnen bis dürren Frau, verkörpert erstmals von dem Model Twiggy und später von Nachfahrinnen wie Kate Moss?

Die superschlanke Ranke, die hoch hinaus will, ist ein vom Ehrgeiz *angefressener* Typ. Heute wird das Thema oftmals zuerst an der von Kokain zerfressenen Nasenscheidewand deutlich. Die Droge, früher Appetitzüglern beigemischt, ermöglicht es Models, ihre Hungerfiguren ohne entsprechende Gefühle und trotz des reichlich vorhandenen Stresses einige Zeit lang zu bewahren – bevor sie irgendwann zusammenbrechen oder sich auf erschreckende Weise *verdünnisieren*.

---

[4] Siehe dazu das einschlägige Kapitel in »Richtig essen«.

Obwohl die Begleitumstände ungesund sind, wird das magersüchtige Ideal von fast allen Modeblättern propagiert. Unsere extrem von Ehrgeiz geprägte Zeit bevorzugt bewegliche, schlanke Menschen; ihnen werden die weit besseren Aufstiegschancen eingeräumt. Wer hoch hinaus will, sollte eben nicht viel Ballast mit sich herumschleppen, sondern stromlinienförmig wie moderne Autotypen im Windkanal der Gesellschaft möglichst wenig Widerstand hervorrufen.

Wer wieder in Form kommen will, sollte sehr selbstbewusst prüfen, ob er sich wirklich den aktuellen männlichen Modediktaten unterwerfen will.

Die schlanke Ranke, die von Ehrgeiz geprägte Figur und Frau, die ihr Leben selbst in die Hand nimmt und auf der Karriereleiter nach oben strebt, will die Kurve im gesellschaftlichen Sinne kriegen und braucht dafür keine kurvige Figur. Sie verzichtet besser auf runde Polster und figürlichen Ballast, die nur unnötige Belastungen darstellen könnten. Sie müsste sich damit abschleppen und sich um die ob solcher Formen verwirrten Männer kümmern. Beides würde sie auf ihrem Weg nur aufhalten. Stattdessen kommt es ihr entgegen, sich leichtfüßig und flink zu bewegen und auf jede Veränderung schnell reagieren zu können. Wendig und beweglich, geschickt und gewandt in jeder Hinsicht will sie sein. Ihre Ideale sind Flexibilität, Koordination, Selbstmanagement, Effizienz und erst in zweiter Linie Schönheit, wobei ihr dabei das neue männlich-jungenhafte Figurideal sehr entgegenkommt.

Als Frauen anfingen, sich gesellschaftlich und politisch auf eine Stufe mit den Männern zu stellen, und ihr Recht einforderten, als ebenbürtig anerkannt zu werden, gaben sie allmählich auch die üppigen Figuren mit Signalwirkung auf. Ähnlich wie sie die Zöpfe abschnitten und auf Männerfrisuren wie den Pagenkopf setzten, die Röcke gegen Hosen eintauschten, wechselten sie – soweit bei der Trägheit der Evolution möglich – von betont weiblichen zu archetypisch männlichen Figuren.

Die neuen Modelmaße

Körperliche (Arbeits-)Überlastung ist heutzutage kaum die Ursache für Untergewicht oder eine magere Gestalt. Viel eher wäre an eine seelische und geistige Überforderung und die daraus folgende Zerrüttung der Nerven als Ursache für Untergewicht zu denken. Allerdings könnte man allein mit Stress und Überforderung nicht erklären, warum Twiggy zum Ideal wurde.

Aufschlüsse liefert in unserem Zusammenhang die Modebranche, die mit ihren Produkten und Kollektionen die Figurideale entscheidend mitbestimmt, was den einzelnen Modeschöpfern nicht einmal bewusst sein muss. Festzustellen ist, dass in der patriarchalischen Leistungsgesellschaft alle mit Status und Einfluss ausgestatteten Spitzenpositionen von Männern besetzt sind, selbst in Bereichen, die traditionell weiblichen Charakter haben wie Kochen und Nähen. Während weltweit vor allem Frauen kochen, sind die Spitzenköche fast ausschließlich Männer. Ähnlich ist es mit der Mode. Die meiste Kleidung wird von Frauen geschneidert; die großen Modemacher sind jedoch meist Männer.

Allerdings besitzt der durchschnittliche heterosexuelle Mann (bisher?) in der Regel kaum genug Geschmack, Gefühl und Stilempfinden für Mode. Diese Eigenschaften bringen eher homosexuelle Männer mit, die als Designer mit Charme und Schwung die Aufgabe übernahmen, die Trends in der Frauenmode zu setzen. Bei all ihren Talenten haben sie jedoch einen (langfristig entscheidenden) Nachteil, der unbeachtet blieb: Sie stehen auf Männer und finden deren Formen und Figuren attraktiv. So stecken sie Frauen in Kleider, die sich nicht an weiblichen Idealen orientieren, sondern im Gegenteil an männlichen. Insgesamt wird unsere Modewelt auf diese Weise schon seit vielen Jahrzehnten von einem männlichen, knabenhaften Schönheitsideal regiert.

Frauen müssen sich folglich nach männlichen Maßen richten und ihr Becken in Gestalt der Hüften vertuschen und typisch Weibliches wie runde Pobacken und Schenkel schamhaft verhüllen. Allerdings könnten sich moderne Frauen, die sich in so vielen Punkten männlichen Herrschaftseinflüssen entziehen, allmählich fragen, ob sie sich nicht auch von diesem Modediktat emanzipieren wollen – einfach weil diese Vorgaben gar nicht ihren Interessen entsprechen.

Figurtypen – ihre Bedeutung und Erlösung

Der großen Mehrheit der Frauen würde eine weibliche Mode guttun, die – von Frauen gemacht – sich an weiblichen Idealen orientiert. Das allein könnte uns auch wieder Figurideale bescheren, die Frauen erlauben, zufrieden mit sich selbst zu sein, in Einklang mit ihrer Körperlichkeit zu leben und obendrein noch den potenziell infrage kommenden Partnern zu gefallen, nämlich den 89 Prozent heterosexuellen Männern.

Beim Wechsel vom bisher beworbenen »Hungerhaken«-Ideal zur weiblichen Figur drohen allerdings auch Gefahren. Vor allem sollte man sich des Gegenpols bewusst sein. Tatsache ist, dass wir heute über die Mode ein extrem dürres Ideal in der Welt verbreiten und – in den westlichen Industrieländern – immer mehr schon in jungen Jahren an Fettsucht Leidende zählen. Nach dem Polaritätsgesetz ist dies eine logische Entwicklung.

Wer das zurechtgehungerte knabenhafte Schlankheitsideal zugunsten von weichen weiblichen Formen und der eigenen Linie aufgeben will, kann über den neuen Lebensgenuss und eine gewisse mollige Üppigkeit leicht das rechte Maß aus dem Auge verlieren. Wer viel Figur wagt, kann über zu viel Formen wieder in das andere Extrem der Figurlosigkeit geraten. Wo die Figur im Fett untergeht, ist sie nämlich genauso verloren wie bei der schlanken Linie, die nur noch einem Strich in der Landschaft gleicht. Formlosigkeit ist auf beiden Polen möglich. *Außer Form* sind sowohl extrem dünne als auch extrem dicke Menschen.

Bei der Korrektur eines Extrems müssen wir immer mit der Gefahr rechnen, in den Gegenpol zu rutschen.

Jede Epoche hat ihre Ideale und formt die ihr entsprechenden Figuren. So existierten natürlich auch asketische Ideale und hagere Gestalten. Kann es sich also lohnen, sein Lebensgefühl und -glück an etwas so Vages, rasch Wechselndes und obendrein von Religion und Politik Bestimmtes zu hängen? Wahrscheinlich liegt die Wahrheit wie immer in der Mitte, irgendwo zwischen Rubens und Twiggy. Und noch wahrscheinlicher gibt es nicht nur eine Wahrheit und Figur für alle, sondern nur für jeden die eigene. Der häufigste Figurverlust geschieht wohl aufgrund von Resignation und dem Scheitern an unerreichbaren, »verkehrten« Idealen.

Zur Problematik plastischer Operationen

Die Unzufriedenheit mit dem Körper, den man für dieses Leben bekommen hat, ist ein neues Phänomen. In unserer Zeit lernen Menschen nicht mehr, das eigene Schicksal anzunehmen. Das im Vaterunser gebetete »Dein Wille geschehe« tritt immer weiter in den Hintergrund zugunsten des Anspruchs, alles nach den eigenen Wünschen zu richten. Diesem Trend kommt eine moderne plastische Chirurgie entgegen, die schon längst mehr Schönheitsoperationen auf dem Programm hat als Rekonstruktionen nach Unfällen. Eine Schönheitsoperation beinhaltet jedoch immer einen Aufstand gegen das Geschenk des eigenen Körpers und ist deshalb von Unzufriedenheit und Widerstand gegen die eigenen Lebensaufgaben geprägt.

Natürlich ist es eine große Chance, dass wir heute solche (Operations-)Möglichkeiten haben, aber wie sinnvoll ist es, jedes Gesicht in jedes andere verwandeln zu können? Die Auflehnung gegen die eigene Anlage und genetische Mitgift hat wie jeder Widerstand auch erhebliche Nachteile. Wenn ich mich nicht so will, wie ich bin, wie sollen es dann andere tun? Wenn ich mich von Chirurgen verzaubern lasse, muss ich das Ergebnis auch innerlich mittragen, sonst wird sich die Umgebung davon nicht bezaubern lassen, sondern weiterhin auf mein altes inneres Muster reagieren.

Die Frage ist, wie weit unser Körper und seine mitgebrachte Konstitution ungestraft veränderbar sind. Offensichtlich lassen sich durch entsprechendes Training Muskeln in genau definierter Weise auf- und durch Nichtbenutzung auch wieder abbauen. Diesbezüglich ist das Fitnessstudio inzwischen schon zu einer Art Designstudio geworden, wo sich der Körper nach bestimmten Vorstellungen und Plänen modellieren lässt, allerdings nur im muskulären Bereich und oft auf Kosten der übrigen Gesundheit. Ähnliches wird inzwischen vor allem in den USA, der Heimat all dieser Trends, auch schon mittels Gedankenkraft versucht und auch realisiert. So wie die Bibel davon ausgeht, dass der Glaube Berge versetzen kann, bauen hier Menschen mit der Kraft ihrer Gedanken Muskeln auf. Dieser Ansatz ist natürlich nicht auf eine bestimmte Gewebeart beschränkt. So wie sich das Immunsystem stärken und eine Krebsgeschwulst mental verkleinern lässt, können auch Fett- und Drüsengewebe aufgebaut werden. Entsprechende Designstudios für mentales Training arbeiten mit relativ gutem Erfolg an Brustvergrößerungen. Allerdings sind auch diesem mentalen Training gewisse Grenzen gesetzt, ähnlich wie nicht jeder jeden Tumor über solche Wege beeinflussen kann. Wer aber Engagement mitbringt und diese Art Mentaltraining mit der notwendigen Hingabe verfolgt, kann auf entsprechende Ergebnisse hoffen. Der Vorteil dieser Methode gegenüber der Operation liegt darin, dass die entstandenen Veränderungen meist nur in dem Maße erreicht werden, wie sie noch zum eigenen Typ passen.

Im Bereich der plastischen Chirurgie gibt es solche Einschränkungen immer weniger. Hier kann heute jede Busengröße und -form geschneidert werden. Es wird auf Bestellung Fett abgesaugt und auch wieder eingespritzt. Selbst Waschbrettbäuche, die über den Weg des Muskeltrainings nur mühsam zu erreichen sind, lassen sich inzwischen mittels eingebautem Goretexgerüst, das mit anderswo abgesaugtem Fett unterfüttert wird, herbeizwingen. Inzwischen werden sogar schon Rippen gekürzt, um die Taille zu schmälern und die Hüften zu betonen. Backenzähne wurden bereits zu Marlene Dietrichs Zeiten gezogen, um schmale, eingefallene Wangen zu erreichen. Falten werden nach Belieben in Kosmetikinstituten mit Botox (Botulinumtoxin), also mit Leichengift, weggespritzt. Das Problem ist nur, dass man diesen faltenfreien Gesichtern die Leichenstarre oft ansieht. Sie wirken wie Masken, weil ihnen bei Gemütsveränderungen die dazugehörige Mimik fehlt.

Darüber hinaus werden ganze Gesichter routinemäßig neu verspannt – und im Gegensatz zu früher wird inzwischen darauf geachtet, dass die Augenlider noch schließen. Nasen werden aus dem Katalog modelliert und Münder nach Belieben umgearbeitet. Es wirkt oft haarsträubend, wenn weiße Frauen mit aufgespritzten vollen Lippen, die bestenfalls in schwarze Gesichter passen, auf ästhetischer Ebene punkten wollen. Winzig kleine Nasen, die bei den im Katalog abgebildeten Schauspielerinnen hübsch aussehen mögen, wirken in großflächigen Gesichtern unfreiwillig komisch und verunzieren eher, statt zu verschönern. Doch das alles sind Probleme, die mehr mit der mangelnden Vorstellungsgabe der Kunden zu tun haben als mit mangelnden Fähigkeiten der Chirurgen, die oft genug warnen und dabei längst nicht immer angehört werden, manchmal aber auch nur ihren wirtschaftlichen Erfolg im Auge haben.

Bei aller Faszination für die moderne Schönheitschirurgie sind doch die Probleme nicht zu übersehen. Allein das Absaugen eines Doppelkinns führt zur Unterbrechung fast aller Meridiane, die hier im Halsbereich hindurchführen. Beim Absaugen von Bauch- und Hüftfett wird dies ebenfalls zum Problem und besonders natürlich, wenn es darum geht, ausgesaugte Bauchschürzen operativ zu entfernen. Hinzu kommen die schon erwähnten Gefahren im Zusammenhang mit jeder Vollnarkose und das Risiko der Fettembolie.

Das Grundproblem im Anschluss an kosmetische Operationen ist die immer entstehende und gemeinhin unterschätzte Diskrepanz zwischen äußerem Bild und innerer Einstellung. Eine ideale Figur bringt die Seele noch nicht in eine ideale Verfassung. Dazu muss in jedem Fall die seelische Entwicklung nachfolgen. Die Chance liegt darin, diese Zusammenhänge zu verstehen und das Innen und Außen aktiv und bewusst zusammenzubringen. Es spricht nichts Grundsätzliches gegen eine außen ansetzende Korrektur. Im Gegenteil ist sie oft ein guter Aufhänger zur Einleitung eines entsprechenden inneren Prozesses. Bleibt dieser allerdings aus, gerät die Seele in einen wachsenden Zwiespalt, und irgendwann zeigt sich eine Krankheitssymptomatik.

Jede Operation und erst recht jede kosmetische Korrektur müsste also mit der Anstrengung verbunden werden, das äußere Geschehen auch innerlich zu verankern. Nur dann kann sich der gewünschte Effekt einstellen. So wird man heute extreme Segelohren bei einem jungen Menschen am sinnvollsten mit plastischer Chirurgie überarbeiten, wie es bei auffälligen Zahnfehlstellungen längst Routine ist. Trotzdem ist es anschließend und vielleicht auch erst einige Jahre später sinnvoll, sich zu fragen, was diese »Auszeichnung« für das eigene Leben bedeuten sollte.

Ein weiteres Beispiel: Außer am Gesicht wird an keinem Organ so viel herumoperiert wie an der weiblichen Brust. In unseren Breiten lassen sich noch immer Frauen ihren vermeintlich zu großen Busen verkleinern, weil sie selbst oder ihre jeweiligen Partner sich solch überschwänglicher Weiblichkeit nicht gewachsen fühlen. Beim Gegenteil, der Vergrößerung einer kleinen Brust, zeigt sich der Versuch, wenigstens äußerlich das Bild einer mütterlich-mondänen Frau oder sogar einer Sexbombe abzugeben.

Das Reduzieren einer als zu groß empfundenen Brust ist technisch einfach, aber nicht mehr rückgängig zu machen. Dies wird jedoch nicht selten gewünscht, wenn die Frau innerlich nachgereift ist. Sie kann sich dann zwar einen großen Busen schneidern lassen, aber ihrem ursprünglichen wird er natürlich nicht entsprechen, vor allem nicht im Hinblick auf die Sensibilität. Beim Operieren werden notgedrungen viele der feinen Nervenenden der Haut verletzt oder sogar durchtrennt. Letztlich ist es aber die durch sie vermittelte Sensibilität, die über Sinnlichkeit und Lustempfinden entscheidet. Die äußerlich ideal geformten Designerbrüste sind viel weniger empfindsam und genussfähig. Daher handelt es sich bei diesen Eingriffen um eine Entscheidung für die äußere Form und gegen das innere Empfinden.

Der Erfolg jeder Schönheitsoperation hängt letztlich davon ab, wie der Eingriff seelisch bewältigt wird. Das körperfremde Transplantat etwa bei einer Brustvergrößerung sollte im ganzheitlichen Sinn vollständig angenommen werden.

Zur Problematik plastischer Operationen

Damit liegen solche Kunstprodukte voll im Trend der modernen Zeit, die konsequent die Innenwelt gegenüber dem äußeren Eindruck vernachlässigt. Das heißt aber nichts anderes, als dass diese Frauen ihre eigenen Empfindungen hintanstellen gegenüber dem Eindruck, den sie auf potenzielle Partner machen wollen.

Wenn der Partner Angst vor dem Weiblichen hat, wird diese nicht dadurch bearbeitet, dass *sie* ihre Brust verkleinern lässt. Wenn sie glaubt, nur mit ausladender Oberweite einem Mann zu gefallen, geschieht dies nach der einschlägigen Operation doch nur unter gefälschten Voraussetzungen. Es ist unwahrscheinlich, dass sie über diesen Weg findet, was sie letztlich sucht: einen echten Partner, der sie beziehungsweise ihre Seele meint. Auch wenn die Operation primär dem eigenen Selbstwertgefühl dienen mag, bleibt dieses doch so lange erschlichen, bis die Betroffene innerlich zur Größe ihrer Brust aufschließt. Dabei sind die Therapievorschläge und Lernhinweise, die in der eigenen Figur zum Ausdruck kommen, eigentlich immer leicht zu verstehen.

Natürlich liegt es auf der Hand, dass es sinnvoller und leichter ist, den Partner zu wechseln als den Busen. Trotzdem ist *frau* nicht zufällig an einen Partner mit dem entsprechenden Problem geraten und müsste sich fragen, inwieweit sie eine Resonanz zu dessen Thema hat. Sie könnte ihr Problem in diesem Fall sinnvoller im Partner als ihrem Spiegel erkennen als dann später an einem operativ nach seinen Wünschen gestylten »Idealbusen«.

Interessanterweise gehen die Einschätzungen darüber, welche Brust wem gefallen müsste, zwischen den Geschlechtern ähnlich weit auseinander wie bei der Figur. So wäre es für Frauen wichtig – wenn sie im Hinblick auf potenzielle Partner Hand an ihre Brust legen (lassen) –, sich zuvor wenigstens die Wirkung der Brust auf den männlichen Gegenpol klarzumachen. Andernfalls drohen doppelt bittere Enttäuschungen. Dem einschlägigen Kapitel folgend könnte sich eine Frau mit sehr großen Brüsten, unter denen sie leidet, fragen, inwieweit reife Weiblichkeit und nährende Mütterlichkeit in ihrem Leben bisher zu kurz gekommen sind und zur Entdeckung anstehen. Im umgekehrten Fall der ebenfalls oft Leid verursachenden auffällig kleinen Brust würde sich die Frage aufdrängen, ob *frau* nicht besser im Leben zurechtkäme, wenn sie sich nicht so sehr auf typisch weibliche Themen und Lebensaufgaben reduzieren würde, sondern im Gegenteil mehr auf ihre auch immer vorhandenen archetypisch männlichen Anteile setzte. *Natür*lich kann *frau* mit jeder Brustform gut leben, wenn sie zu sich und ihren Brüsten steht, so wie *man* auch jede Brust lieben kann, wenn er die zugehörige Frau wirklich liebt. Auf Seiten der Frauen ist es im Allgemeinen ein Problem des Selbstwertgefühls, das angesprochen wird und zu medizinischen Aktionen führen kann. Letztlich entstehen all diese Probleme durch die Orientierung an der Umwelt und aus dem Vergleich mit Zeitgeistidealen.

Bei all diesen Operationen – unabhängig vom Aufwand des Eingriffes – ist der äußere Schritt nur auf den ersten Blick einfacher als der entsprechende innere. Wesentlich ist stets der Inhalt, der die Form füllt. Operationen bleiben immer äußerlich und funktionell. Selten mögen sie, entsprechende Bewusstheit vorausgesetzt, die innere Entwicklung fördern. Häufig vergrößern sie nur die Kluft zwischen dem Innen und Außen.

Weibliche Silhouetten

Üppige Kurven

Für das Zeitgeistideal der schlanken, fast dürren Kindfrau, die ihren Formenmangel mit Stolz präsentiert, haben viele moderne Mädchen und Frauen viel zu viele Kurven am Leib. Wer aber viele Pfunde auf die Waage bringt, kommt dem alten Ideal der Venus von Willendorf, der großen Fruchtbarkeitsgöttin, nahe. Dieser weiblichen Stärke nachzueifern ist die Aufgabe der üppigen Frauen unserer Zeit. In ihrer Fülle wird die Mächtigkeit und Macht des Weiblichen deutlich. Es nimmt den ihm zustehenden Raum ein, und das sollten die Betroffenen ebenfalls anstreben – am besten nicht nur körperlich. Erfüllung in weiblicher Fülle zu finden ist heute zwar nicht populär, aber eine erfüllende Aufgabe.

Auch Männer können aus einer üppigen Körperform Wichtigkeit als Aufgabe ableiten und lernen, ihr Gewicht bewusster in die Waagschale des Lebens zu werfen. Wichtig werden für sich und andere, Raum einnehmen und die eigenen Grenzen nach außen ausdehnen – diese Lebensthemen gilt es zu verfolgen. An dieser Stelle sei auch daran erinnert, dass das Annehmen des augenblicklichen Zustands jede Wendung zum Besseren einleitet und die Basis für alle zukünftigen *Maßnahmen* ist.

Der heutige rasante Lebensstil findet eher in schlanken, beweglichen Gestalten seinen idealen Ausdruck. Es zählen vor allem Flexibilität und Geschwindigkeit, wofür breite Hinterteile kaum das geeignete Symbol sind.

Bei der üppigen Figur ist ein typisches weibliches Leidensprogramm unserer Tage mit der Verteilung des Gewichts vor allem unter der Gürtellinie verknüpft. Während oberhalb der Taille noch alles rank und schlank ist, entwickelt sich an Po und Schenkeln eine mehr oder weniger große Fülle. Es sieht aus, als trügen die Betroffenen Reithosen aus eigenem Körpergewebe. Dieses REITHOSENPHÄNOMEN bringt durch die Verlagerung des Schwerpunkts nach unten, in den archetypisch weiblichen (erdigen) Bereich, Disharmonie in das Körperbild. Betroffene reagieren darauf oft mit Panik, weil das Tieferlegen schnell einen plumpen Eindruck erweckt. Die unerlöste Variante dieses Körperbildes ist die unflexible, wenig grazile, zu bodenständige Frau, die es in Sachen Standfestigkeit übertreibt und festsitzt, die zu erdfixiert und eingewurzelt ist und gemessen an der heute geforderten Flexibilität nicht schnell genug reagiert. Weil nicht ständig auf dem Sprung, verpasst sie gute Gelegenheiten. Wo sie wenig Bereitschaft zeigt, sich dem Fluss des Lebens zu übergeben, ist sie natürlich auch (energetisch) nicht im Fluss. Ihr Leben stagniert auf schwerfällige Art.

Nun liegt der Schwerpunkt des weiblichen Körpers seiner Natur gemäß immer deutlich tiefer als der des männlichen; diese Eigenart wird hier aber zusätzlich betont. Die Betroffenen werden dadurch tiefer in den weiblichen Pol genötigt. Die damit verbundene Aufgabe ist heutzutage für Frauen so schwer anzunehmen, weil fast alle gesellschaftliche Anerkennung den archetypisch männlichen Mustern gezollt wird.

Die zum Ausdruck kommende allgemeine Aufgabe (für Betroffene beiderlei Geschlechts) ist deutlich: Es geht darum, den Schwerpunkt im Leben tiefer zu legen. Statt abgehobene, hochfliegende Träume zu kultivieren, sollten wirklich lohnende, wertvolle, aber eher erdverbundene Standpunkte erarbeitet werden. Es gilt, der heute so gepeinigten Mutter Erde näherzukommen, der Materie (lat. »mater« = Mutter) etwas Positives abzugewinnen und bodenständige, materiellere Ziele zu entwickeln. Es empfiehlt sich, dem Boden der Tatsachen näherzurücken.

Je nach Ausprägung der Symptomatik ist das Weibliche im geistig-seelischen Sinn mehr zu betonen, um den Körper diesbezüglich zu entlasten. Wobei nicht so sehr das durch die Brüste betonte nährende Weibliche im Mittelpunkt steht, sondern mit dem unteren Köperpol verbundene archetypisch weibliche Themen wie Verwurzelung, Bodenständigkeit, Erd- und Heimatverbundenheit.

Die Beachtung der materiellen Welt im Allgemeinen und Durchsetzung und Sesshaftigkeit im Speziellen werden durch die Betonung von Po und Schenkeln angemahnt. Aber auch das Becken ist bei diesem Figurmodell hervorgehoben und damit die Fruchtbarkeit in geistig-seelischer und sozialer Hinsicht. So mag die Lösung darin liegen, nicht nur beständiger und durchsetzungsstärker, sondern auch fruchtbarer und schöpferischer zu werden – in Bezug auf eigene Arbeit, Ideen und Nachwuchs.

Ob das Reithosenmuster wie beschrieben die eigene Situation kompensiert oder im Gegenteil spiegelt, das heißt direkt ausdrückt, muss jede(r) Betroffene für sich selbst entscheiden. Zu prüfen ist also, ob nicht jemand mit diesem Figurtyp zu durchsetzungsstark ist und andere erdrückt. Er neigt dann dazu, fremde Interessen rücksichtslos niederzuwalzen und schlicht auf die eigene größere Verdrängungsfähigkeit und Penetranz zu setzen. Folglich läge hier die Einlösung im mutigeren Ausleben solch männlich geprägter Aggression in weiblichen Lebensbereichen. Wenn es sich nicht um die Symptomatik des ausgeprägten Reithosenphänomens, sondern nur um die Betonung eines etwas tiefer liegenden

Körperschwerpunkts handelt, ist die Aufgabe für die betroffene Frau entsprechend sanfter zu formulieren: zum Beispiel im Auftreten weiblicher werden, weibliche Formen und Umgangsformen im eigenen Leben entwickeln und die eigene Weiblichkeit mit Leben füllen, die Rundungen genießen und lernen, mit diesen Reizen zu spielen. Auch kann es darum gehen, Bezogenheit als etwas archetypisch Weibliches zu lernen und zu leben sowie Hilfe anzunehmen und »Schwächen« zu zeigen.

Ausgeprägte weibliche Rundungen stehen für runden Genuss und typisch weibliche Kraft. Sie sind Symbole für Fruchtbarkeit und den Schutz des Schoßes, wie es die Göttinnenfiguren der Vorzeit verdeutlichen.

Auch kräftiger Fortschritt könnte bei starken, breiten Schenkeln im Aufgabenbereich liegen, etwa bei muskulösen Beinen und ausgeprägtem Po, wie er durch Jennifer Lopez auf die Titelseiten gerät. Ein »kräftiger Unterbau« wird durchaus geschätzt, wenn er zu so glamourösen Auftritten führt wie im Fall von J. Lo. Ihr ist zu danken, dass moderne Mädchen doch noch ein natürliches und damit gesundes Körperideal vorgelebt bekommen. Denn wer sich von einem Teil seines Körpers distanziert, verliert den Kontakt dazu und wird anfangen, daran zu leiden. Und irgendwann wird dieser abgelehnte eigene Teil erfahrungsgemäß krank.

Während Jungen Kraft über ihren Bizeps demonstrieren, zeigen Mädchen und vor allem Frauen sie in der Art ihrer Beckenbewegungen. Fließende, weiche Bewegungen, die von runden Formen herrühren, verdeutlichen weibliches Lebensgefühl, das im Fluss ist. Praktische Bearbeitungs- und Einlösungsmöglichkeiten sind damit auch, das Becken zu beleben: mit hingebungsvoller Sexualität, mit Bauchtanz und anderen archetypisch weiblichen Bewegungsmustern. Aus dem Leiden am Reithosenphänomen kann *frau* sich verabschieden, indem sie sich fest auf dieser Erde verankert und beginnt, ihren ganz eigenen Tanz zu tanzen.

Stattliche Kraft

Die germanische Walküre symbolisiert ebenso wie die griechische Amazone das machtvolle Auftreten der stattlichen Frau mit schweren Knochen. Ihre Muskeln sind stark und hart, weil viel benutzt. Mit großen Füßen steht sie fest auf der Erde. Ihre kräftigen Hände verstehen es, zuzupacken. Im Bedarfsfall steckt sie die Männer in die Tasche und schreitet dominant und durchsetzungsstark voran. Man kann sich diesen Typ Frau auf den Trecks der weißen Siedler in Nordamerika oder in Südafrika vorstellen, als es darum ging, das wilde, urwüchsige Land zu erobern. Bei diesen Frauen verbanden sich ein willensstarker, gerader Charakter und ein zupackendes Wesen. Ihre unternehmungslustige, mutige und bisweilen kämpferische Art spiegelte sich in robusten Körpern. Sie mussten grobknochig sein, aber sich dennoch überaus geschmeidig bewegen können, und sie waren dazu geschaffen, Kindern das Leben zu schenken und die Familie durchzubringen.

In unserer Gesellschaft, in der das Leben meist körperlich weniger anstrengend ist, kommt dieser Figurtyp nicht mehr so recht an. Aber *natürlich* hat er sich bis heute durchgesetzt und ist deshalb verbreitet. Das Beste aus diesem Typ zu machen heißt, all die Qualitäten, die der Körper ausdrückt, auch zum Leben zu erwecken: die Kraft, das zupackende Wesen, den Mut und – auf welcher Ebene auch immer – die Fruchtbarkeit.

Molligkeit

Die mollige Figur mit mädchenhafter Ausstrahlung, die sich früher schon einmal in der Baby-Doll-Mode spiegelte, präsentiert das Urprinzip des Mondes in Reinkultur, zu dem sowohl das Kindliche als auch das Weibliche gehört. Ein weicher, rundlich praller Körper mit einem Gesicht, das dem Kindchenschema entspricht, ist hier typisch. Es wird eine gewisse Hilfsbedürftigkeit vermittelt, die Beschützerreflexe auslöst. Die Rundheit bezieht zwar die Brust mit ein, doch diese hebt sich kaum aus der rundlichen Weichheit ab.

Das Gewebe ist nachgiebig. All das macht die Ausstrahlung insgesamt weich und anschmiegsam. Typischerweise fand sich diese Figur früher viel häufiger, wie uns die Gemälde alter Meister enthüllen – in Zeiten, als die Frauen notgedrungen kindlich und außerhalb erwachsener (Lebens-)Verantwortung und Selbstbestimmung blieben. Das runde »Püppchen«, das sehr nett und ein wenig naiv, niedlich und verschämt wirkt, kommt heute als Typ nicht mehr besonders an. Die reine, unverdorbene Frische und das Unreife und Unverbrauchte, wie es typisch die Unschuld vom Lande mit ihren roten Bäckchen ausstrahlt, gilt heute vor allem unter jungen Leuten als extrem »uncool«.

Genuss und Sinnlichkeit beziehen sich bei Molligen mehr auf Essen als auf Sex.

Das zugrundeliegende Problem ist ein Verhaftetbleiben in der Kind- und Mädchensphäre. Der Babyspeck wird nicht abgelegt, wodurch eine Babystimmung bis über die Pubertät hinaus erhalten bleibt, die irgendwann nicht mehr niedlich, sondern unreif und bedürftig wirkt. Und das ist auch das Muster im Hintergrund. Es vollzieht sich zu wenig geistig-seelische Bewegung, als dass der Babyspeck im Feuer der Pubertät verbrannt würde. Hierin liegt aber die wundervolle Chance.

Die Aufgabe besteht darin, all das Weiche und Anschmiegsame in der eigenen Ausstrahlung mit Lebendigkeit zu füllen und auszudrücken. Es gilt, das *innere* Kind am Leben zu erhalten oder gegebenenfalls wiederzubeleben und fließend und weich mit dem Leben mitzugehen, einfühlsame Anpassungsfähigkeit zu entwickeln und, während *sie* mit dem Leben fließt, darauf zu achten, sich selbst nicht ganz zu verlieren. Weiterhin ist es die Aufgabe, das Kindliche zu genießen und dann darüber hinauszuwachsen. Das Mädchen zu bleiben, während sich die Frau entwickelt und das Weib erwacht, könnte den Zauber dieser Situation ausmachen. In analoger Weise kann das auch für die seltenere männliche Variante gelten.

Unter Bewahrung des *inneren* Kindes und seines Charmes geht es darum, den nächsten, überfälligen Schritt zu wagen und die Pubertät mit all ihren Chancen des Wachsens und Erwachsenwerdens beim Schopf zu packen. Dieser weitere Schritt in die Welt der Gegensätze wird das Leben bewegter machen und dabei auch mehr Energie verbrauchen, so dass die Figur ganz von selbst schlanker und beweglicher wird, dabei im Idealfall aber etwas Rundes bewahrt, getreu dem alten Motto »Rund und gesund«.

Dralle, pralle Formen

Im Reich der drallen, prallen Körperformen herrscht ein ganz anderer Gewebetyp vor. Statt weich und nachgiebig zu sein, zeigt sich hier eine feste Konsistenz, die vom hohen Zelldruck stammt. Der zu diesem Gewebe zugehörige Figurtyp wirkt ebenfalls ausgesprochen weiblich mit großen, prallen Brüsten und einem runden, festen Po und ebensolchen Schenkeln. Alles hat hier Signalwirkung. Die Ausstrahlung ist pointiert weiblich und herausfordernd. Sie wird oft aufreizend und kokett eingesetzt. Die betreffenden Frauen spielen gern mit ihrer Wirkung und zeigen, was sie haben. Sie reizen Männer mit den überreifen Früchten ihrer Weiblichkeit.

Die in dieser körperlichen Ausstattung enthaltene Aufgabe besteht darin, auch innerlich zu reifen und das pralle Leben in seiner Fülle zu genießen. Die im Körper ausgedrückte Vitalität sollte in jede Aktion fließen und dem Leben die entsprechende Präsenz und Dichte geben. Zur eigenen verführerischen Ausstattung bis hin zu entsprechenden Verführungskünsten zu stehen, all das gehört hier zur Aufgabe.

Für Mädchen und Frauen mit einer solchen Figur gibt es einen einfachen, gleichsam biblischen Test bezüglich der inneren Verführerin. Wenn *sie* (noch) Angst vor Schlangen hat, ist daran zu arbeiten, die Verführerin aus der Verdrängung zu befreien. Wer sich dagegen vorstellen kann, eine Schlange zu berühren und zu streicheln, ist diesbezüglich im sicheren Bereich und kann entspannt mit den eigenen Verführungskünsten und der eigenen Attraktivität spielen. Immerhin genießen es fast alle Menschen, umworben und verführt zu werden. Lediglich bezüglich der Verantwortung hinterher scheiden sich die Geister und sind die Geschmäcker verschieden.

Barbie-Figuren

Ginge es streng nach den Regeln der Evolution und würden wir in den alten Agrargesellschaften leben, wären nur Frauen mit Fruchtbarkeit verheißendem breitem Becken und betontem Unterleib von begehrenswerter Gestalt. Doch im Zuge des kulturellen Wandels veränderte sich das Muster. In unserer modernen westlichen Kultur, die Selbstverwirklichung oder Individuation in den Vordergrund stellt, ist die wendige, schlanke Figur gefragt. Das individuelle Glück und der persönliche Erfolg, der rasch zu erringen ist, gewinnen Vorrang vor den Ansprüchen der Familie oder gar des Kollektivs. Dementsprechend haben sich die Großfamilien aufgelöst und werden immer weniger Kinder geboren. Das schmale, knabenhafte, männliche Becken kam in Mode, und die breite, gebärfreudige Beckenschale gilt nun als überholt und plump.

Vor diesem Hintergrund ist der Siegeszug der Barbie-Puppe zu verstehen, die zum Gebären theoretisch einen Kaiserschnitt braucht – wobei Kinderbekommen nie ihr vorrangiges Ziel war. Die Barbie ist unten Kind geblieben und knabenhaft, oben aber doch Frau mit ansehnlichen, wenn auch nicht großen, sondern vor allem festen und damit jugendlichen Brüsten. An ihr ist auch sonst alles proper und wie neu. Immer wie aus dem Ei gepellt, unverbraucht und ungelebt ist sie Ausdruck eines unreflektierten und sterilen Jugendkultes und als US-Ideal – wie fast alles aus dem Land der unbegrenzten Möglichkeiten – ein Exportschlager geworden.

Bei der Deutung muss zwischen den seltenen natürlichen Barbie-Figuren und den häufigeren von plastischen Chirurgen zurechtgeschnittenen unterschieden werden. Wenn eine Frau diese Konstitution mitgebracht hat, bedeutet dies für sie heute eine zwar leichte, aber doch mit ihrer persönlichen Entwicklung nur schwer zu vereinbarende Aufgabe. Einerseits signalisiert die Barbie ewige Jugend, verbunden mit der Fähigkeit, unbegrenzt straff und knackig zu sein; andererseits verspricht sie körperlich mädchenhaft, ihre Partner genital zu schonen und jedenfalls nicht zu (über)fordern.

Die natürliche Aufgabe solcher Mädchen-Frauen liegt darin, sich zu ihrer jugendlichen Signalwirkung positiv zu stellen und dabei selbst auf die eigenen Kosten zu kommen. Das wird ihnen heute, da sie das Ideal schlechthin darstellen, leichtgemacht. Viele werden eine Frau mit dieser modisch »heißen« Figur begehren, was ihr freie Wahl lässt, aber immer gebunden an ihre besondere Gestalt. Allerdings drängt alles Leben Richtung Entwicklung und Entfaltung. Bereits das Kinderbekommen wird für eine Frau mit Barbie-Maßen zur Herausforderung; ihr Körper scheint dafür nicht geschaffen zu sein.

So würde es für sie naheliegen, sich die Vorlieben dieser Gesellschaft zunutze zu machen und ihre Karriere auf ihrem Aussehen aufzubauen. Mag sie sich doch als mädchenhafter Engel all das nehmen, was ihr so bereitwillig angeboten wird. Allerdings sollte sie sich klarmachen, dass dies sich nur auf eine bestimmte Lebensphase erstrecken kann, eben die Jugend. Selbst wenn es ihr gelingt, ihr jugendliches Aussehen bis zur Lebensmitte zu konservieren, droht bei einem unreflektierten Körperkult die Gefahr, in der zweiten Lebenshälfte Schiffbruch zu erleiden. Es trifft sie meist völlig unvorbereitet, wenn die Seele dann den Heimweg antreten will.

Um dieses Figurgeschenk in erlöster Weise entgegenzunehmen, könnte die Betroffene sich vorstellen, in einem früheren Leben zu wenig an Jugend genossen zu haben. Dies darf nun in vollen Zügen nachgeholt werden, indem sie sich das *pralle* Leben, das sie ausstrahlt, auch selbst gönnt und es hingebungsvoll und leidenschaftlich genießt. Es ist wahrlich eine Kunst, die Geschenke der Natur anzunehmen. Dem Figurideal des Zeitgeistes zu entsprechen ist sicher ein Geschenk des Lebens.

Falls die Barbie-Maße mit Hilfe plastischer Chirurgie herbeigezaubert wurden, dürfte es schwerer fallen, mit der Signalwirkung der eigenen Figur umzugehen. Bekanntermaßen macht eine Dauerwelle noch kein verlockendes Wesen, obwohl die künstlichen Locken natürlich locken sollen. Insofern sind auch straffe Brüste noch keine Garantie für ein dauerhaft jugendliches Empfinden frei von reifen genitalen Ansprüchen. Bei solchen nachgestrafften und neu verspannten »Puppen« muss *man* davon ausgehen, dass hinter der knabenhaften Figur doch eine relativ *reife* weibliche Frau steckt, die lediglich einen chirurgischen Imagewechsel im Sinne einer Verjüngungskur hinter sich hat. Es kann zu Enttäuschungen und Frustrationen führen, wenn die Diskrepanz auffliegt. Das aber geschieht zwingend, wenn *sie* sich aufs Leben einlässt.

Männliche Silhouetten

Auf das Wesentliche reduziert sein

Eine extrem dünne, leptosome Gestalt kann von der Natur geschenkt oder durch harte, asketische Anstrengungen im Kampf um das moderne Figurideal erworben sein. Diese Menschen bestehen scheinbar nur aus Haut (Muskeln, Sehnen) und Knochen; sie haben kein Gramm Fett am Leib, das nicht unbedingt lebenswichtig ist.

Eine von der Konstitution her leptosome Gestalt ist im Gegensatz zur asketischen Figur ohne jede Anstrengung zu erhalten. Sie ist im wahrsten Sinne des Wortes natürlich, während die Askese künstlich ist und auf Lebenskunst hinausläuft, zumindest in der ursprünglichen Wortbedeutung. Aus dem Griechischen übersetzt heißt Askese »Kunst des Lebens« und meint in der spirituellen Tradition auch »kunstvoll (an der eigenen Verwirklichung) arbeiten«.

Von der Veranlagung her sind Menschen des leptosomen Typs die sogenannten schlechten Futterverwerter, die essen können, was sie wollen, ohne zuzunehmen. Als »Kleider«- oder »Hungerhaken« oder gar »Sack voll Hirschgeweihe« tituliert und karikiert, werden die extrem Dünnen mit ihren archetypisch männlichen, tendenziell eckigen Bewegungsmustern in Kindheit und Jugend leicht zum Gespött. Nach den Regeln der Evolution müsste dieser Figurtyp eigentlich stets benachteiligt gewesen sein, doch er hat es vor allem durch Zähigkeit geschafft zu überleben. Heute gilt er sogar als erstrebenswertes Ideal. Plötzlich sind die von Natur aus Dünnen die Einzigen, die im Überfluss unseres Nahrungsangebots schwelgen können, ohne in den Strudel von Figurproblemen und Krankheitsbildern gerissen zu werden.

Der leptosome Typ kann zudem mit Wenigem auskommen und ein karges Leben fristen, ohne dass sich figürlich bei ihm viel verändert. Die hagere Gestalt steht für Zähigkeit, und obwohl sie wie ausgemergelt erscheinen, sind diese Menschen meist sehr belastbar. Im Gegensatz dazu sind die willentlich heruntergehungerten Typen wenig widerstandsfähig; ihr pausenloser Verzicht reduziert obendrein noch Abwehrkraft und Lebenserwartung. Die Magersucht ist das medizinische Extrem dieser Entwicklung, unter der allmählich auch immer mehr Jungen leiden, die das weibliche Weiche an sich ablehnen, es aushungern und wegtrainieren.

Die Schultern des leptosomen Typs sind meist schmal, der Hals eher dürr. Als übertrieben enge Eintrittspforte symbolisiert er, wie wenig hier hereingelassen wird. Wobei die Gefahr besteht, dass jemand, der wenig hereinlässt, aus Mangel gierig wird. Weil Fettpolster fehlen, kommt die Schädelform markanter zum Ausdruck – ein weiterer Hinweis, dass dieser Mensch auf Wesentliches reduziert ist. Bei schmalem Körperbau wird der Kopf sichtbar zur Hauptsache. Er dominiert den ganzen Menschen, wie es dieser modernen Zeit ja auch entspricht. Während beim athletischen Typ der Leib in den Mittelpunkt rückt und er bei seiner Karikatur, dem Bodybuilder, sogar alles andere überlagert und beherrscht, so dass der Kopf wie eine kleine, unwichtige Murmel erscheint, nimmt der Kopf bei der reduzierten Figur unbestritten den ersten Rang ein.

Typische »Bürohengste« (und »Brillenschlangen«) gehören figürlich hierher und stehen für den intellektuell geprägten Menschen im Gegensatz zum körperbezogenen Athleten. Viele von ihnen hasten durchs Leben, angetrieben von innerem oder äußerem Druck beziehungsweise vom Hunger (auf verschiedenen Ebenen). Ehrgeiz und Getriebenheit sind prägende Elemente des Lebens. Allein schon aufgrund ihres Lebenstempos sind diese Menschen kaum in der Lage, an Gewicht zuzulegen. Hinzu kommt oft mangelnde Genussfähigkeit.

Asketisch nicht von der Philosophie, sondern von der Figur her, neigen sie auch in anderer Hinsicht zu Extremen. Das Unrunde und Getriebene kann zuweilen bis zum Fanatischen gehen. Schnell wie ein Windhund wird man auch leicht zu einem »windigen Typ«, der Nervosität und Unruhe verbreitet. Andere werden dann kaum auf ihn bauen, noch sich an ihn anlehnen mögen. Möglicherweise geizt er auch mit Anerkennung. Wer sich selbst »nichts schenkt«, wird auch anderen nicht viel zugestehen.

Figurtypen – ihre Bedeutung und Erlösung

Die Aufgabe dieser Konstitution liegt darin, eine erlöste Variante der eigenen schmalen Gestalt zu finden: nicht so viel Raum einnehmen und sich in diesem schmalen Bereich verwirklichen. Erst danach kann es darum gehen, auch den Gegenpol zu integrieren in Richtung eines einnehmenderen Wesens und einer großzügigeren Art. In der rundum reduzierten Erscheinung kann die Aufgabe liegen, die eigenen äußeren Aktivitäten nicht zu übertreiben und sich bewusst zurückzuhalten, einen oder mehrere Gänge zurückzuschalten und auf Abstand zu ehrgeizigen Idealen zu gehen. Solche Empfehlungen gelten besonders, wenn sich die asketische Erscheinung plötzlich entwickelt. Wer in kurzer Zeit dramatisch abmagert, sollte sogar auf die Suche nach einem zugrundeliegenden Krankheitsbild gehen. Im Fall einer Krankheit wird man sich ganz von selbst zurücknehmen und sich in Ruhe auf die eigenen inneren Heilkräfte besinnen müssen.

Mit der eigenen Energie sparsamer umgehen, um längerfristig mehr für sich zu behalten, ist allerdings ein Weg, der bereits den Gegenpol im Blick hat. Aus homöopathischer Perspektive ist der Hinweis zu beherzigen, im übergeordneten Sinne mehr zum eigenen Wesenskern zu kommen oder sich überhaupt auf das wirklich Wesentliche im Leben zu konzentrieren.

》Lasst uns wieder wesentlich werden!《
– dies ließe sich den modernen Menschen der Überflussgesellschaft zurufen, und die Dünnen, Hageren wären hier figürlich führend.

Die magere Figur kann durchaus auch als Aufforderung verstanden werden, den Körper nicht mehr so wichtig zu nehmen, sondern in seiner Bedeutung langsam zurückzunehmen und ihn keinesfalls in den Lebensvordergrund zu stellen. Wenn der Körper asketisch wirkt, mag darin auch die Aufforderung liegen, wesentliche Aspekte der Lebenskunst zu verwirklichen. Den Körper als das Haus und später vielleicht sogar als den Tempel der Seele zu erkennen und entsprechend zu nutzen könnte aus dieser Erkenntnis folgen. Ein mit Achtsamkeit auf das Notwendigste reduziertes Haus ist zum Beispiel das Kloster, in dem es um höhere Dinge geht. Ein hilfreiches und mit der Zeit auch sehr schönes Exerzitium ist in diesem Zusammenhang die bewusste jährliche Fastenzeit, die einem die Kunst des Lebens von einer ungewohnten Seite, aber auf sehr wirksame Weise näherbringt.

Häufig liegt auch etwas Altes und Weises in den zu diesem Typ gehörigen hageren Gesichtern, die eine dem fortgeschrittenen Alter angemessene Bescheidenheit und Genügsamkeit spiegeln. Im Alter braucht der Mensch nicht mehr so viel; er kommt mit Wenigem und Wesentlichem aus.

Zusammenfassend gedeutet fordert die leptosome Gestalt sowohl als angeborene Konstitution wie auch als modernes Figurideal dazu auf, wieder wesentlicher und strukturierter zu werden, zu den entscheidenden in der Tiefe liegenden Strukturen vorzustoßen und sie nach außen zu bringen und das ganze übertriebene Beiwerk beiseitezulassen. So könnte auf der positiven Seite die schmale Gestalt, auch wenn sie nur mühsam erkämpft ist, für Selbstgenügsamkeit und Bescheidenheit, für Zufriedenheit mit Wenigem und für das Wesentliche schlechthin stehen. Sie folgt dem schon fast in Vergessenheit geratenen Motto »Weniger ist mehr«.

Die sportliche, athletische Figur

Zwischen den Extremen des Übergewichts und der Askese liegt die sportliche, durchtrainierte Figur. Sie drückt Körperbewusstsein, Fitness, Stärke und Leistungsfähigkeit aus und demonstriert all dies auch mehr oder weniger offensiv.

Der Athlet hat breite Schultern, an die man sich anlehnen kann, die Vertrauen vermitteln. Er besitzt starke Arme, die auffangen können, kräftige Beine, die ihm seinen sicheren Stand im Leben verleihen. Er kann zupacken und seinen (Lebens-)Kampf erfolgreich bestehen. Hinter seinem breiten Kreuz kann *frau* sich gut verstecken und Schutz finden. Athleten strahlen aus, dass sie für andere einstehen und sich im Ernstfall vor sie stellen können. Ihr breiter Rücken verspricht große Trag- und

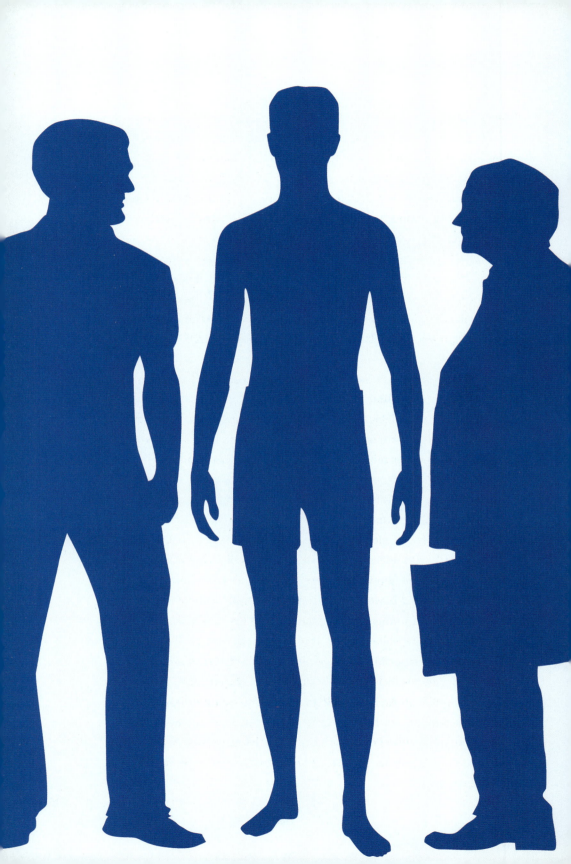

Belastungsfähigkeit. Wer viel tragen kann, wird außerdem viel auf- und abfangen können. Damit symbolisieren solche Figuren auch Beschützerqualitäten, die mit Männlichkeit und Kraft assoziiert werden und Sicherheit wie Geborgenheit vermitteln. Wenn in solch einem vitalen Körper auch noch ein Geist lebt, der all diese wundervollen Eigenschaften im Leben umsetzt, wie es dem Ideal der Antike entsprach, sind alle Wünsche erfüllt. Ken, der Partner der Barbie-Puppe, stellt rein äußerlich die moderne Version des antiken Ideals dar: einen etwas überzogenen Athleten, übertrieben kantig und männlich, der bereits den Schatten dieses Typs andeutet. Immerhin haben Männer es deutlich leichter, sich der Idealfigur eines Ken anzunähern, während für Frauen die Kunstfigur der Barbie kaum erreichbar ist, weil sie der Evolution widerspricht.

Bei den Sportlern unter den Athleten stehen die Leistungsfähigkeit und die Funktionalität im Vordergrund. Jung Siegfried ist als Archetyp der Sportler und Helden vorstellbar. Er braucht die Kraft, um seine Aufgaben zu bewältigen, und die Bewunderung gilt weniger seinem Körper als dem, was er mit ihm leistet, in Siegfrieds Fall dem Sieg über den Drachen.

Das Ideal des Herkules prägt hingegen die Bodybuilding-Szene. Es geht ihr primär darum, den Körper nach einem Ideal zu formen, und da kommt der antike Held mit seinen legendären Kräften als Vorbild gerade recht. Bodybuilder konzentrieren sich vor allem auf die äußere Erscheinung und die Show; sie werfen sich in Posen und wollen für die demonstrierte Stärke bewundert werden. Bei der Muskelfrau wiederum, die gesellschaftlich weniger in Erscheinung tritt und deshalb auch nur eine untergeordnete Rolle als Figurarchetyp spielt, wird die Demonstration von angezüchteter Muskelkraft sofort als unerlöster Ausdruck äußerer Männlichkeit deutlich. Die dargestellte Härte, Strenge und Kraft sind dem weiblichen Archetyp völlig konträr. Die wahre Aufgabe liegt hier im seelischen Bereich des Animus, des inneren Mannes, und seiner Stärke. Eine muskulöse Frau müsste also Durchsetzungsstärke und Entscheidungskraft erwerben und sich in der archetypisch männlichen Welt behaupten lernen.

Die Übergänge zwischen sportlich athletischer und Bodybuildingfigur sind fließend, immerhin verstehen sich Bodybuilder selbst als Sportler. Doch der Sportler unterscheidet sich vom Bodybuilder dadurch, dass er seinen Körper nicht als alleiniges Ziel seiner athletischen Aktivitäten, sondern als »Sportgerät« betrachtet. Er nutzt ihn, um zu seinem Ziel zu kommen, und bringt ihn in eine Form, die für das Erreichen des Zieles förderlich ist. Oft sieht man dem Sportler seine Sportart sogar an der einseitigen Prägung des Körpers an. Wenn der Schlagarm des Tennisspielers ein Drittel stärker ist als der andere, handelt es sich sicher nicht um einen Zugewinn an Schönheit, sondern um eine Disharmonie.

Innere und äußere Harmonie und Beweglichkeit waren auch das Ideal der Antike.

Wenn Sport dagegen vielseitig ist und alle Muskelgruppen beansprucht, führt er zu einem ausgewogenen Körperbild, das von Beweglichkeit und Kraft zeugt und Harmonie und Anmut in der Bewegung ausstrahlt. Die Ausgewogenheit der Muskelentwicklung im sichtbaren Bereich haben die Bodybuilder den Sportlern oft voraus, obwohl sie dazu neigen, es diesbezüglich insgesamt zu übertreiben. So wird der im Verhältnis kleine Kopf der Bodybuilder oft von überdimensionalen Halsmuskelsträngen garniert. Er tritt zurück und wird geradezu nebensächlich. Ein aufgepumptes, aufgeblasenes Ego wird in Gestalt des überdimensionierten Oberkörpers deutlich, dem im Ernstfall all die demonstrierten Eigenschaften fehlen, was auf Kompensation hinweist.

Ein einseitig körperlich verstandenes Training gibt oft den Hinweis, dass etwas seelisch in den Schatten gesunken ist. Wovor läuft er davon, könnte sich der täglich viele Kilometer Joggende fragen. Er rennt wie um sein Leben, aber oft genug geht es gar nicht um das Leben, sondern um die Flucht davor. Der erste Marathonläufer setzte sein Leben für seine Heimat Athen aufs Spiel. Die modernen Läufer haben profanere Ziele vor Augen, wenn überhaupt. Dies müsste Fragen aufwerfen

und dazu führen, eine Übereinstimmung zwischen äußerem Körperbild und innerer Einstellung zu erreichen. Die konditionelle Ausdauer könnte durch eine entsprechende in seelischen Belangen ergänzt werden; die Beharrlichkeit im Erstreben des äußeren Zieles sollte sich in einer entsprechenden Einstellung gegenüber inneren Zielen widerspiegeln.
Das Problem vieler Sportler ist ihr Steckenbleiben auf der rein körperlichen Ebene, wodurch das Training zum Selbstzweck wird. Dabei besitzt jede Sportart eine seelische Bedeutung und ein Ziel auch im höheren Sinne. Der Hochspringer will nicht nur konkret hoch hinaus, der Weitspringer nicht nur in Metern weit nach vorn kommen. Diese übergeordnete Ebene zu finden und in den Mittelpunkt zu rücken ist eine überaus lohnende Möglichkeit.

Alle Ausdauersportler, die ihr Herz-Kreislauf-System mit Hingabe in Form bringen, könnten sich fragen, in welcher Kondition ihr Herz in seelischer Hinsicht ist. Jeder Mensch hat irgendeine Kondition – eine des Herz-Kreislauf-Systems und eine innere. Die Frage ist, wie sich beide zueinander verhalten. Idealerweise entsprechen sie sich; im schlechtesten Fall kommt es zur Kompensation. Beispielsweise ist der Langstreckenläufer mit dem erheblich erweiterten Sportlerherz nicht einmal medizinisch gesehen in guter Verfassung. Wenn er seine Herzensqualitäten in geistig-seelischer Hinsicht wegen seines exzessiven physischen Trainings auch noch vernachlässigt, steckt er in einer bedauernswerten Situation. Wo seine Kraft nicht einmal für kurze partnerschaftliche Sprints reicht, fällt das immerhin auf. Allerdings sind auch Menschen, die Marathons nur sitzend vor dem TV- oder PC-Bildschirm einlegen und aufgrund ihres vernachlässigten Körpers keine hundert Meter weit rennen können, nicht besser (dran). »Zu wenig und zu viel sind des Narren Ziel«, weiß der Volksmund. Der unsportliche, rundum erschlaffte Körper leidet an zu wenig Bewegung und Training, aber auch die übertriebene Anforderung schlägt sich in einem auffälligen Körperbild nieder. Das Ideal ist der insgesamt sportliche Körper, in dem ein beweglicher Geist lebt – »Mens sana in corpore sano«. Zu wünschen ist, dass sich die Seele in ihrem Körperhaus so wohlfühlt, dass sie offen ist für alle möglichen Erfahrungen.

Gedrungene, runde Gemütlichkeit

Der molligen Frau entspricht auf männlicher Seite der kleine, rundliche Typ, der leicht Gewicht ansetzt. Als guter Futterverwerter hat er die Fähigkeit, aus wenigen Kalorien viel Fleisch zu machen – ein großer Vorteil in der Entwicklungsgeschichte. Die Erfolgsstrategie bestand immer darin, aus wenig viel zu machen, denn es gab wenig, und das Wenige musste gut angelegt werden. Dass diese Fähigkeit durch die Änderung des Schönheitsideals auf dem Boden modernen Überflusses zum gravierenden Nachteil wurde, ist wirklich Pech für den Pykniker. Klein und dicklich zu sein ist jetzt das Letzte und war doch lange das Beste. Durch die gedrungene Gestalt und die geringe Größe lässt er Eleganz, einen ganz neuen »Wert« in der Evolution, vermissen.

Die sich in der Figur abzeichnende Aufgabe liegt darin, das Leben gemütlich anzugehen und es in einem tieferen Sinne rund werden zu lassen. Der bereits erwähnte Mythos von den Kugelmenschen mag hier anklingen. Dem gemütlichen Menschen liegt es außerdem nahe, *eine ruhige Kugel zu schieben*, während er sich der Kugelgestalt annähert. Dabei hat er die Wahl, sein Gewicht – essend – selbst zu bestimmen. Nicht annähernd so viel Freiheit hat der Leptosome, setzt er doch auch bei bestem Willen kaum Fett an.

Pykniker können zwar nicht gertenschlank werden, aber doch schlank, wenn sie auf Kalorien verzichten und sich mehr bewegen. Da ihre eigentliche Aufgabe aber eher im runden Genuss liegt und dieser heute weitgehend über die Nahrungsaufnahme gesucht wird, neigen sie besonders zu Übergewicht. Obendrein gehören sie eher zu den Hamstertypen, die gern horten und sich absichern. So sammeln sie auch schnell Gewicht an. Dahinter steckt die Angst, dass weniger gute Zeiten anbrechen könnten und möglicherweise auch schlechte Erfahrungen wiederkehren. Dagegen wiegen die Vorteile dieses Figurtyps, zum Beispiel die sprichwörtliche Agilität, heute eher gering. Selbst wenn die Runden oft die besseren Tänzer sind, kann das die Nachteile im Beziehungsleben nicht so leicht ausgleichen. Auch Gemütlichkeit zählt heute nicht mehr viel. Der pyknische »Waschbärbauch« hat im Vergleich zu den Muskelsträngen des athletischen Waschbrettbauchs deutlich weniger

Chancen beim anderen Geschlecht, obwohl er aufgrund seiner Weichheit viel anschmiegsamer ist.

Der entgegen ihren erklärten Absichten eher anstrengenden Spaßgesellschaft steht der Pykniker tendenziell ratlos gegenüber. Ständige Abwechslung und immer neuer Thrill sind nichts für ihn. Er ist viel zu behäbig und zu gemütlich, eben ein – manchmal stiller – Genießer, dem die Aufgeregtheiten des modernen Lebens lästig sind. Seine Bedürfnisse und Vorlieben, wie geruhsam zu verweilen und das Leben essend und lauschend zu genießen, spielen im modernen Getriebe keine Rolle mehr.

Durch die Tendenz zur Kugelform wird der Schatten dieses Figurtyps deutlich; es handelt sich dabei aller Wahrscheinlichkeit nach um eine Verwechslung von innen und außen. Wenn die Figur immer mehr zur Kugelgestalt tendiert, könnte das im schlimmsten Fall auf Kosten innerer Rundheit gehen, doch immer wird es die Gesundheit in Mitleidenschaft ziehen. Während die Birnenform beim weiblichen Geschlecht zwar unbeliebt ist, zeichnet sie sich jedoch durch medizinische Harmlosigkeit aus. Die männliche Apfelform mit dem ausladenden Bauch stellt dagegen ein erhebliches gesundheitliches Risiko dar.

Auch der Pykniker sollte seinem Muster treu bleiben und sich im (vor)gegebenen Rahmen verwirklichen.

Es mag für alle Pykniker mit Tendenz zur Kugel, die auf die innere Erleuchtung warten, ein Trost sein, dass auch der historische Buddha Gautama am Ende seines Lebens auf Polstern aus eigenem Gewebe geruht haben soll und offensichtlich zur pyknischen Kugelgestalt gefunden hatte. Runde Gemütlichkeit ist auch ein wundervoller Ausgleich zur hektischen Welt. Wie schön könnte es für alle sein, wenn die Pykniker wieder zu ihrer Gemütlichkeit fänden und sie in ansteckender Weise verbreiten würden. Wir könnten wieder viel mehr Lebensgenuss auf dieser Erde einkehren lassen und uns über sie dem Ideal der Kugelmenschen nähern, allerdings vor allem auf den entwickelten Ebenen von Geist und Seele.

Die Körperzonen und ihre Symbolik

Der Kopf – Krone des Lebensbaumes

Der Kopf ist unsere Weltkugel, die *Haupt*sache, die sich sehen lassen kann und dies auch tut. Seit sich unsere Vorfahren auf die Hinterfüße stellten und so die oberen Extremitäten freibekamen, hat der Kopf die höchste Stelle der Hierarchie nicht mehr preisgegeben. Er thront auf der Wirbelsäule wie die Kugel auf dem Hermesstab, die Maria auf der Mariensäule oder das Totem auf dem Totempfahl; er entspricht der Spitze von Obelisken früherer Zeiten. All diese Symbole sind dem Kopf-Wirbelsäulen-System nachempfunden, denn so wie sich unser Leben um unsere Weltachse dreht und von der Hauptsache, unserem »Oberstübchen«, gelenkt wird, drehte sich das archaische Leben um die heilige Stele. Von der höchsten Stelle kamen die entscheidenden Impulse. Wer heute ein Firmenimperium regiert, tut dies ebenfalls lieber von oben herab, aus der obersten Chefetage. Es ist seit jeher erstrebenswert, im Leben nach oben zu gelangen und Spitzenpositionen einzunehmen.

Kopf und Hirn waren natürlich unser entscheidender Vorteil in der Evolution, und selbst unter den verschiedenen Völkern und Menschenrassen haben sich diejenigen, die am direktesten auf den Kopf setzten, Vorteile erobert. Wenn weitgehend aus ihren Instinkten lebende Menschen der Naturvölker mit Hominiden wie Gorillas in Kontakt kamen, waren sie diesen immer überlegen. Trafen solche vom Instinkt geleiteten Bauchmenschen, zum Beispiel die Ureinwohner des südamerikanischen Kontinents oder die afrikanischen Eingeborenen, auf Herzmenschen, etwa der mediterranen Völker Spaniens und Portugals, die der Welt emotionsgesteuert begegneten, wurden sie wie bei der Kolonisation Südamerikas und Afrikas besiegt. Prallten aber emotionsbestimmte Herzmenschen mit intellektgesteuerten Kopfmenschen zusammen, gewannen die Kopfmenschen problemlos und *hoch erhobenen Hauptes*, wie sich bis heute in Südamerika zeigt, wo die Arroganz der Gringos sprichwörtlich ist. Bei der Begegnung von Kopf- mit Bauchmenschen, etwa in Nordamerika, war es noch schneller um Letztere geschehen.

Je höher also die Entscheidungszentrale saß, desto größer der Erfolg. Vieles spricht folglich für das Konzept, den kühlen Kopf an die oberste Stelle zu setzen und ihn sowohl das heiße Herz als auch den intuitiven Bauch dominieren zu lassen. Allerdings ist dieser Erfolg nur an der Machtfülle gemessen und keinesfalls am Lebensglück. Die Schattenseiten zeigten sich schon bald inmitten der kopfgesteuerten Kulturen, die zwar unbestritten die Welt beherrschen, aber ihren Menschen so wenig Glück bringen.

Kopfgröße

Einsteins Gehirn war nicht größer und schwerer als das anderer Menschen, sein Denken hatte »nur« eine andere Qualität. Trotzdem ist die Vorstellung, dass die Größe des Kopfes auch mit Qualität zu tun haben müsse, tief im Bewusstsein verankert. Beim Kopf imponiert deshalb zuerst seine Größe. Nicht umsonst spricht man in Süddeutschland von den »Großkopferten«, den wohlhabenden, einflussreichen, »besseren« Leuten. »Ein großer Kopf sein« bedeutet auch, eine herausragende Weltsicht zu besitzen und auf geistigem Gebiet Großes zu leisten. Daneben gibt es die »verkopften« Zeitgenossen, die an ihrer Kopflastigkeit leiden, oft ohne es selbst zu merken. Sie haben vielfach zu wenig Zeit für sich und ihr Herz und verschwenden ihr Leben, während ihre Herzensangelegenheiten zu kurz kommen. Das ursprüngliche Bauchgefühl haben sie meist längst verloren, es meldet sich bei Frauen höchstens noch während einer Schwangerschaft, wenn der Lebensschwerpunkt im Körper wieder etwas *herunterkommt*. Sehr im Kopf lebende Menschen sind so hirnlastig, dass sie sich ihr eigenes emotionales und Gefühlselend jederzeit rationalisierend zurechtbiegen können und sich damit selbst um die Chance bringen, es zu verarbeiten und zu ändern.

Der Kopf selbst mag in Widerstand gehen und über Kopfschmerzen anzeigen, wie wenig er dieses Leben aushält – ein Leben, in dem er sich ständig durchsetzen und beweisen muss, in dem er immer hoch erhoben bleiben und sogar durch jede Wand gehen soll. Achtzig Prozent der modernen Menschen kennen das Phänomen Kopfschmerzen aus eigener Erfahrung; archaischen Menschen ist es dagegen so unbekannt wie die verkrampften Versuche des Kopfzerbrechens. So wird der Verdacht immer größer, dass die »Großkopferten« dieser Welt samt ihren Anhängern viel zu viel im Kopf und zu wenig im Hirn haben. Wir haben die Welt von unserer obersten Kommandobrücke in eine so gefährliche Lage manövriert, dass wir allmählich sogar an unserer Intelligenz zweifeln dürfen. Wenn sich diese Zweifel bewahrheiten, wäre der große Kopf auch nur die Kompensation eines für eine große Aufgabe zu klein geratenen Geistes.

Die Aufgabe eines Menschen mit GROSSEM KOPF läuft allgemein darauf hinaus, zu dieser Größe auch innerlich auf der Gehirn- und Denkebene aufzuschließen und die beiden Seiten des Gehirns – die archetypisch weibliche rechte und die archetypisch männliche linke Hemisphäre – in Harmonie und später sogar in Einklang zu bringen. Diesen Zustand völliger Ausgewogenheit nennt man Erleuchtung.

Menschen mit einem auffällig KLEINEN KOPF können sich an die Devise »Klein, aber fein« halten. Frauen haben durchschnittlich einen kleineren Kopf als Männer, und wie *man* in den letzten Jahrzehnten lernen konnte, spricht dies zwar für etwas weniger Hirnmasse, aber keinesfalls für weniger Intelligenz. Frauen machen – wie neue Forschungen zeigen – einfach aus weniger mehr, und zwar mit verblüffend guten Ergebnissen. Es kommt eben auch hier mehr auf die Qualität als auf die Quantität an. Eine große Gehirnmasse zu haben besagt allein noch nichts; die Gehirnwindungen und ihr Differenzierungsgrad sind entscheidend für die Lebenstüchtigkeit. In diesem Punkt scheinen Frauen deutliche Vorteile zu genießen, wohl weil sie in der Evolution mehr gefordert und folglich auch besser gefördert wurden.

Kopfform

Durch sein hoch erhobenes Haupt ist der Mensch generell als geistiges Wesen charakterisiert. Wenn bei einem Menschen der obere Denkschädel betont ist, spricht dies für besondere geistige Ambitionen. Ein in den Vordergrund drängender Gesichtsschädel deutet mehr auf weltliche Ambitionen wie etwa animalische, genussorientierte Bedürfnisse hin.

Nach dem Zahnarzt Dr. Edelmann, einem Spezialisten für Psychodontie, steht der Oberkiefer für den Himmel des Menschen und der Unterkiefer für seine Erde. Ein Schädel mit einem stark betonten Unterkiefer zeugt von einer eher materiellen Weltverarbeitung und Durchsetzungsfähigkeit in der konkreten Welt, die damit auch zur Aufgabe wird. Einem Rennfahrer wie Michael Schumacher steht sein gleichsam »begehbarer« Unterkiefer gut zu Gesicht, verrät er doch den physisch durchsetzungsfähigen Typ mit marsisch-aggressiver Ausstrahlung.

Da wir in der Analogie vom Kopf als unserer persönlichen Weltkugel sprechen, sollte der runde Kopf das Normale sein. Doch haben viele Menschen mehr ovale und sogar quadratische oder dreieckige und trapezförmige Schädelformen.

Der **BETONT RUNDE KOPF** verrät ein rundes und geselliges Wesen mit entsprechend uneigennütziger, altruistischer Zuwendung bis hin zu (be)rührender Hilfsbereitschaft gegenüber den Mitmenschen. »Rundköpfe« neigen dazu, rasch zu Entscheidungen und Entschlüssen zu kommen. Hier läuft alles rund, beziehungsweise die Herausforderung besteht darin, dafür zu sorgen, dass das Leben eine *runde Sache* wird. Das Mandala als Symbol der Vollkommenheit könnte hier zum Lebensmotto werden. Nachdem sie die wunderschönen Seiten dieser genetischen Mitgift weiterentwickelt und zu ihrem und zum Besten ihrer Mitmenschen entfaltet haben, sollten diese Menschen jedoch auch an sich selbst denken, den Gegenpol integrieren und ihrem eigenen Leben Konturen und Struktur geben.

Demgegenüber wird der **QUADRATISCHE KOPF** mit einem unrunden Leben assoziiert. Herabsetzend spricht man vom »Quadratschädel«. Solch »vierschrötigen« Köpfen wird unterstellt, ihr Denken sei eckig; sie würden dazu neigen, sich querzustellen. Doch bringt der Querdenker in vielen Bereichen nur Vorteile. Menschen mit dieser Kopfform sind meist willensstark, was sich oft auch in einem großen, kantigen Unterkiefer und dem entsprechend breiten Kinn spiegelt. Symbolisch zeigen sich hier ihre gute Durchsetzungs- und Entschlusskraft. Böse Geister könnten vermuten, dass ihre schnellen, mutigen Entscheidungen mit mangelnder Fantasie zusammenhängen. Die Lernaufgabe besteht darin, die eigenen Ecken und Kanten zu akzeptieren und die mit ihnen verbundenen Chancen wahr- und wichtig zu nehmen. Die vorhandene Tatkraft gepaart mit Durchsetzungsstärke kann wundervolle Möglichkeiten eröffnen, wenn man – gerade auch als Querdenker – seinen Platz im Leben findet, wo diese Eigenschaften entwicklungsförderlich zum Zuge kommen. Auf solcher Basis könnte sich auf dem Gegenpol dann auch ein abgerundetes und damit gefälligeres Denken entwickeln.

Beim DREIECKIGEN KOPF mit dem Kinn als unterer Spitze wird in anderer Weise der Gehirnschädel und damit die Denkfunktion betont, während der Gesichtsschädel eher bescheiden zurücksteht. Hier geht es vorrangig um den gesunden Menschenverstand im Gegensatz zum animalischen Instinkt. Die Fähigkeit, sich die Dinge im Geist zurechtzulegen, zusammen mit diplomatischem Geschick kann diesen »Köpfen« im Leben weiterhelfen. Dem Denken gebührt hier Vorrang. Erst wenn es sich entwickeln konnte, was ganz der Anlage dieser Menschen entspricht, ist auch Wert auf die weniger betonten Ebenen der Emotionen und des Lebensgenusses zu legen.

Am meisten verbreitet ist der OVALE KOPF, und er deutet nach den Erfahrungen von Physiognomikspezialisten auf eine ausgewogene, abgerundete Persönlichkeit hin. Ein beweglicher und kreativer Geist wird hier oft durch Genussfähigkeit ergänzt. Allerdings fällt auf, dass diese *Köpfe* sich besonders ungern mit Kritik an ihrer Person auseinandersetzen. Wer sich in diesem Muster wiederfindet, könnte – nachdem er sich das Geschenk der Ausgewogenheit bewusst gemacht und es zu genießen gelernt hat – mit sanfter Selbstkritik beginnen. Anschließend ist es entwicklungsförderlich, sich auch für die kritische Auseinandersetzung mit anderen bezüglich der eigenen Person zu öffnen und so noch mehr Harmonie ins Leben und die eigene Erscheinung zu bringen.

Bei einem TRAPEZFÖRMIGEN KOPF wird ein oben eher eckiger und bereits breiter Kopf unten noch breiter, was in der Regel mehr auf eine ausgeprägte Entwicklung der Wangen zurückzuführen ist als auf ein breites und kantiges Kinn. Solche »Hamsterbacken« lassen vermuten, dass die Materie eine große Rolle im Leben spielt. Oft ist dieses Muster auch mit Übergewicht verbunden. Hier geht es um praktische Dinge und ein zupackendes und einverleibendes Wesen, zu dem auch eine entsprechende Bauchentwicklung passt. Die Denkfunktion ist vornehmlich auf materielle Werte gerichtet. Fest in der realen Welt verankert, was manchmal noch durch entsprechend stabile Beine betont wird, kann ihr ergebnisorientiertes Denken solchen Menschen viel Erfolg bescheren. So fällt es ihnen häufig leicht, etwas aus sich und ihrem Leben zu machen – nicht selten allerdings auch etwas zu viel auf der materiellen Ebene, was für die Gesundheit bedenklich ist. Wenn ihr Wachstum wesentlich die Ebene leiblicher Expansion betrifft, ist die Frage nach Inhalt und Sinn des Ganzen zu stellen und könnte dem Leben mehr Ausgewogenheit vermitteln. Fülle im Genussbereich ist zwar der asketischen Ungenießbarkeit durchaus vorzuziehen, aber innere Erfüllung ist dennoch die faszinierendere Alternative.

Der BETONTE HINTERKOPF war bei den alten Ägyptern das Nonplusultra und wurde durch die Mode betont, wofür die Büste der Nofretete ein Beispiel ist. Bis in unsere Zeit ist der Dutt eine Haartracht, die entweder den weiblichen Hinterkopf oder, oben auf dem Scheitel getragen, die ganze Frau größer erscheinen lässt. Der betonte Hinterkopf ist ein Zeichen für musische Talente (»musikalischer Hinterkopf«) und weist auf die Fähigkeit hin, in die andere Welt hinüberzuschauen. Diese Menschen interessieren sich für feinstoffliche Bereiche und besitzen auch entsprechende Fähigkeiten. Sie sollten sich dieser Möglichkeiten bewusst werden und sie zur Blüte bringen.

Haarfarbe und -struktur

Haare und Haartrachten sind stets ein Blickfang, und die Frisur ist zu allen Zeiten auch Ausdruck des Lebensstils, der Religion und der politischen Ansichten gewesen. Als die Frauen zu Beginn des letzten Jahrhunderts ihr langes Haar abschnitten, mag das ein noch erschreckenderer Schritt (für die Männer jener Zeit) gewesen sein als das Wachsenlassen der Haare in der Hippiezeit (für die damalige Elterngeneration).

Alte Zöpfe abschneiden ist eben weit mehr als nur ein physischer Akt. Die Haarpracht symbolisiert neben Freiheit und Macht außerdem Vitalität und die Kraft der Verführung.

In der liberalen westlichen Gesellschaft kann so ziemlich jeder auf seinem Kopf an Programmen inszenieren, was er will, ohne durch Frisur und Farbe großen Anstoß oder auch nur Aufsehen zu erregen. Die ursprüngliche Haarfarbe und -struktur lässt sich in jedem Fall deuten.

BLONDE HAARE werden klassischerweise mit einem empfindsamen, unschuldigen, leicht beeindruckbaren Menschentyp assoziiert. Fausts Gretchen stellt man sich unbedingt blond vor. Vor allem bei Frauen blonden Typs geht man davon aus, dass sie sich gut in andere hineinversetzen können und zu Mitgefühl und Mitleid neigen. Diese Eigenschaften werden in der heutigen Zeit leicht ausgenutzt. Blondinenwitze greifen dieses Thema auf und lassen blonde Frauen naiv und ziemlich dumm dastehen, was nichts daran ändert, dass sie wegen des zugrundeliegenden sensiblen Naturells, das sich oft auch in einer feinen, zarten, fast durchscheinenden Haut zeigt, beliebt sind. Wie begehrt dieser helle, sonnige und auch gewitzte Typ ist, zeigt sich daran, wie viele ihn künstlich verwirklichen, denn echte Blonde gibt es nur sehr wenige.

ROTE HAARE werden heute immer seltener im dem Maße, wie die keltische Konstitution genetisch langsam untergeht. Als Kinder werden die »Rotfüchse« wegen ihrer »roten Birne« oft gehänselt. Bei Erwachsenen gelten rote Haare dann – zumindest bei Frauen – als Zeichen von Leidenschaft und Gefühl. Rot wird allerdings auch als Hinweis auf einen nachtragenden Charakter gewertet. Eine Haarpracht in der Signalfarbe Rot galt früher als Hexenzeichen und wurde zur Zeit der Inquisition nicht selten mit dem Leben bezahlt. Der leuchtend rote Kopf fällt auf; er erregt Aufmerksamkeit und diese wiederum nicht selten Neid und Häme. So verlangt es auch heute noch Mut und Kraft, sich zu dieser Ausstrahlung zu bekennen und sie als Auszeichnung zu genießen.

Aufgrund ihrer genetischen Dominanz werden sich dunkle und besonders SCHWARZE HAARE langfristig immer mehr durchsetzen. Sie symbolisieren eine gewisse Leidenschaft und Rassigkeit. Schwarzhaarige Menschen sind potenziell begeisterungsfähiger und schwärme-

Die Körperzonen und ihre Symbolik

rischer bis hin zur Gefahr des Fanatismus. Sie tragen die Farbe des Schattens auf höchster Ebene und sind in der täglichen Lebenspraxis meist sehr weit von der Aussöhnung mit ihrem dunklen Seelenanteil entfernt. Dass sie (genetisch) die Welt erobern, lässt auf eine entsprechende innere Tendenz schließen.

Braune Haare liegen zwischen den Extremen und gehören folglich zu flexiblen Menschen, die sich und ihre Meinung geänderten Umständen rasch anpassen können. Sie sind in der Regel aktiv, manchmal sogar hyperaktiv. Als kommunikative und unternehmungslustige Typen gehen sie das Leben schwungvoll und nicht selten auch impulsiv an.

Graue Haare gemahnen an die Nacht, die alle Farbunterschiede aufhebt. Ähnlich werden auch die individuellen Farben am Ende des Lebens neutralisiert und gehen im Grau(en) des Alters unter. Grau spiegelt so den Verlust von Farbe und Differenzierung und die Rückkehr zu kollektiven Themen wider, wie sie sich in der anstehenden Lebensbilanz, aber auch im Altern und Sterben ausdrücken. Kein Wunder, dass graue Haare in einer Zeit des Jugendkultes so unbeliebt sind. Wenn Haare frühzeitig grau werden, lautet die Aufgabe, sich rechtzeitig mit dem Altern auszusöhnen – am besten natürlich im Sinne des Reifens. Außerdem gilt es, die Weichen in Richtung Weisheit (des Alters) zu stellen, das heißt, Wissen will nun in Weisheit gewandelt werden. Wer über Nacht ergraut, wird plötzlich und unvorbereitet auf diese Themen hingewiesen. Schicksalsschläge und auch großer Schrecken können ebenfalls ergrauen lassen und zeigen damit, wie sehr sie Lebenskraft verbrauchen und einen Menschen frühzeitig mit Themen der Reife und des Alters konfrontieren. Solche Erfahrung lassen einen über Nacht *alt aussehen*. Sie einzulösen würde bedeuten, sich freiwillig auf die Erfahrungen des Reifens einzulassen.

Über Grau führt der natürliche Weg zu Weiß. **Weisse Haare** symbolisieren die Weisheit des Alters. Der helle Strahlenkranz schlohweißer Haare bringt wenigstens äußerlich strahlendes Licht ins Leben. Natürlich liegt die eigentliche Aufgabe darin, dieses Strahlen von innen heraus zu entwickeln in dem Sinne, dass sich der tausendblättrige Lotos des Kronen-Chakras entfaltet.

Dunkle Haare mit hellen Strähnen sind *natürlich* eine Seltenheit und bringen auf diesem Weg die Polarität ins Leben mit der offensichtlichen Aufgabe, sich diesem Thema verstärkt und mit Hingabe auf höchster Ebene zu widmen. Wer sich solche »Dachssträhnen« färben lässt, will sich in der Regel interessanter machen, sollte aber bedenken, welch plutonische Symbolik er damit in sein Leben einlädt. Dieses Prinzip des Schwarzweißmalens und der extremen Gegensätze fordert von den Betroffenen sehr viel an Wandlungsbereitschaft. Im Übrigen wollen gefärbte **Strähnchen** der eigenen Erscheinung Glanzlichter aufsetzen, die allerdings besser und wirkungsvoller im übertragenden Sinne anzubringen wären, wo *Highlights* immer gut ankommen.

Glatte Haare strahlen Berechenbarkeit und – in der Mitte gescheitelt – auch Ausgewogenheit aus. Solche Menschen zeigen mit ihrer Frisur, dass sie in Balance sind und in ihrer Mitte ruhen (wollen). Das kann bei Betrachtern den Eindruck von Geborgenheit und Herzlichkeit auslösen, aber vor allem auch von Ordnungsliebe, sachlicher Strenge und schnörkelloser Direktheit.

Locken assoziieren wir dagegen mit verlockender Wildheit, mit urwüchsiger Kraft und leidenschaftlicher Lust, die eigenen Wege zu gehen. Eine solche Lockenpracht muss wie auch ihr(e) Besitzer(in) vieles dem Zufall überlassen. Die ungebändigten Kringel spiegeln ein vielfältiges kreatives Seelenleben wider, dessen Gefühle und Emotionen mitreißen können und jedenfalls das eigene und tatsächlich nicht selten auch noch andere Leben durcheinander*wirbel*n. Locken verraten auch die Lust, in andere *Rollen* und Archetypen zu schlüpfen und vielfältigste kreative Wege zu gehen, die nicht planbar und noch weniger berechenbar sind. Ein typischer Lockenkopf ist das Mädchen Momo in dem Film zu Michael Endes gleichnamigem Buch, ein Kind, das kindliches Ungestüm und originelle Wildheit nachhaltig gegen die Erwachsenenwelt verteidigt. Wo das nicht gelingt, kann es sein, dass die anfänglichen Locken allmählich auf der Strecke bleiben, wenn das Leben immer mehr in Richtung Anpassung tendiert.

Oft verschwinden Locken bei Frauen auch in der Schwangerschaft und Stillzeit, wenn Mütterlichkeit an die Stelle verlockender Sinnlichkeit und Wildheit tritt. Nach dem Stillen tauchen sie unter Umständen wieder auf, falls die entsprechenden Themen es ebenfalls tun. Andererseits können sich in der Schwangerschaft Locken auch neuerlich bilden, sowohl wenn *frau* sich in ihrer neuen Weiblichkeit besonders verlockend erlebt als auch wenn sie darunter leidet, sich in ihrer Körperfülle nicht mehr ausreichend (ver)lockend zu fühlen. Wo Locken künstlich als Dauerwellen ins Spiel kommen, liegt die Chance darin, dieser Inszenierung, die zuerst einmal rein äußerlich ist, auch innerlich gerecht zu werden. Da Locken etwas Verlockendes ausstrahlen, gilt es, auch innerlich verlockend zu werden und wirklich zu locken und zu verführen, und das mit Genuss.

Das Gesicht – Fassade und Visitenkarte

Ein Blick auf die Proportionen der verschiedenen Gesichtspartien informiert uns besser über den Menschen hinter dieser Fassade als die Beurteilung einzelner Komponenten. Im Gesicht sind andererseits schon Kleinigkeiten wichtig; sie können den Gesamteindruck verändern und auch empfindlich stören. Muttermale erlangen so Bedeutung. Das Feuermal auf der Stirn von Michail Gorbatschow wird diesen in seiner Kindheit wahrscheinlich zur Zielscheibe von Spott gemacht haben, später wurde es Auszeichnung und Markenzeichen.

Das RUNDE BIS RUNDLICHE GESICHT, das naturgemäß gut zum runden Schädel passt, wirkt freundlich und gewinnend auf die Umwelt. Da scharfe Konturen fehlen, erwartet niemand von diesen Menschen etwas Böses im Sinne von Aggressivität. *Runde* Zufriedenheit, Ruhe und oft sogar eine gewisse Güte ausstrahlend gönnen sie sich und ihrer Umwelt etwas. Darüber hinaus vermitteln sie häufig den Eindruck von Ehrlichkeit, Einfühlungsvermögen und Mitgefühl. Letzteres erwächst nicht selten aus einem reichen eigenen Gefühlsreservoir, dem sie allerdings manchmal auch etwas hilflos ausgeliefert sind, wenn Stimmungsschwankungen sie durch Höhen und Tiefen jagen.

Wer mit diesen Geschenken gesegnet ist, könnte sie zuerst einmal weiterentwickeln und zur Blüte bringen, bevor er sich auch um Konturen im eigenen Leben kümmert. Solche Menschen erleben zum Beispiel, dass ihre Freundlichkeit immer wieder zu ihnen zurückkehrt, was das eigene offene Wesen weiter bestärkt.

Demgegenüber steht das KANTIGE GESICHT mit seinen scharfen Konturen. Hinter solch einer Fassade verbergen sich eher kühle Menschen mit großer Selbstbeherrschung, die auf andere reserviert wirken. Dieses Gesicht zeigt neben einer gewissen Schärfe und Härte auch Entschlossenheit. Die Besitzer verfügen in der Regel über gute intellektuelle Fähigkeiten und neigen zu energischem Vorgehen. Mit ihren hohen Anforderungen an sich selbst und ihre Umgebung lassen sie ihre Mitmenschen keinesfalls unberührt, zumal sie oft mit eiserner Strenge auf die Durchsetzung und Verwirklichung ihrer Vorstellungen pochen. Aufgrund ihres oft kompromisslosen, konsequenten und schnörkellosen Vorgehens haben sie häufig Erfolg in beruflicher und gesellschaftlicher Hinsicht.

Wer mit diesen Fähigkeiten ausgezeichnet ist, könnte mehr Geschäfts- und Verhandlungspartner als Herzensfreunde haben und sich einsamer fühlen und unglücklicher sein, als die Umwelt es aufgrund des Erfolges vermutet. Hier wäre frühzeitig und bewusst daran zu »arbeiten«, das Erreichte auch zu genießen und dem Glück einen gewissen *Spiel*raum im eigenen Leben zu geben. Demnach liegt die Aufgabe, die sich in diesen Zügen ausdrückt, natürlich primär in der Entwicklung von Konsequenz und Gradlinigkeit sowie in bewusster Grenzsetzung. Es gilt dem eigenen Leben Konturen und Profil zu geben und seine Ziele mit einer gewissen Schärfe zu formulieren und sie dann energisch (voller Energie) umzusetzen.

Das BREITE GESICHT hat viel Platz zur Entfaltung und ist im Eindruck weicher als das kantige; es kann aber auch plump wirken. Dieses Gesicht – und damit die Fassade, die sein Besitzer der Welt zeigt – drückt eine gewisse Dominanz der Materie aus. Diese Menschen verfügen meist über einen guten Verstand, der auf praktische Erfolge aus ist. Daraus ergibt sich oft ein erheblicher selbstgeschaffener Leistungsdruck, der das Leben im Gegensatz zu den breiten Möglichkeiten des Gesichtes eng macht. In einer so materiell ausgerichteten Welt wie unserer laufen diese Menschen nicht selten Gefahr, sowohl den intellektuellen als vor allem auch den gefühlsbetonten Anteil des eigenen Wesens zu kurz kommen zu lassen, was sich wiederum in schwierigen Beziehungen zu Mitmenschen niederschlagen kann. Wer auf die eigenen Gefühle keine Rücksicht nimmt, dürfte auch die von anderen übergehen.

Menschen, die sich hier wiederfinden, könnten auf die Breite ihrer Möglichkeiten bauen und bei der Verwirklichung ihrer Interessen bewusst über den materiellen Tellerrand hinausblicken. In ihrer Anlage ist durchaus auch etwas Weiches vorhanden, auf dessen Boden sich ein gefühlvolles Leben entwickeln ließe, das trotzdem gegenüber den materiellen Genüssen offen bleibt. Wenn sie obendrein die Offenheit nutzen, die ihr Gesicht meist ausstrahlt, und sich auf solch breiter Basis verwirklichen, können Vernunft und Gefühl eine fruchtbare Beziehung eingehen. Die Breite der Möglichkeiten zeigt sich auch darin, dass sie jederzeit, schlicht durch Gewichtsreduktion, sich und ihrem Leben mehr Konturen geben können.

Auf dem Gegenpol ergibt sich das **SCHMALE GESICHT**, das über solche Möglichkeiten nicht verfügt und viel weniger Raum zur Entfaltung hat. Oft handelt es sich bei Menschen mit diesem Gesicht um Schöngeister, die sich der Welt eher schwärmerisch nähern und alles gern aus der Distanz betrachten. Die Gesichtsform ähnelt manchmal der eines Turmes, und nicht selten spiegelt sie ein Leben im Elfenbeinturm. Von diesem feinen Aussichtspunkt herab betrachtet man das Leben, ohne daran teilzunehmen und ohne sich die Hände schmutzig zu machen. Die Begeisterung dieser Menschen kann ebenso rasch, wie sie sich entzündet, wieder verlöschen, so wie überhaupt ihr Leben zu ständiger Bewegung tendiert. Alles ist für sie im Fluss, und so sind sie kaum festzulegen, sondern in ständiger (geistiger) Bewegung, immer (in Gedanken) unterwegs und gut in der Lage, sich allem Neuen und unbekannten Situationen anzupassen. Anderen Menschen gegenüber sind sie *natürlich* offen und unvoreingenommen. Sie schauen sich neugierig alles an, was ihre sowieso schon vorhandenen Fähigkeiten und Talente noch wachsen lässt, ohne dass sie allerdings sehr darauf aus wären, sie Früchte tragen zu lassen.

Die Betroffenen könnten die eigene (geistige) Beweglichkeit und Flexibilität genießen und in ihren Lebensplan sinnvoll einbauen. Statt beispielsweise in einer Baufirma fänden solche Menschen eher im Reisegeschäft Erfüllung. Wenn sie bei der Reiseleitung noch philosophische und vielleicht sogar spirituelle Inhalte vermitteln, könnte ihr Glück weiter wachsen – selbst ohne besonders ausgeprägte Verwurzelung. Wenn sie sich ein Haus bauen wollen, sollte es – in flexibler Weise gestaltet und von der Raumaufteilung veränderbar – ihrem Anspruch an fließende Lebendigkeit Ausdruck verleihen.

Stirn und Stirnfalten

Hinter der Stirn verbergen sich die Gedanken. Andererseits erscheint die Stirn wie eine Plakatwand des Lebens, denn vieles ist uns mehr oder weniger deutlich auf die Stirn geschrieben. Unsere Stirn ist auch die Front, die Angriffsfläche, die wir dem Leben bieten. Sie zeigt unsere Neigung zu (geistiger) Konfrontation.

Die HOHE STIRN steht für eine hohe Denkfunktion. Wenn sie durch Glatzenbildung noch zusätzlich betont wird, könnte es sein, dass die Freiheit (der Haare) dem Denken untergeordnet ist. Solche Menschen lassen sich oft von der Vernunft lenken und begegnen dem Leben sachlich und ohne Vorbehalte und Vorurteile. Der klare Verstand bestimmt ihr Denken und leitet ihr Handeln. Die Chance liegt darin, das Denken auf ein hohes, der hohen Stirn angemessenes Niveau zu bringen und so den Geist über die Materie triumphieren zu lassen. Die Liebe zur Weisheit, die Philosophie, könnte hinter einer solchen Stirn wohnen. Diese an der eigenen Stirnform ablesbaren Tendenzen dienen aber auch als Anregung, die Bereiche der Emotionen und Gefühle, die unter Umständen lange zu kurz kamen, zusätzlich durch entsprechende Bewusstheit und Lebensplanung zu aktivieren.

Wenn die Stirn sich STARK VORWÖLBT und fast ausstülpt, um den Raum noch besser auszunutzen, spricht dies für ein besonders gutes Vorstellungsvermögen, für bildhaftes Denken und für viel Fantasie. Diese Fähigkeiten wären im Laufe des Lebens noch weiter anzuregen und zu fördern. Eine Beule kann aber auch warnen, wenn sie etwa die Folge eines Unfalls ist. Dann ist sie ein Ausdruck dafür, dass übertriebenes Verhalten gestoppt werden musste. Insofern könnte diese Stirnform auch dazu anregen, sich vor intellektuellen Übertreibungen und Auswüchsen zu hüten.

Die FLIEHENDE STIRN mit dicken Augenwülsten zeigt das Gegenprogramm und bietet ein urwüchsiges, archaisches Bild. Zusammen mit einem großen Unterkiefer ergibt sich eine wilde, animalische und sogar »primitive« Ausstrahlung. Das Großhirn, das wir mit dem Geistigen oder dem Intellekt assoziieren, wird hier zurückgestellt. So dürften bei diesen Menschen Emotionen und Gefühle im Vordergrund stehen, die dem Mittelhirn zugeordnet werden, sowie die Grundbedürfnisse des Überlebens, deren Heimat noch ein Stockwerk tiefer im Stammhirn liegt. Wer sich hier wiedererkennt, könnte die Vorteile dieser Überlebenspersönlichkeit wahrnehmen und seine Lebensschwerpunkte mit Bedacht in den emotionalen und Gefühlsbereich legen und keine Zeit mit intellektueller Karriereplanung verschwenden. Obendrein ist dieser Typ heute etwas ganz Besonderes. Mit solch einer ursprünglichen Gesichtsform lässt sich bis heute Ehre einlegen, und man kann zum Star werden wie etwa der überragende Fußballer und Torhüter Oliver Kahn.

Menschen mit einer BREITEN STIRN haben bildlich gesprochen viel Platz für das Denken und sollten diesen auch nutzen. Die Gehirnfunktionen wollen und dürfen breiten Raum einnehmen. Allerdings bezieht sich dies nicht nur auf den Intellekt, der – in der linken Hemisphäre zu Hause – nur den männlichen Aspekt des Denkens ausdrückt, sondern auch auf ganzheitliche Wahrnehmungsfunktionen, die von der rechten Gehirnhälfte gesteuert werden. Solche Menschen können in der Regel gut differenzieren und die Spreu vom Weizen trennen. Darin liegt auch ihre Aufgabe.

Bei den ENGSTIRNIGEN läuft sprichwörtlich das Gegenprogramm. Ihr Denken kann zielstrebig und ergebnisorientiert sein, birgt aber die Gefahr einseitiger Betrachtungen und Ansichten sowie eines engen Weltbildes. Die mit dieser Stirnform verbundene Aufgabe kann darin liegen, konzentriert zu Werke zu gehen und den – wenn auch kleinen – eigenen Bereich erschöpfend zu durchschauen und zu verstehen. Es ist somit das Programm für den Spezialisten, der in der Wertschätzung der modernen Gesellschaft ganz oben steht und lediglich Gefahr läuft, den kleinen

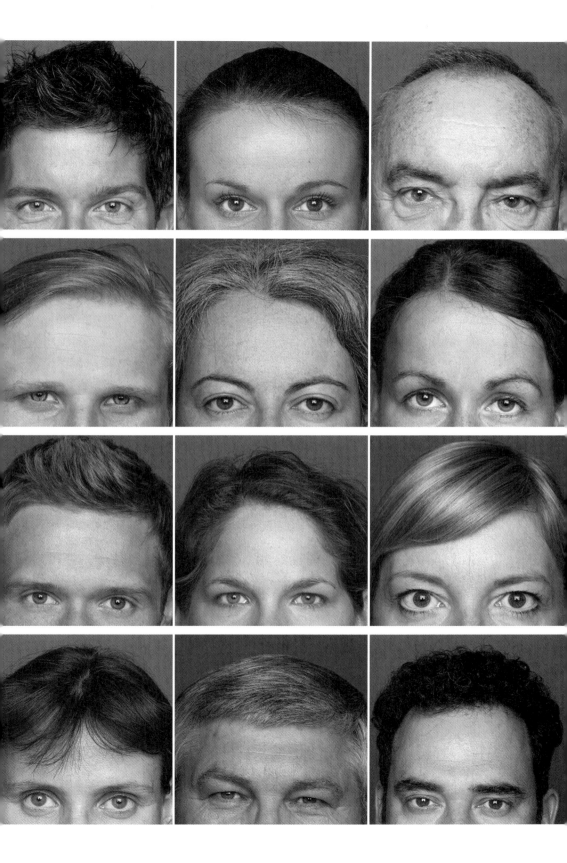

Die Körperzonen und ihre Symbolik

Bereich, von dem er alles weiß, für die ganze Welt zu halten. Wer hier seine Stirn wiedererkennt, vermag die Situation allein schon durch Bewusstwerdung zu bessern, indem er sich aus fremden Bereichen so lange heraushält, bis er den eigenen erschöpfend versteht. Später könnte er immer noch Schritt für Schritt weitere Themen in sein Leben integrieren. Eine bekannte Gefahr ist bekanntlich nur noch eine halbe. Wenn das Denken sich weitet und die Perspektive des Lebens offener wird, mag sich dem sogar die Kopfform ein wenig anpassen. Seit den Erfolgen der Craniosakraltherapie wissen wir, dass unsere Schädelknochen nicht annähernd so fest gefügt sind, wie es die Schulmedizin jahrzehntelang gelehrt hat.

Eine FALTENFREIE STIRN spricht für ein Leben ohne Gräben und Risse, das eher sorgenfrei und glücklich verlaufen ist – sofern die sorgenfreie Stirn nicht das Ergebnis chirurgischer Neuverspannung oder von Botox-Unterspritzungen ist. Im letzteren Fall geht es darum, sich ehrlich einzugestehen, was man nicht mehr kon*front*ieren wollte und deshalb beseitigen ließ. Solange es noch im Bewusstsein ist, braucht es einem ja nicht auf die Stirn geschrieben zu stehen; aber man sollte auch nicht übersehen, dass Beseitigtes nur auf die Seite geschoben und nicht wirklich *entsorgt* ist. Über eine falten- und sorgenfreie Stirn darf man sich einfach freuen. Sie könnte höchstens Anlass zu dem Gedanken geben, ob man nicht womöglich vieles vermieden und sich nicht in einer Weise auf das Leben eingelassen hat, die geeignet gewesen wäre, Spuren zu zeigen. Denn typischerweise ist die faltenfreie Stirn ein Attribut der Jugend. Ein alter Mensch ohne entsprechende Falten erweckt den Verdacht, nicht intensiv gelebt zu haben. Tatsächlich liegt die größte Gefahr im Leben nicht etwa in Fehlern, sondern in Versäumnissen.

ZWEI SENKRECHTE FALTEN zwischen den Augenbrauen, links und rechts der Nasenwurzel, sprechen für Anstrengung und hohe Konzentration. Wo sie zum Dauerzustand werden, zeugen sie von einem angespannten, anstrengenden und daher schweren Leben und oft auch von Sorgen. Die Aufforderung besteht darin, das Positive an der eigenen großen Fähigkeit zu Konzentration und Mobilisierung eigener Kräfte zu erkennen. Man sollte prüfen, inwieweit dieser große Einsatz jeweils notwendig und gerechtfertigt ist. Wer diese Falten bei sich findet, könnte sich auch fragen, ob er die Anstrengung, die ihn sein Leben kostet, weiterhin tragen und allen zeigen möchte. Sie sich ständig bewusst zu machen ist ein erster Schritt, sich davon zu lösen. Es hätte bereits einen entspannenden Effekt auf das Gesicht und besonders auf den Punkt des dritten Auges an der Nasenwurzel. Wer dann im Bewusstsein seiner Konzentration die Anspannung auf der Stirn loslässt, entspannt zugleich meist das ganze Gesicht, und selbst schwierige Situationen werden leichter zu ertragen. Daraus könnte sich die Frage ergeben, ob diese Art von Anspannung überhaupt notwendig und noch zeitgemäß ist. Möglicherweise stammen die Falten auch von dem anstrengenden Versuch, eine Fehlsichtigkeit zu kompensieren. Dann wäre natürlich eine Brille und die Deutung der sie notwendig machenden Fehlsichtigkeit die beste und schnellste Lösung.

Nur eine EINZIGE MITTLERE FALTE direkt über der Nase betont die Stirnmitte. Oft handelt es sich um Menschen mit gutem Zugang zu beiden Gehirnhemisphären, die ihr Leben sowohl vernünftig als auch intuitiv und fantasievoll angehen. Sie streben für alle sichtbar die Mitte an und neigen nicht selten auch dazu, die Ebene hinter den Dingen zu ergründen – ähnlich dem indischen Gott Shiva, der an dieser Stelle ein drittes Auge trägt.

Manchmal spiegelt diese Falte allerdings auch eine Tendenz zur »Hemikranie«, dem Halbseitenkopfschmerz der Migräne. Dann dürfte sie eine Aufforderung sein, die eigene Mitte wiederzufinden. Oder es handelt sich um eine Zornesfalte, die den dauerhaft nicht befriedigend ausgedrückten Zorn mitten auf die Stirn schreibt. Mit der Betonung des dritten Auges als Ort der Einsicht dürfte der Hinweis verbunden sein, Einsicht auf höherer Ebene zu gewinnen, um die Mitte zu bewahren, statt sich vom Zorn hinreißen zu lassen.

Wer diese Falte zwischen seinen Augenbrauen findet, könnte sich das Thema Mitte und seine Bedeutung für das eigene Leben bewusst machen. Konzentration auf diese Mitte und die Einsicht, die mit dem dritten Auge verbunden ist, kann dabei helfen. Infrage kämen darüber hinaus Übungen wie Mandala-Malen oder Tai Chi sowie die Übung des verbundenen Atems.

Dauerhaft in die Stirn eingegrabene WAAGERECHTE FALTEN verleihen dem Gesicht etwas Ernstes und Strenges. Sie gelten auch als Sorgenfalten. Anzumerken ist, dass diese Menschen gute Zuhörer bei Problemen anderer sind. Ihre Aufgabe liegt darin, sich mit dem Ernst des Lebens auseinanderzusetzen, sich den Herausforderungen verantwortlich zu stellen und diese äußeren Zeichen in eine bewusste innere Haltung zu wandeln. In der Regel kommen bei Menschen mit dieser (Aus-)Zeichnung Lockerheit und Genuss zu kurz. Sie könnten sich fragen, ob ihre Lage wirklich so ernst ist, wie ihr Gesichtsausdruck vermuten lässt. Ihre Situation ließe sich durch Bewusstheit und echtes Wahr-, Wichtig- und Ernstnehmen der eigenen Lebenssituation lindern. Danach könnte eine Stärkung der Genussaspekte des Lebens gelingen. Auch Loslassübungen könnten Besserung bringen und die tiefsinnige Grundstimmung auflockern.

Besonders kritisch wird der Eindruck, wenn zu WAAGERECHTEN noch SENKRECHTE FALTEN hinzukommen. Diesen Menschen steht das Kreuz ihres Lebens in Gestalt vieler kleiner Kreuze auf die Stirn geschrieben. Oft fühlen sie sich dem Kreuz, das sie mit sich und der Welt haben, nicht gewachsen und sehen keine Lösung für die eigene Misere. Sie sind mit sich selbst über Kreuz und unzufrieden mit ihrem Leben. Ihre Stirn wirkt wie die Landkarte eines chaotischen und in seinen Hoffnungen durchkreuzten Lebens. Die Betroffenen sind gezeichnet.

Wo so viele Kreuze das Leben charakterisieren, ist eine Lebensbilanz angebracht, wie sie bei jeder Lebenskrise und jedem Übergang sinnvollerweise gefordert ist. Eine Analyse all der Situationen und Menschen, mit denen man über Kreuz ist, könnte zeigen, wo Probleme lösbar sind, so dass sich das Chaos allmählich lichtet und die Stirn sich langfristig klärt. Andererseits ist das Kreuz auch als Symbol des christlichen Lebens zu verstehen, und so mag damit die Aufforderung verbunden sein, das eigene Kreuz auf sich zu nehmen. Wo die Schwere des Lebens bewusst angenommen und im tiefsten Sinne gemeistert wird, findet die Stirn Entlastung.

Wangen

Die Wangen werden von der Kaumuskulatur gebildet und erzählen damit einiges über die Kraft des Unterkiefers und die Fähigkeit, Biss zu entwickeln, zuzubeißen und *sich durchzubeißen.* Aber auch ein *bissiges, verbissenes* oder *zerknirschtes* Leben kann sich in der Wangenform niederschlagen. Darüber hinaus sind die Wangen für den Austausch von Zärtlichkeiten wundervoll geeignet.

RUNDE, VOLLE WANGEN wirken weiblich, lieb und weich. Die leicht verschwommenen, runden Konturen eines Mondgesichts erscheinen ausgesprochen harmlos und unaggressiv, obendrein auch ein wenig kindlich. Da das Weibliche und Kindliche, wie überhaupt der ganze Mond-Archetyp, zu dem sie gehören, in unserer modernen Welt wenig Achtung bekommen, sinken auch die entsprechenden Vollmondgesichter in der Wertschätzung. Wie der Vollmond für die voll entfaltete weibliche Kraft steht, drückt das Vollmondgesicht die Herausforderung aus, sich ganz diesem Pol zu öffnen und ihn in sich zur Blüte zu bringen. Bei einem Mann würde solch eine Gesichtsform die *innere* Frau oder Anima meinen, die in den Lebensmittelpunkt rücken möchte.

Pausbacken entsprechen mit ihrer Betonung des Vollmondgesichtes dem alten Ideal runder Gesundheit und Vollkommenheit. Die Rötung der Wangen bringt einen weiteren Aspekt von praller (gesunder) Vitalität ins Spiel, der Assoziationen an ein *natürliches* Leben weckt und heute einen eher bäuerlich-ländlichen, vielleicht noch fröhlich lächelnden Eindruck vermittelt. Könnte man sich von dieser Lebensstimmung anstecken lassen, ergäbe sich ein wunderbares Programm zur persönlichen Entwicklung, denn das Lächeln, jedenfalls wenn es von den Augen ausgeht, lässt auch das Herz mitschwingen. Die mit runden, vollen Wangen verbundene Aufgabe besteht darin, sich mit Vitalität, Kraft und Gesundheit auseinanderzusetzen, sie äußerlich anzunehmen und auch innerlich zu verwirklichen. Eine *runde Sache* tut der Seele gut, selbst wenn der Zeitgeist mit seinem Ideal der Härte strenge Linien bevorzugt.

SCHARFE KONTUREN und straffe Wangen zeichnen Menschen aus, die schon viel Hartes überstanden haben und hart im Nehmen geworden sind. Scharfe Linien graben sich in Gesichter, deren Besitzer lernen mussten, die Gefahren des Lebens zu meistern. Die Aufgabe dieser strengen Physiognomie wird darin liegen, das ins Gesicht geschriebene Leid anzunehmen und die Chancen zu erkennen, die in seinem bewussten Durchleben und Akzeptieren liegen. Wie viel große Kunst wurde aus Schmerz und Leid geboren? Das Leben zu einer Kunstform zu machen, die auch herbe, strenge Lektionen beinhaltet, ist hier die wichtige und wesentliche Aufgabe.

HÄNGEBACKEN bringen zum Ausdruck, dass man sich hängenlässt. Die eigene Art, sich durchs Leben zu beißen und es zu verdauen, ist nicht gerade von Kraft und Vitalität geprägt. Zusätzlich kommt noch etwas Treuherziges ins Spiel. Die Aufgabe liegt darin, sich die eigenen Hamstereigenschaften bewusst zu machen und sie an den realen Bedürfnissen zu messen. Wahrscheinlich braucht ein Mensch mit dieser Wangenform mehr für sich, aber die Frage ist, auf welcher Ebene. Ob man selbst dem direkten Abbild entspricht oder dieses Muster als Kompensation lebt, lässt sich am besten im Gespräch mit nahen Angehörigen oder Freunden und durch die ehrliche Betrachtung des vorhandenen Leidensdruckes entscheiden. So können Hängebacken – gemäß der Devise »Wie innen, so außen« – von echter Treuherzigkeit zeugen sowie davon, dass man sich beim Durchbeißen durch die Lebensaufgaben eher hängenlässt. Oder sie fordern dazu auf, im Sinne von »Außen statt innen«, alles ein wenig gelassener und gelöster anzugehen.

Unterkiefer und Kinn

Der Unterkiefer modelliert das Kinn, das unser Erscheinungsbild so markant mitprägt. Wille und Durchsetzungskraft spiegeln sich in der Ausprägung der »Kauleisten«. Wer sich durchbeißen will, braucht Kraft in den Kiefern, um sich einerseits seinen Teil vom Lebenskuchen abzubeißen, andererseits um auf Durststrecken die Zähne zusammenzubeißen.

STARKE KIEFER zeugen von der Fähigkeit, sich durchzubeißen, Biss zu entwickeln und anderen die Zähne zu zeigen. Ihre Besitzer sollen lernen, energisch und offensiv ihren Weg zu gehen.

Wenn der Unterkiefer mit seinen Waffen über die des oberen reicht, spricht die Schulmedizin von Progenie. Der **VORGESCHOBENE UNTER-**

Kiefer erzeugt ein Erscheinungsbild, das große Durchsetzungskraft und ein Überwiegen der animalischen Kräfte gegenüber den geistigen vermuten lässt. Je deutlicher der Unterkiefer vorsteht, desto kompromissloser geht der eigene Wille voran. Die Träger dieser Auszeichnung neigen ihrer Natur gemäß weniger zu Rückzug oder Nachgeben. Bei solch deutlicher Betonung der Kinnpartie wird es schwierig, ein nettes oder liebes Gesicht zu machen; das Energische und grimmige Entschlossenheit liegen dagegen in dieser Konstitution.

Das breite Kinn ziert ebenfalls Menschen, die ihre physische Kraft bewusst, direkt und spontan zum Einsatz bringen. Es findet sich vor allem bei »echten« Männern.

Das eckige Kinn gilt wie das breite als besonders männlich und kommt nicht selten mit diesem zusammen vor, was die entsprechende Ausstrahlung noch potenziert. Es gehört zu risikofreudigen, einsatzbereiten und mutigen Menschen, meist männlichen Geschlechts, mit gutem Selbstwertgefühl und starker Durchsetzungskraft. Die Risikofreude kann sich nicht nur direkt physisch, sondern auch im Geschäftsleben zeigen, wo Menschen dieses Typs erfolgreich agieren, da sie im Gegensatz zu denjenigen mit lediglich breitem Kinn auch dazu neigen, sich ihren markanten Kopf zu zerbrechen. Aufgabe ist, die mitgebrachten männlichen Kräfte bewusst und zielsicher für Projekte einzusetzen, die zum eigenen Lebensziel Bezug haben, und mit der eigenen männlichen Ausstrahlung bewusst und verantwortlich umzugehen.

Das prominent vorstehende Kinn kennzeichnet Personen, die sich selbstbewusst in den Vordergrund schieben, dabei aber nicht zu Rücksichtslosigkeit neigen wie Menschen mit eckigem, breitem Kinn. Vielmehr werden diese Menschen taktvoll und sogar mit Ehrgefühl *vorgehen*. Dies ist ihnen auch im Hinblick auf die eigene Person sehr wichtig. Sie wollen herausragen und etwas darstellen, aber auf ehrliche und ehrenhafte Weise. So verhalten sie sich auch der Umwelt gegenüber zwar dominant, aber doch auch großzügig und ehrlich. Ihre Aufgabe ist es, bewusst *hervorzutreten* und zu *wachsen*, ruhig auch über andere, vor allem aber über sich selbst hinaus. Je mehr sie selbst im Vordergrund agieren, desto eher ist ihre Haltung und damit ihr Kinn entlastet.

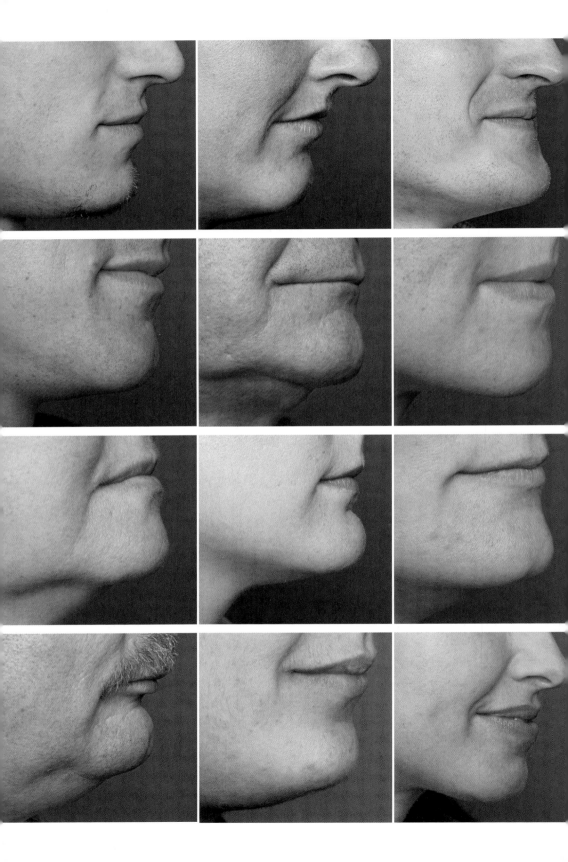

Auf dem Gegenpol zur Progenie findet sich die Prognathie, das ZURÜCK-GENOMMENE KINN. Hier ist der Unterkiefer schwach ausgeprägt. Er verdeutlicht, dass die Besitzer, häufiger Frauen, dazu neigen, vor dem Leben zurückzuweichen. Die Aufgabe liegt darin, das zu üben, was man früher »vornehme Zurückhaltung« nannte. Das Geistige überwiegt hier den (Durchsetzungs-)Willen, was allerdings heute leicht als willensschwach missverstanden wird.

Wenn der Unterkiefer geradezu verdeckt ist, spricht das für sehr wenig Durchsetzungskraft und Machtinteresse; beide treten in den Hintergrund des Lebens. Solch ein fliehendes Kinn verleiht dem Gesicht das harmlose Aussehen von jemandem, der keiner Fliege etwas zu Leide tun kann. Das Gegenteil von Brutalität und Egoismus äußert sich oft in Harmlosigkeit und mangelndem Mut, verminderter Willenskraft und Durchsetzung. Die entsprechenden Besitzer(innen) gelten in der modernen Ellbogengesellschaft leicht als dümmlich und zurückgeblieben wie ihr Kinn. Wer zurückhaltend ist und sich nicht nimmt, was er braucht oder was ihm zusteht, geht heute oft leer aus. Die Aufgabe liegt darin, sich die eigene defensive Anlage bewusst zu machen, um sich so mit Achtsamkeit zurücknehmen und gegebenenfalls auch zurückhalten zu können. Im Vergleich zum vorspringenden Kinn liegt der Lebensschwerpunkt eher innen. Der Wille kann auf innere Ziele gerichtet werden, statt sich in der Welt auszutoben. Es verlangt ebenfalls große, aber ganz andere Kraft, um – christlich formuliert – mit dem Engel zu ringen und den Aufstieg über die siebensprossige Jakobsleiter zu wagen.

Das sehr KLEINE KINN gehört zu zurückhaltenden, wenn nicht schüchternen Menschen, meist Frauen, die vor lauter Angst, Fehler zu machen, lieber gar nichts anpacken. Wer sich aber bei allem unsicher und ängstlich zurückhält, bringt oft nicht viel (im Leben) zustande. So nehmen die Besitzer(innen) eines *verschwindend* kleinen Kinns häufig Anleihen bei Männern mit einem starken Kinn. Sie suchen Halt, um sich anzulehnen und sich körperliche und seelische Belastungen abnehmen zu lassen. Die Aufgabe besteht dann darin, in der eigenen inneren Welt zu suchen – wohin sich die Betreffenden sowieso meist zurückziehen. Halt in sich selbst zu finden wäre die Lösung.

Bei einem extrem RUNDEN KINN fällt der Mangel an Konturen auf. Die Besitzer haben sich oft in Auseinandersetzungen aufgerieben und ihre Ecken und Kanten im Willensbereich abgeschliffen. Das hat sie aber oft eher nörglerisch und aufsässig als anpassungsbereit gemacht. Die Aufgabe ist, die demonstrierte Rundheit im eigenen Willen zu verwirklichen und sich anspruchsvoller durchzusetzen als durch Quertreiberei.

Das SPITZE KINN gehört meist zu intellektuell ausgerichteten Menschen, die dazu neigen, alles mit Akribie *auf den Punkt zu bringen*, ohne sich sehr um Gefühlsregungen und Emotionen zu kümmern. Sie laufen Gefahr, manchmal zu *spitzfindig* zu sein. Ihre Aufgabe liegt darin, unter Nutzung des oft herausragenden Intellekts noch andere Welten in sich zu entdecken. Auf dem Gegenpol ist das runde, volle Kinn schon auf dem Weg zum DOPPELKINN (s. S. 139).

Bartformen

Der Bart ist das männliche Attribut schlechthin. Einem weiblichen Gesicht verleiht er etwas Maskulines und zugleich Hässliches. Zwar haben die neuen Männer mit der Entdeckung von Kosmetik und Mode viel Weibliches in ihr Leben integriert und kommen damit gut an. Aber das Umgekehrte ist noch immer ein Tabu, und die männliche Frau noch immer *unmöglich*. Der DAMENBART verrät auch meist, dass die Frau in der Mitte ihres Lebens *die Kurve nicht gekriegt hat* und nun der Körper eingesprungen ist und ihre seelische Aufgabe auf seiner Bühne inszenieren muss. Statt ihren männlichen Seelenanteil, den Animus, zu entwickeln und die Verantwortung für den eigenen Lebensweg selbst in die Hand zu nehmen, kommt es zu Bartwuchs und möglicherweise zu männlich herben Gesichtszügen. Die Betroffenen erkennen in der Regel, dass sie mit dem Damenbart auf dem falschen Weg sind. Üblicherweise suchen sie dann aber nicht nach dem richtigen, sondern unterdrücken die Zeichen, die ihnen den Irrtum verdeutlichen wollen. Sie reißen sich die verräterischen Haare aus und machen seelisch weiter, als sei nichts geschehen. In seltenen Fällen tritt solch ein weiblicher Bart auch schon vor dem Wechsel auf und zeigt, dass das Thema Animus, innerer Mann, frühzeitig sein Recht fordert.

Die Gestaltung und Deutung des MÄNNLICHEN BARTES ist von Zeit und Mode abhängig. Derselbe Bart wird ganz verschiedene Botschaften vermitteln, je nachdem ob *man* ihn in Urgroßvaters Zeiten oder heutzutage trägt. Früher galt ein Bart zum Beispiel viel unbestrittener als ein Attribut von Männlichkeit. Heute aber ist das Animalische aus der Mode gekommen, und sogar von der Männerbrust werden die Haare entfernt, wo sie früher noch einen Urwald bilden durften. Vielen modernen Frauen grau(s)t es aber vor so viel Ursprünglichkeit und heute gern als Ungepflegtheit interpretiertem Wildwuchs. Wer das als Mann dekadent findet, frage sich nur einmal, wie er auf lange Haare an weiblichen Beinen, auf dichtbewaldete Achselhöhlen oder ausufernde Schamhaare reagiert.

Der männliche Bart verstärkt maskuline Aspekte und verleiht Gesichtern etwas Animalisches, Urwüchsig-Archaisches. Am Anfang unserer Geschichte trugen wir einst wohl alle überall Fell; insofern sind die Bärte Reste und Erinnerungen an archaische Zeiten. Eine radikale Rasur bedeutet folglich das Auslöschen des Animalischen. An einem glattrasierten Mann ist alles Tierische der gepflegten Kultur gewichen oder zum Opfer gefallen. In diesem Sinne greift jede Rasur der Entwicklung in Richtung Kultur nur voraus. Irgendwann werden wir wohl auf alle Haare verzichten, möglicherweise in dem Maße, wie wir die Natur noch viel weiter überwinden und durch und durch Kulturmenschen werden. Die heutige Glatzenmode und der rundum rasierte »Metromann« könnten schon Vorboten sein.

Ein WENIG KULTIVIERTER VOLLBART, aber auch der UNRASIERTE ZUSTAND kann immer auch auf Bequemlichkeit bis hin zu Faulheit hinweisen. *Man* lässt sich einfach gehen und nimmt das eigene Aussehen nicht so wichtig; er will vielleicht auch durch anderes als Aussehen auffallen und Eindruck machen. Die Erlösung der Faulheit liegt in der Gelassenheit: Er lässt seinen Bart wachsen, wie er sich und alle anderen wachsen lässt. Wer völlig gelassen ist, hat nichts mehr zu verstecken, aber er braucht auch nicht alles zu zeigen, weil er sein Aussehen und die äußere Welt nicht mehr so wichtig nimmt. Beispiele sind in diesem Zusammenhang die Rauschebärte indischer Gurus oder der Heiligen verschiedener Traditionen.

Die Körperzonen und ihre Symbolik

Der DREITAGEBART als Modetrend bei Machos, die das Animalische etwas heraushängen lassen wollen, ist dagegen ein eher aufwändiges Kunstprodukt, das mit Spezialrasierern auf diesem »ungepflegten« Niveau gehalten werden muss und einige Bearbeitung und damit Kultur verlangt, selbst wenn *er* nicht dazu steht. Wer so cool männlich wirken will, für den gilt der Generalverdacht, dass diese Männlichkeit nur Fassade ist. Die Aufgabe wäre, das Männliche auf erlösten Ebenen zu entwickeln und zum eigenen Animus stehen zu lernen. Themen wie Verantwortungsbewusstsein und Selbstständigkeit sind hier angesprochen.

Bei einem ungebändigten VOLLBART lautet die Botschaft dagegen »Ungebändigte Natur statt Kultur«. Hinter den wild wachsenden Haaren kann man auch alles Mögliche verstecken – von Falten bis zu eindeutigen Mund-, Wangen- und Kinnbotschaften. Wer die Lippen versteckt beziehungsweise von oben zuhängen lässt, kann auf diese Art seine Sinnlichkeit verbergen oder auch deren Mangel. So wäre im Hinblick auf die Themen des oralen Genusses, des Willens und – wenn auch die Zähne noch verhängt werden – der Vitalität ein Mangel an Offenheit und damit auch an Ehrlichkeit zu diagnostizieren. Die Erlösung dieser Situation liegt darin, die positive Seite der urwüchsigen Naturkraft in sich zu verwirklichen. Im Übrigen mag das entstandene Wurzelsepp-Bild auch oft etwas (vor)täuschen.

Der SCHNAUZER charakterisiert einen Mann, der seine Sinnlichkeit in Gestalt der Oberlippe verbirgt und den *harten Hund* spielt. Er lässt sich nicht in die Karten blicken und gibt den starken Mann. Dieser Bart ist ein Muss bei Muslimen und steht für den richtigen Mann oder jedenfalls den Wunsch, ein solcher zu werden. Die betonte Oberlippe soll eine gewisse Überlegenheit ins Spiel des Lebens bringen. Die Erlösung solch symbolträchtiger Demonstration liegt natürlich in der Entwicklung echter männlicher Kraft und entsprechenden Selbstverständnisses.

Ein KINN- ODER SPITZBART betont den Willensaspekt des Kinns und verhüllt ihn zugleich. Der Eindruck reicht von Spitzbübigkeit bis zu großen Machtansprüchen und hoher Intellektualität am Rande der *Spitzfindigkeit*. Die Erlösung besteht in der Entwicklung wirklicher Macht über das eigene Leben und eines scharfen, konstruktiven Intellekts.

Je ziselierter der KUNSTVOLL GESTALTETE BART ist, desto mehr Absicht – ausgedrückt in der zu seiner Pflege nötigen Zeit – liegt in der entsprechenden Demonstration. Wer sich einen Bart wie zu Kaisers Zeiten aufzwirbelt, hat sicher auch etwas Konkretes damit im Sinn. Sonst würde er sich diese Arbeit kaum machen. Vielleicht möchte er ja den (kleinen) Kaiser in seinem eigenen Reich, der Familie, Firma oder Abteilung, demonstrieren. Die Erlösung liegt darin, sich der ausgedrückten Absicht bewusst zu werden und sie auf einer inneren Ebene zu leben, also zum Beispiel wirklich Herrscher im eigenen inneren Reich zu werden.

Jede Kunstaktion im Gesicht ist im Übrigen dazu angetan, Aufmerksamkeit zu erregen und aufzufallen. *Man* schneidet sich sozusagen selbst seinen Gesichtsausdruck, statt einfach zu enthüllen, was ist. Solche zurechtrasierten Bärte können zu kunsthandwerklichen Meisterwerken geraten. Gar nicht selten steht auf Fortschrittlichkeit oder Lässigkeit fixierten Männern auf diesem Weg ihr Schatten (spießiger) Zwanghaftigkeit mitten ins Gesicht geschrieben. Die eigentliche Aufgabe läge darin, sein Leben zu gestalten – in einem Zuschnitt, der wirklich zu einem passt. Außerdem ist *man* aufgerufen, jeweils die Miene abzugeben, die zum eigenen Spiel und zur jeweiligen Lebenssituation passt, statt etwa gute Miene zu jedem oder gar zu einem bösen Spiel zu machen.

Die Haut – Landkarte der Seele

Art, Beschaffenheit und besonders die Farbe der Haut werden bis heute in vielen Teilen der Welt zum Anlass genommen, Menschen zu diskriminieren. Selbstverständlich ist die Hautfarbe nicht dazu geeignet, Werturteile über einen Menschen zu fällen. Trotzdem hat die Haut eine Bedeutung, die sich aus anatomischen und physiologischen Kriterien ergibt. Sie kann als das menschliche Grenz- und Kontaktorgan vieles über ihre Besitzerin oder ihren Besitzer aussagen. Ein sehr wichtiger Aspekt für den Gesamteindruck ist zum Beispiel auch die kalte oder warme (Aus-)Strahlung der Haut und des Gewebes, die – bei einem Gesunden – Rückschlüsse auf ein entsprechend kaltes oder freundliches Gemüt erlaubt.

Die Körperzonen und ihre Symbolik

In ihrer Funktion als Grenze bildet die Haut einerseits einen Schutzschild gegen die Welt; ihr Unterhautfettgewebe isoliert wie kein anderer Stoff. Wird diese Funktion übertrieben, kann es sein, dass wir *aus der Haut fahren* wollen und doch *nicht aus unserer Haut können*. Solch ein *dickes Fell* kann den Austausch mit der Welt behindern. Andererseits ist die Haut unser Kontaktorgan und kann als sprichwörtlich *dünne Haut* bei *zartbesaiteten* Menschen fast alles hereinlassen. *Die ehrliche Haut* ist obendrein die Landkarte unserer Seele, und alle inneren Organe haben auf ihr Projektionsflächen, was viele Reflexzonentherapien, von der (Ohr-)Akupunktur bis zur Fußreflexzonentherapie, nutzen. Wie wichtig beim Thema Austausch solche Nebeneffekte wie die Hautatmung sind, lässt sich daran erkennen, dass Ganzkörpertätowierungen (wie in Japan häufig) die Lebenserwartung um Jahre verringern.

HELLE HAUT ist empfindlich und deshalb auch leichter reizbar. Pigmenteinlagerungen machen die Haut dunkler, unempfindlicher und für Reize weniger empfänglich. Außerdem verdicken sie die Haut. Aufgrund der größeren Empfindlichkeit ist folglich weiße Haut sinnlich *ansprechender* als dunkle. Doch gilt die Ganzkörperbräunung heute vielen als erotischer.

Bis vor einem halben Jahrhundert war weiße Haut aufgrund von Vorurteilen gegenüber dunkelhäutigen Menschen das Nonplusultra. Sie durfte keinesfalls durch Sonnenbestrahlung ihre vornehme Blässe verlieren. Sonnenbräune hatte etwas mit Arbeit auf dem Feld zu tun und war so verpönt wie schwielige Hände. Dann wandelte sich die Mode, und Sonnenbräune entsprach plötzlich dem Schönheitsideal, weil sie nun mit Freizeit und Müßiggang, aber auch mit Sportlichkeit, Körperbewusstsein und Vitalität in Verbindung gebracht wurde. Wer heute ungebräunt aus dem Urlaub kommt, macht sich geradezu verdächtig. Folglich haben wir inzwischen die groteske Situation, dass schwarze Menschen einiges auf sich nehmen, um ihre Haut und Haare aufzuhellen und Letztere auch zu glätten, während weiße Menschen alles tun, um sich zu bräunen und so gesünder und vitaler zu wirken und ihre Haare zu verlockenden Locken zu drehen. Schwarze riskieren – wie der Prototyp dieses Trends, Michael Jackson – ihre Gesundheit durch potenziell gefährliche Bleichmittel. Im Hinblick auf Hautkrebs riskieren Weiße fast noch mehr durch ihre Sonnenbäder. Die Glättungsversuche bei schwarzen Haaren und die Dauerwellen bei blonden sind dagegen geradezu harmlos, obwohl ebenfalls nicht wirklich gesund. Heilsamer wäre, einfach zu akzeptieren, wie man in diese Inkarnation geschickt wurde, und in seiner Haut glücklich zu werden.

Auswüchse auf der Haut lassen etwas zutage treten, das in der Tiefe der Seele nicht leben darf. Wer sich seine Fantasien und Auswüchse zugesteht und sie in inneren Welten leben lässt, braucht all das nicht auf seiner Hautoberfläche abzubilden. **Muttermale** und auffällige Zeichen auf der Haut wie etwa die weißen Flecken der »Vitiligo« (Weißfleckenkrankheit) sind Zeichnungen, die erst durch viel Bewusstheit zu Auszeichnungen werden.[5] Eine ganz andere, ungleich beliebtere Deutung bietet der Volksmund, wenn er davon ausgeht, dass jedes Muttermal eine gute Tat anzeigt. Allerdings fällt auf, dass viele Menschen, die von solchen Erbstücken oder jedenfalls mitgebrachten Malen und Pigmentflecken übersät sind, zum Carzinosinum-Bild der klassischen Homöopathie passen. Ihr Charakteristikum ist, dass sie ihren individuellen Weg nicht finden und ihren Fantasien und Visionen nicht nachkommen, was in der Tat eine gewisse Krebsgefahr[6] beinhaltet.

Sommersprossen hingegen sind Attribute der Jugend, die dem Gesicht etwas Aufgewecktes, Keckes und Freches geben – vor allem wenn sie die Nase zieren. Hier liegt der Auftrag offenbar darin, sich dieser wachen, kecken Lebensart zu erfreuen und sich – wie Pippi Langstrumpf – vom Leben zu nehmen, was es an Abenteuern und Freiheiten bietet.

Mit dem Älterwerden sind **Pigment- oder Altersflecken** verbunden und deshalb äußerst unbeliebt. Ihr fortgeschrittenes Alter wollen heute die Wenigsten gern zeigen. Wer hingegen zu seinem Alter stehen kann, wird solche Flecken weniger nötig haben oder sich jedenfalls nicht daran stören.

---

[5] Siehe dazu und zu anderen Hautproblemen mein Buch »Krankheit als Symbol« und die Doppel-CD »Hautprobleme«.
[6] Siehe dazu das Kapitel »Krebs« in »Krankheit als Sprache der Seele«.

Besenreiser auf und Krampfadern unter der Haut bei schwachem oder besser weiblichem Bindegewebe sind besonders Frauen ein ständiges Ärgernis. Sie weisen darauf hin, dass die Wege der Lebensenergie und ihre Verteilung problematisch sind. Der Rückfluss des Blutes zum Herzen, also die Rückkehr der Energie zu einem selbst, ist behindert, und einiges Blut »versackt« in der Peripherie. Im übertragenen Sinne bedeutet es, dass man nicht zurückbekommt, was man ausgesendet hat. Ausführliche Deutungen finden sich im Buch »Herz(ens)probleme«.

Die Augen – Sterne und Fenster der Seele

Nach dem Gesamteindruck, und wenn es nicht markante Einzelaspekte gibt, fallen in einem Gesicht in der Regel zuerst die Augen auf. Ihre Strahlkraft entspricht dem Sonnenhaften, wie es Goethe ausdrückte: »Wär nicht das Auge sonnenhaft, die Sonne könnt es nie erblicken.« Als Fenster der Seele, in die Verliebte sich so gern schauen, haben die Augen auch etwas Seelenhaftes, das dem Mond-Prinzip zuzurechnen ist.

Augenfarbe

Das Entscheidende an jedem Mandala und auch an dem des Auges ist die Mitte – und damit die Schwärze der Pupille, durch deren Leere das Licht verschwindet und in deren Tiefe jene Reize ausgelöst werden, die später in der Sehrinde des Gehirns zu Bildern hochgerechnet werden. Diese Schwärze trägt entscheidend zum Eindruck bei. Weite schwarze Pupillen vermitteln Tiefe und den Blick in das unendliche All. Praktisch alle Babys haben bei der Geburt dunkel- bis schwarzblaue Augen. Ihr Blick reicht noch ins Jenseits, und erst mit der Zeit beginnen sie, unsere Welt zu sehen. Was die Aufmerksamkeit des Betrachters vor allem einfängt, ist die Farbe der Iris, der Blende jenes Fotoapparates, der das Auge auch ist.

Braune Augen sind am weitesten verbreitet, und Braun gilt somit als Allerweltsfarbe. Wie bei den Haaren sind auch bei den Augen die dunklen Farben genetisch dominant, aber dadurch auch gewöhnlicher.

Die Augen – Sterne und Fenster der Seele

Allerdings gibt es *die* braunen Augen gar nicht, sondern eine Fülle von Varianten von bersteinfarben bis zu fast schwarz. Bei Menschen der heißen Gegenden ist die dunkle Iris auch Schutz gegen die starke Sonne.

Braunäugige Menschen sind dazu eingeladen, sich mit der Tiefe ihrer Gefühle und Leidenschaften auszusöhnen und sich aufzumachen, ihre Seele zu ergründen. Aus diesen Erfahrungen ließe sich lernen, bis dahin schwer beherrschbare Ausbrüche mit Bewusstheit zu durchdringen. Je mehr Zugang braunäugige Menschen zu den Leidenschaften ihrer Tiefe finden und je mehr sie sich trauen, dazu zu stehen und sie auszuleben, desto sicherer sind sie vor unkontrollierten Gefühlsaufwallungen.

Abgesehen von solchen Ausbrüchen handelt es sich bei Braunäugigen eher um introvertierte, zurückgenommene Menschen mit einer reichen, intensiv erlebten Gefühlswelt, die jedoch oft verborgen bleibt. Da sie nicht leicht zu durchschauen sind, werden sie in ihren Reaktionen für andere tendenziell unberechenbar, was wiederum Respekt und manchmal auch Furcht auslöst, besonders wenn man ihre bisweilen unbeherrschte Art, ihre Gefühlsausbrüche und die daraus resultierenden irrationalen Handlungen mit einbezieht. All das kann daran hindern, ihnen vorbehaltlos zu trauen.

Selbst in der Irisdiagnose sind braune Augen schwerer zu deuten. In ihrer Dunkelheit und Tiefe verhüllen sie mehr, als sie entschleiern. Als Seelenfenster lassen sie nicht so tief und nie auf den Grund blicken. Ihre Besitzer sind eher bodenständig und geerdet, was die braune Farbe des Erdelements *natürlich* nahelegt. Während ihre eigenen Augen unergründlich sind, kann ihr dunkler Blick enorme Tiefen ausloten.

Klare BLAUE AUGEN sind viel seltener und dadurch etwas Besonderes und Kostbares. Sie verraten aber nicht selten auch eine gewisse *Blauäugigkeit*, was für Naivität und Gutgläubigkeit steht im Sinne des »Narren« im Tarot. Er wird von den meisten als die erste Stufe dieses Bilderweges der Einweihung gedeutet, von einigen Eingeweihten aber auch als dessen höchste Stufe erkannt. Blauäugige Menschen neigen dazu, die Welt in einem freundlichen Licht zu sehen. Sie haben sich die staunenden Augen der Kindheit bewahrt. Diese Augen des Kleinkindes enthalten noch kaum Pigment und erscheinen deshalb dunkelblau. Es ist der Blick in das reine, noch unbelastete Bindegewebe, das unverbraucht und unverschmutzt wie das gerade geborene Kind vor einem liegt. Dieser Art bleibt der blauäugige Mensch offensichtlich immer etwas näher. Darin liegen seine Chancen, aber möglicherweise auch seine Schwächen, wenn er, obendrein mit blondem Haar ins Leben geschickt, die beiden Symbole der Naivität auf sich vereint und dafür entsprechend geringschätzig beurteilt wird.

Blaue Augen lassen leicht bis auf den Grund der Seele schauen. Ihre Fenster stehen also meist sperrangelweit offen, so als hätten ihre Besitzer nichts zu verbergen. Und tatsächlich werden diesen nur gute Eigenschaften wie Geduld und Sanftmut, Friedfertigkeit und soziale Verträglichkeit nachgesagt. Durch den Arierwahn und Germanenkult der Nazis haben Attribute wie blaue Augen und blonde Haare allerdings auch einen negativen Beigeschmack bekommen. Die nordisch klaren, stahlblauen Augen symbolisierten für Hitler und seine Anhänger das Harte, Kühne und Mitleidlose. Doch in Wahrheit sind mit blauen Augen eher unkriegerische Eigenschaften verbunden.

Wer so reichlich beschenkt wird wie der blauäugige Mensch, müsste lediglich darauf achten, dass er nicht in die Fallen der Naivität tappt und zum Spielball fremder Interessen wird. Blauäugigkeit in das Staunen der großen Kinderaugen zurückzuverwandeln ist eine wundervolle Aufgabe der zweiten Lebenshälfte im Rahmen des uns allen gegebenen Auftrags, zu werden wie die Kinder.

GRÜNE AUGEN sind sehr selten und somit etwas ganz Besonderes. Außergewöhnlich wie ein Smaragd liegt in ihrem Funkeln etwas überaus Faszinierendes. Sie erinnern an die Grünkraft, jene Viriditas, von der Hildegard von Bingen schwärmte. Diese Vitalität drückt sich in einem leidenschaftlichen Wesen aus, aber auch in der Sinnlichkeit, die aus diesen Augen leuchtet. Grün ist die Farbe des Wachstums und der Entwicklung sowie der Hoffnung. Man sagt Menschen mit grünen Augen nach, sie seien begeisterungsfähig. Jedenfalls ist es naheliegend, sich von ihnen begeistern zu lassen. Grüne Augen lassen viel tiefer (in sich hinein) blicken als braune, aber nicht so tief wie blaue. Ihre Besitzer haben ein tiefes Gemüt und leisten sich dafür oft einige Distanz zu Ratio und reiner Logik. Man kann hier von Stimmungsschwankungen sprechen oder, viel positiver ausgedrückt, von rascher Wandlungsfähigkeit. Es heißt, solche Menschen würden ihre politische Meinung mit dem Partner wechseln. Was aber manchen als Charakterproblem erscheinen mag, könnten andere als enorme Anpassungs- und Wandlungsbereitschaft sehen.

So liegt in diesen Wachstumskraft ausstrahlenden Augen die Aufgabe, all die ihnen zugeschriebenen wundervollen Anlagen in sich selbst zur Blüte zu bringen und sie bei anderen anzuregen. Auf die Gefahr des Opportunismus kann man ein waches (grünes und deshalb hoffnungsvolles) Auge haben. Aufgrund der prinzipiellen Offenheit für tiefgehende Wandlungen und echte Metamorphose besteht die große Chance darin, mit dem Fluss des Lebens eins zu werden.

GRAUE AUGEN sind ebenfalls selten und haben *natürlich* etwas Farbloses und Undifferenziertes. Manchmal werden blaue Augen im Laufe des Lebens grau; sie verlieren ihre Farbigkeit, so wie diese auch aus dem Leben zusammen mit der Vitalität entweichen kann. Dann ist dieses Grau mit dem des Alters identisch und zeigt einerseits ein Nachlassen der Lebenskraft und legt andererseits das Wachsen von Weisheit nahe, denn Weiß folgt auf Grau. *Alt und grau werden* muss nicht zwingend einschließen, dass man auch weise wird, doch der Idealfall wäre es.

Der alte, graue Wolf ist einsam und will für sich sein. Und so sagt man, dass graue Augen oft zu kontaktscheuen Menschen gehören, die sich für ihre Mitmenschen wenig interessieren und eher distanziert wirken. Ihre Aufgabe könnte gut darin bestehen, im Alleinsein zu erfahren, dass sie alles in einem sind. Aus ihrer Einsamkeit mag sich die Erkenntnis entwickeln, dass sie und alles andere aus einem einzigen Samen kommen.

Zu bedenken ist, dass sich heute nicht nur Haare färben, sondern auch Augenfarben mittels getönter Kontaktlinsen verändern lassen, was leicht auf falsche Spuren führt.

Augengröße und -form
Die Augen sind als unsere ausdrucksstärksten Organe über ihre Farbe hinaus von Bedeutung und Symbolkraft. Wenn sie WEIT GEÖFFNET sind,

dokumentieren sie naturgemäß Offenheit und Optimismus in der jeweiligen Situation oder, wenn sie bis ins Alter so offen blicken, auch gegenüber dem Leben im Allgemeinen. Solche Menschen treten der Welt mit staunenden Augen gegenüber, was sie sympathisch wirken lässt. Sie schauen andere Menschen offen an, und das lässt sie menschenfreundlich und menschlich im ureigentlichen Sinne sowie weltoffen erscheinen. Ihre einzige Gefahr liegt darin, anderen offenen Auges ins Messer zu laufen und zu offen und offenherzig für diese raffinierte und clevere Welt zu sein. Die Aufgabe liegt darin, zu den offenen Augen auch die passende Wachheit und Aufmerksamkeit zu entwickeln. Die großen, staunenden Augen der Kindheit sind hier Wirklichkeit und Aufgabe zugleich. Sie gilt es in jeder Hinsicht zu entwickeln und so seinem inneren Kind Zugang zur Erwachsenenwelt zu verschaffen.

Bei der Steigerung, den WEIT AUFGERISSENEN AUGEN, präsentieren sich die Augenmandalas in ihrer Rundheit gänzlich umgeben vom Weiß der Bindehaut des Augapfels. In der akuten Situation kann dies vieles bedeuten: von ungläubigem Staunen bis zu Angst und Schrecken. In solchen Blicken mag sowohl Hoffnung liegen als auch Entsetzen. Haben die Augen generell diese Eigenart, gehören sie zu überaus wachen, interessierten Menschen, die offen für Eindrücke sind. Sie gehen staunend und bewundernd durchs Leben und kennen Angst wohl nur in seltenen Fällen. Obendrein neigen sie zu kontemplativer Betrachtung.

Ihr Schatten liegt möglicherweise in übertriebenem Interesse und überdrehter Offenheit. Durch solche großen Fenster zur Welt können die Eindrücke geradezu hereinbrechen. Dadurch kann das Staunen übertrieben erscheinen, ebenso die Angst. Bei der Basedow-Krankheit gehören die hervorquellenden, wie aufgerissen wirkenden Augen, die an die eines Frosches erinnern, zum Krankheitssymptom dieser besonderen Art von Schilddrüsenüberfunktion. Dahinter verbirgt sich eine völlig überdrehte Lebenssituation. Die Patienten scheinen das Leben und die Welt mit ihren großen, hervortretenden Augen geradezu verschlingen zu wollen. Die Aufgabe besteht dann darin, offenen Auges zu einer bewussten Einstellung zu finden, wie sie sich im schon erwähnten buddhistischen Begriff des »Bhoga«-Übens oder »Weltessens« ausdrückt.

Die Augen – Sterne und Fenster der Seele

Hängende Augenlider gehören zu Menschen, die sich hinter Vorhängen verstecken und den Blick in ihre Seele verhängen oder doch wenigstens verschleiern. So machen sie sich undurchsichtig. Die logische Konsequenz ist, dass auch sie selbst die (Um-)Welt und Mitmenschen kaum anschauen. Andererseits können Augen, die sich gleichsam von der Außenwelt abgewandt haben, nach innen blicken, wie es die Darstellungen Meditierender nahelegen.

Der erste äußere Eindruck ist der eines verschlafenen Typs, der verträumt und vielleicht sogar gelangweilt blickt. Die Botschaft scheint Desinteresse und Teilnahmslosigkeit zu sein. Die Betroffenen leben in ihrer eigenen inneren Welt, die sie bewusst von der äußeren abschotten, während das Leben an ihnen vorbeigeht. Ihr Blick ist mehr nach innen gewandt und richtet sich sehnsüchtig ins Land ihrer Träume, oder sie hängen einer Gemütlichkeit nach, die in dieser modernen Welt so gar nicht existiert. Damit erinnern sie ein wenig an Kleinkinder, die sich die Hände vor die Augen halten und glauben, nicht gesehen zu werden.

Eine andere Frage ist, ob sie außer ihren Lidern auch sich selbst hängenlassen, wofür einiges spricht. Sicher lassen sie sich vom Leben wenig herausfordern, wirken motivations- und antriebsschwach und damit insgesamt oft müde und niedergeschlagen oder sogar deprimiert. Manchmal spricht man in diesem Zusammenhang vom Schlafzimmerblick: einerseits weil solche Menschen den Eindruck machen, noch nicht ganz aufgewacht zu sein, andererseits weil ihr Blick ständig lasziv ins Schlafgemach zu schweifen scheint.

Die Aufgabe dürfte darin liegen, sich bewusste Zeiten des Rückzugs zu gönnen, um sich ganz nach innen zu wenden und das eigene Innenleben zu klären oder es zu genießen im Sinne von Regeneration, Nabelschau oder Versenkung. Wenn man selbst tiefen Einblick in seine Seele genommen hat, ist es leichter, auch anderen Einblicke in die eigenen Augenfenster zu gewähren. Dann fällt solchen Menschen der Gegenpol geradezu spielerisch zu, denn wer sich selbst vollkommen erkannt hat und wessen tiefste Schatten nachhaltig integriert sind, der hat auch nichts mehr zu verbergen. Er wird aus seinem Herzen keine Mördergrube machen und kann auch allen anderen tiefste Einblicke erlauben.

Die Körperzonen und ihre Symbolik

Seine inneren Seelenfenster stehen weit offen. Die äußeren können trotzdem verhangen bleiben wie bei Menschen in tiefer Versenkung.

Möglicherweise geht es auch nur darum, sich ausgiebig auszuschlafen und umfassend zu regenerieren oder sich ein sinnliches Liebesleben zu gönnen, um den Schlafzimmerblick anschließend überflüssig zu machen. Erst wenn diese inneren Bedürfnisse erfüllt sind, stehen Erwachen und das vitale Leben eines aufgeweckten, ausgeschlafenen Typs auf dem Programm. Im Alter kann das hängende Lid von der (Lebens-)Müdigkeit im Rückblick auf eine anstrengende Vergangenheit künden. Oder es ist das Symptom einer Muskelerkrankung wie der »Myasthenia gravis« und findet dann seine Deutung in dem Buch »Krankheit als Symbol«.

ZU SCHLITZEN VERENGTE AUGEN signalisieren dem Gegenüber Misstrauen. Die Betroffenen lassen niemanden zu sich herein(schauen). Wer die Augen zu Sehschlitzen verengt, die Schießscharten ähneln, hat selten gute Absichten. Er versucht, schärfer zu sehen, und dabei kommt auch einige Schärfe in seinen Blick. Dementsprechend neigt er dazu, anderen jene aggressiven und missgünstigen Motive zu unterstellen, die ihn selbst umtreiben. Seine Augen und die von ihnen abgefeuerten Blicke gehorchen dem Motto »Angriff ist die beste Verteidigung«. Solche Blicke haben oft auch etwas Abschätzendes und nicht selten Abschätziges. Damit setzt man seine Mitmenschen unter Druck, meist um den eigenen Mangel an Selbstwertgefühl zu überspielen.

Die Aufgabe besteht darin, seinen Blick zu konzentrieren und das wenige ins Auge Gefasste wirklich anzuschauen. Es würde der geballten Energie solcher Blicke gerecht, wenn man das, was man sieht, in aller Klarheit schätzen lernt. Wer die Schätze der Welt als solche erkennt und die Welt als Schatz, wird wie von selbst danach streben, auch innerlich wertvoller zu werden, so dass ihn die anderen ebenso schätzen lernen. Weiterhin wäre es empfehlenswert, sich selbst prüfend zu betrachten und Punkt für Punkt ehrlich mit sich zu werden. Nach solch einer kritischen, durchaus schonungslosen Nabelschau wird die Offenheit für andere und ihre Schwächen zunehmen. Danach lassen sich vielleicht auch die Blicke der anderen mit mehr Offenheit ertragen. Wer einen klei-

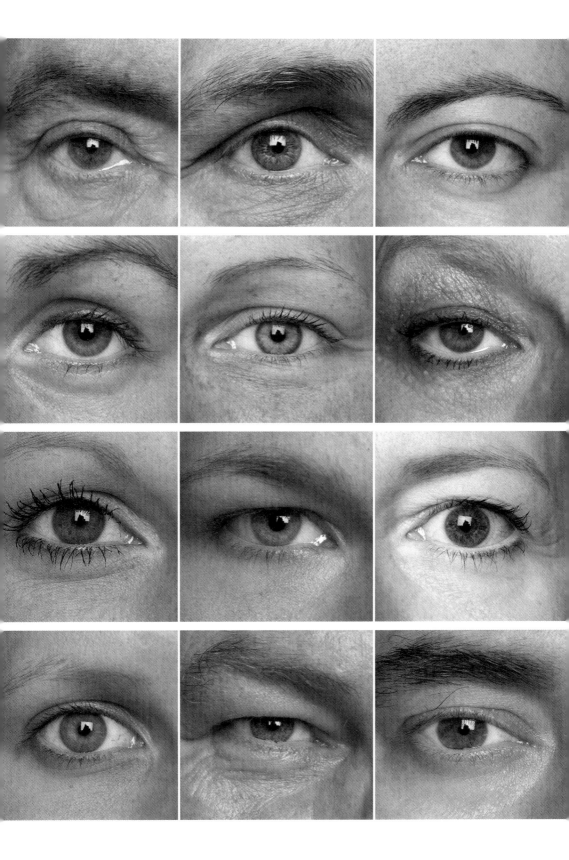

nen Teil der Wirklichkeit genau sehen und schätzen kann, könnte diese Wertschätzung um sich greifen lassen – wie jemand, der in nur einen einzigen Menschen verliebt ist, trotzdem die Tendenz entwickelt, Gott und die Welt zu umarmen.

ZUSAMMENGEKNIFFENE AUGEN können von großer, oft verbissener Konzentration sprechen, aber auch von Kurzsichtigkeit, chronischer Anstrengung, Dauerschmerzen oder großer Bedrückung. Außerdem deuten sie oft Unzufriedenheit mit sich und der Welt an. Hier liegt die Aufgabe darin, sich mit viel Einsatz auf das Zentrale und Wesentliche zu konzentrieren und daraus Lösungen zu entwickeln. Empfehlenswert ist, die Augen immer wieder einmal zu schließen und nach innen schauend wahrzunehmen, welche Impulse von hier aufsteigen.

Augenbrauen

Heute sind Augenbrauen ganz besonders vielen Ein- und Übergriffen ausgesetzt, da diese so leicht zu bewerkstelligen sind. Kaum eine Frau, die sich die Brauen nicht (zurecht)zupft, von den Möglichkeiten eines Kosmetikstudios ganz zu schweigen. Da wird gelasert und tätowiert, ausgedünnt und verlängert oder die Linienführung völlig umgeleitet. Doch in jedem Fall lässt sich die Form der Brauen deuten.

HOCHGEWÖLBTE BRAUEN, die einen elegant geschwungenen Bogen bilden, sind sehr beliebt und werden kosmetisch vielfach nachgeahmt und nachgezeichnet. Sie sprechen für sensible, leicht verletzbare Menschen, die bereits durch geringe Störungen aus dem seelischen Gleichgewicht geraten können. Ihre Tendenz, alles persönlich zu nehmen, vergrößert diese Probleme noch.

AKUT HOCHGEZOGENE Brauen sprechen für eine kritische Einstellung und Empfindlichkeit im jeweiligen Augenblick. Auch beim Staunen zieht man die Brauen automatisch hoch und gerät so wieder in die bedingungslose Offenheit des Kindes. Wer diese Haltung durch sein ganzes Leben trägt, hat es nicht leicht mit sich und der Welt, aber die Welt wird ihn faszinieren und bereichern, wenn er innerlich offen bleibt.

Die Aufgabe bei PERMANENT HOCHGEZOGENEN Brauen liegt darin, den großen Bogen zu erkennen und die Kurve im Leben zu kriegen. Sich

Die Augen – Sterne und Fenster der Seele

selbst als Mittelpunkt des Lebens wahrzunehmen und alle Erfahrungen auf sich zu beziehen ist durchaus sinnvoll, wenn es zu Eigenverantwortung und Selbstbewusstsein führt. Die große Verletzlichkeit lässt sich so in Sensibilität wandeln. Eine kritische Grundhaltung könnte in Gestalt ehrlicher Selbstkritik wundervolle Konsequenzen für den Entwicklungsweg haben. Das Staunen der Kinderaugen ist einfach nur zu bewahren und wird sich langfristig als großes Geschenk erweisen. Wo nur eine Braue hochgezogen wird, drückt sich eine kritische oder sogar misstrauische Einstellung aus. Hier geht es darum, zu dieser Haltung bewusst zu stehen.

Auf dem Gegenpol kennzeichnen Augenbrauen, die wie GERADE STRICHE wirken, Menschen, die sich viele Gedanken machen und Zeit brauchen, bevor sie aktiv werden, wodurch bei ihnen alles etwas träge und verzögert wirken mag. Der direkte, gerade Weg zum Ziel, wie er in ihren waagerechten Brauen zum Ausdruck kommt, ist ihnen Aufgabe. Die positive Seite dieser Grundhaltung liegt in Geduld und Achtsamkeit.

Den Gegenpol zu den waagerechten Strichen bilden DOPPELT GESCHWUNGENE BRAUEN, die häufig zu unausgeglichenen, wankelmütigen Menschen gehören. Ihre Reaktionen auf die Umwelt spiegeln nicht selten das Auf und Ab ihrer Brauen wider und können recht heftig und manchmal inadäquat und *überzogen* erscheinen. Die Aufgabe liegt darin, die seelische Unausgeglichenheit als Chance zu nutzen, das Auf und Ab im Leben akzeptieren zu lernen und daran zu arbeiten, aus der Fülle der eigenen Energien und Möglichkeiten den richtigen Schwung herauszufinden. Berg-und-Tal-Fahrt als die zwei Seiten des Lebens zu erkennen gehört zu den Grundaufgaben des Entwicklungsweges und ist die Basis von Balance. So könnte das Auf und Ab in den eigenen Stimmungen am Ende einer längeren Entwicklung in einen ausgeglichenen Lebensfluss münden.

Einen Gegenpol zu den hochgewölbten Bögen bilden TIEFLIEGENDE BRAUEN, die zu den Augen kaum Raum lassen. Dieser Aspekt verleiht einem Menschen etwas sehr Intensives, manchmal Unheimliches und sogar Lauerndes. Obendrein vermitteln diese Brauen urwüchsige Kraft, besonders wenn sie dazu neigen, in der Mitte, an der Nasenwurzel, zusammenzuwachsen. So erwecken sie den Eindruck, als *braue* sich dort ständig etwas *zusammen*. Sie deuten auch auf große Konzentrationsfähigkeit und eine gewisse Kreativität im Denken hin. Aber auch etwas Trauriges mag von solch überschattenden Brauen ausgehen. Die Aufgabe könnte sein, die Intensität solcher Blicke für ein entsprechend intensives Leben zu nutzen, seine Talente zu zeigen und dank ihrer zu wachsen, als da sind Kreativität und Konzentrationsfähigkeit. Sich auf dem Boden eigener ursprünglicher Kraft weiterzuentwickeln ist eine der Chancen.

LANG GESCHWUNGENE BRAUEN kennzeichnen Menschen, die *den Bogen heraus haben* und heiteren Gemüts durchs Leben gehen. Ihre wohlgeformten Brauen lassen auf einen guten Ausgleich zwischen Körper und Seele schließen. Die Aufgabe liegt darin, diese innere Harmonie und Fröhlichkeit weiterzuentwickeln und zu vertiefen und sie auf andere abfärben zu lassen, um ihnen zu helfen, ebenfalls den eigenen Schwung zu finden.

KURZE BRAUEN zeichnen Menschen mit großem Selbstvertrauen aus, die – *kurz*entschlossen – guten Zugang zu ihrer Vitalität haben, die sich im Leben behaupten, weil sie sich kaum verunsichern lassen, und die ihre Ziele *auf dem kürzesten Weg* mutig und direkt verwirklichen. Ihre Aufgabe liegt darin, auch einen kurzen Draht zu sich selbst zu entwickeln und das eigene Selbstvertrauen zur Selbstverwirklichung zu nutzen.

STARKE BRAUEN sind ein Hinweis auf vitale, kraftvolle und belastbare Menschen, die mit Ausdauer ihren Weg gehen und sich durchsetzen wollen. Die Besitzer solch markanter Augenüberschriften müssen nur darauf achten, dass ihre Stärke und Beharrlichkeit nicht ihre Sicht überschatten und in Einseitigkeit und Voreingenommenheit münden, besonders wenn die Augenbrauen später im Leben zusätzlich auswachsen und geradezu buschig werden. Einerseits unterstreicht dies noch die widerstandsfähige Konstitution, andererseits liegt in dem »Wildwuchs« auch die Gefahr von Auswüchsen. Man könnte zu sehr über die Stränge schlagen, die Ordnung im eigenen Leben aus den Augen verlieren und dem Dschungel über den eigenen Augen jeden Durchblick opfern. So gut große physische Abwehrkraft auch ist, so hinderlich kann übertriebene seelische Abwehr wirken.

Auf dem Gegenpol finden wir Menschen mit nur angedeuteten DÜNNEN BRAUEN, die offenbar den Bogen im Leben noch nicht heraushaben. Ihnen fehlt es häufig an Durchsetzungsfähigkeit und der Kraft zur Verwirklichung ihrer Ziele. Sie wirken leidenschaftslos und dadurch leicht etwas langweilig. Ihr eigener Schwung ist oft so gering ausgeprägt wie ihre Brauen und ihr Bezug zu anderen Menschen noch geringer. Wer niemanden mitreißt, läuft Gefahr, auch sich selbst für nichts begeistern zu können. Die primäre Aufgabe könnte darin liegen, *klein anzufangen* und sich auf das Wenige mit großem Bedacht und viel Augenmerk zu konzentrieren. Darauf aufbauend könnten die Betroffenen schließlich aus weniger mehr machen.

Zu den Seiten STARK ABFALLENDE BRAUEN sind häufig ein Kennzeichen von Menschen mit direktem Zugang zur Intuition, die sie manchmal sogar über Erfahrung und gesunden Realitätssinn stellen. Aufgabe ist hier, bezüglich der Intuition so sicher zu werden, dass es nicht bergab geht im Leben, sondern dass das Bauchgefühl zu einer aufbauenden Kraft und Quelle der Inspiration wird.

Selten kommen ECKIGE, ABGEWINKELTE BRAUEN vor. Sie gehören zu erlebnishungrigen Menschen, die meist auch über die notwendige Vitalität verfügen, ihre vielseitigen Interessen ins Leben zu integrieren. Sie müssen lediglich darauf achten, dass ihr Leben nicht zu eckig verläuft, dass es durch die Vielzahl der Möglichkeiten nichts Unrundes bekommt. »Nichts auslassen, aber alles verarbeiten« könnte zum Motto werden.

In der Mitte ZUSAMMENGEWACHSENE BRAUEN können anzeigen, dass Jähzorn mit im Spiel (des Lebens) ist. Diese Brauenform fordert dazu auf, die beiden scheinbar unvereinbaren Seiten der eigenen Seele zusammenzubringen und in der Mitte zu vereinigen.

Augenrahmen, Augenringe

So wie die Augenbrauen unsere Seelenfenster überhöhen, unterlegen TRÄNENSÄCKE sie und weisen auf festgehaltene Emotionen hin. Man ist auf ihnen sitzen- und daran hängengeblieben, und so haben sie sich an dieser gut sichtbaren Stelle gestaut. In diesen wenig beliebten Säcken werden viele ungeweinte Tränen und ungelebte Emotionen verstaut.

Medizinisch können sich auf diese Weise Nierenprobleme ausdrücken, das heißt, hier wird nicht genug gefiltert und ausgeleitet. Stattdessen wird das, was drückt und belastet, zurückgehalten. Aus der Nierenthematik ergibt sich ein Bezug zu Partnerschafts- und Beziehungsdramen. Pralle Schwellungen weisen darauf hin, dass jemand emotional unter Druck steht. Der Gesichtsausdruck hat dann etwas Abgespanntes und verweist auf Verarbeitungsprobleme.

Wo die ungeweinten Tränen auf ein schlaffes Bindegewebe treffen, wird das Phänomen noch deutlicher. Es betrifft vor allem Menschen, die dazu neigen, sich hängenzulassen, und besser daran täten, loslassen zu üben.

Ein weiterer physio-logischer Grund kann im Lymphstau liegen. Wenn Gewebewasser nicht abfließen kann, verallgemeinert sich die bezüglich Tränen angedeutete Situation noch. Verarbeitungsprobleme mit dem Weiblichen (Wasserelement) kommen in diesen Stauphänomenen an die Oberfläche und sprechen von der Schwierigkeit, in Gefühls-*dingen* in Fluss zu kommen und seinen Rhythmus (im Leben) zu finden. Die vorrangige Aufgabe ist hier generell, zu bewahren, was im Alltag an Seelischem noch gebraucht wird, und dies auch in aller Offenheit zu zeigen. Das weiblich weiche Bindegewebe fordert auf, weich und nachgiebig zu werden und Emotionen in sich aufzunehmen, ja geradezu aufzusaugen. Vom Bezug zu den Nieren ließe sich weiter auf problematische Themen in Venus' Reich der Partnerschaft schließen, die zu klären und aus dem Stau zu erlösen sind.

RINGE UNTER DEN AUGEN zeugen von Anstrengungen. Sie verleihen dem Gesicht etwas Übernächtigtes, Müdes und Mitgenommenes und kennzeichnen diejenigen, denen es in körperlicher und seelischer Hinsicht schlechtgeht. Die Farbe der Ringe reicht von Schmutziggelb bis Dunkelbraun, was dem Gesicht einen ungesunden und mitgenommenen Ausdruck gibt. Von Nierenproblemen kann das Grau herrühren, das die Betroffenen aufgrund ungenügender Filterung *alt und grau* aussehen lässt. Leberprobleme führen eher zu gelblich braunen Ringen rund um das Auge; sie zeugen von mangelnder Verarbeitung und Entgiftung. Bläuliche Ringe unterstreichen eine »vornehme Blässe« und verleihen dem Gesicht etwas edel »Blaublütiges«, aber auch Ermattetes wie bei Anämien. Hier entweichen die Lebenskräfte. Die Aufgabe liegt darin, einen hohen Anspruch auch zu verwirklichen und in die Lebenspraxis einzubringen. Der allopathische Rat vom Gegenpol geht dahin, sich wirklich auf das Leben einzulassen.

Bei A͟u͟g͟e͟n͟r͟i͟n͟g͟e͟n͟ geht es generell darum, den Fenstern der Seele einen ihnen entsprechenden Rahmen zu geben beziehungsweise sie zu unterstreichen. Die Dinge, die bewegen oder im Weg stehen, sollen ausgedrückt und deutlich gemacht werden. Auch die Schwere, die das Leben kennzeichnet, will dargestellt werden. Die Betroffenen sind allgemein gut beraten, sich bewusst damit auseinanderzusetzen, was Wohlbefinden und Stimmung herabzieht. So könnten sie die Kurve bekommen und herausfiltern und ausscheiden, was nicht (mehr) zu ihnen passt, und ausleiten, was ihr Leben vergiftet und belastet.

G͟e͟s͟c͟h͟w͟o͟l͟l͟e͟n͟e͟ L͟i͟d͟e͟r͟ gehören zu verweinten Augen. Treten diese auf, ohne dass jemand geweint hätte, spricht es dafür, dass den Betroffenen zum Weinen ist und sie sich das nicht eingestehen oder leisten können. Aufgabe ist es dann, die Tränen fließen zu lassen, statt sie zu unterdrücken, um so das (emotionale) Leben wieder in Fluss zu bringen.

Die Nase – Orientierung und Durchsetzung

Die Nase dient der Atmung und der Witterung und zeigt, ob wir einen guten Riecher für gefährliche Situationen oder für günstige Gelegenheiten haben. Einem Menschen lässt sich vieles an der Nasenspitze ansehen, vor allem wie es um die eigene Durchsetzung und Lebenslust steht und wie man im Leben vorangeht und vorankommt. Da die Nase am weitesten nach vorn ragt, symbolisiert sie – wie die ebenfalls hervorragende Stirn – Durchsetzung, Kraft und Energie und ist folglich mit dem marsischen Prinzip der Aggression verknüpft.

Die l͟a͟n͟g͟e͟ N͟a͟s͟e͟ ist im Hinblick auf die Analogie zum Sexuellen ein deutliches, ja unübersehbares Zeichen. Der Volksmund weiß: »Wie die Nase des Mannes, so auch sein Johannes.« Bei der Frau wird analog

Die Körperzonen und ihre Symbolik

von der Nase auf die Klitoris geschlossen. Allerdings bestätigen Ausnahmen auch immer wieder die Regel, das heißt, jemand kann eine äußere Erscheinungsform in der Analogie oder Kompensation leben. Bedenkt man, dass auf der Nasenschleimhaut Reflexzonen für den gynäkologischen Raum liegen, wird die Analogie nach dem Motto »Wie oben, so unten« nachvollziehbarer.

Eine lange Nase zeichnet häufig Menschen aus, die das Leben aus eigener Kraft bewältigen wollen und auf fremde Hilfe gern verzichten. Ihre Selbstständigkeit ist ihnen viel wert, keinesfalls wollen sie abhängig werden. Andererseits sind sie gern bereit, Erlerntes und Erreichtes mit ihrer Umwelt in oft geradezu selbstloser Weise zu teilen. Man sieht ihnen ihre *Groß*zügigkeit schon an der Nasenspitze an; sie zeigen, dass sie oft am längeren Hebel sitzen, den längeren Atem und die bessere Ausdauer in der Durchsetzung haben. Dazu passt, dass die Nase im Laufe des Lebens und vor allem im Alter länger zu werden scheint, wie auch in der Regel mit den Jahren die Eigenständigkeit zunimmt. Die Aufgabe dürfte darin liegen, sich der Gefahr bewusst zu werden, den anderen *eine lange Nase* zu *zeigen* und nur der eigenen Nase nach zu leben. Die Chance ist, das Leben großzügig mit anderen zu teilen und bereitwillig vom Gelernten und Gewonnenen auszuteilen und zugleich zu lernen, von anderen zu nehmen und sich selbst beschenken zu lassen.

Die kleine STUPSNASE steht für eine vorwitzige Art, mit dem Leben umzugehen. Sie entspricht dem Kindchenschema, was vermuten lässt, dass sich ihre Besitzer in der Tat viel Kindliches bewahrt haben. Alle Tier- und Menschenjungen tragen diese Signatur, die helfen dürfte, sie gegen Übergriffe zu schützen. So löst die Stupsnase Beschützerinstinkte und Mitgefühl aus, weil wir sie niedlich finden. Als Gegenpol zur kindlich staunenden Weltbetrachtung steht die Stupsnase auch für Lebensklugheit. Ihre Träger lassen sich nicht so schnell etwas vormachen und bewahren den Überblick. Diese allgemein als hübsch geltende Nasenform kann andeuten, dass es darum geht, den christlichen Auftrag des »Werdens wie die Kinder« in den Mittelpunkt des Lebens zu stellen. Allerdings liegt darin unausgesprochen auch der Auftrag, zuerst einmal erwachsen zu werden, um dann wieder zurückzukehren in das Reich der Kinder.

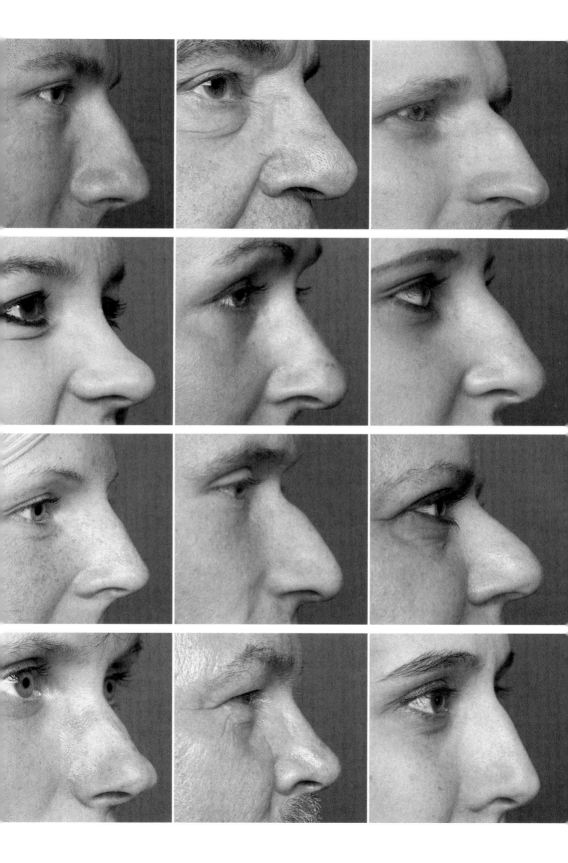

Wenn eine solche Stupsnase noch zusätzlich stark nach oben zeigt im Sinne der Himmelfahrtsnase, kommt häufig noch eine Portion Selbstgefälligkeit hinzu. Man ist ja – immer der Nase nach – ganz nach oben ausgerichtet, auf die Eins, und hält sich so manchmal auch gleich für einmalig. Die Aufgabe hinter dieser Form könnte darin liegen, sich wirklich nach oben zur Einheit zu orientieren. Aus Selbstgefälligkeit würde dann hingebungsvolle Selbstverwirklichung und echte Demut.

Auf dem Gegenpol spricht die BREITE, FLACHE NASE für guten Körperbezug. Hier handelt es sich um zupackende Menschen, die auf breiter körperlicher Basis agieren. Mit den Meinungen anderer tun sie sich allerdings oft schwer. Die Aufgabe wird darin liegen, im Hinblick auf körperliche Fähigkeiten seinen eigenen Weg zu suchen und sich – *auf breiter Basis* und dem eigenen Riecher folgend – durchzusetzen. Außerdem geht es darum, freiwillig und bewusst der körperbetonten Orientierung zu gehorchen, statt sich etwa dagegen zu wehren und auf intellektuelle Wege zu setzen.

Einen gewissen Gegenpol bildet die ADLER- oder HAKENNASE. Sie drückt Kühnheit, Mut und Kraft aus. Dahinter vermuten wir mit Recht Durchsetzungsfähigkeit und die ursprüngliche Energie des archaischen Menschen. Aber auch Edles und Ehrenhaftes, wie es zum König der Lüfte passt, klingt an. Eine Verbindung von beidem wäre der Edelmut. Die Aufgabe liegt darin, die eigene Rolle eines Prell- und Rammbocks, der den Weg für Neues mit Mut und Kraft und manchmal sogar mit Gewalt frei macht, zu akzeptieren und der entsprechenden Führungsposition im wahrsten Sinne des Wortes gerecht zu werden.

Die FLEISCHIGE ODER DICKE NASE spricht für sinnlich-erotisch begabte Besitzer, die ob dieser offensichtlichen, mitten ins Gesicht geschriebenen Neigung häufig in den Gegenpol ausweichen, nach innen gekehrt leben und ihre Anlage nur wenigen, sehr vertrauten Menschen offenbaren. Oft wirken sie aufgrund solcher Introversion nicht besonders lebenstüchtig, sondern fallen durch irrationale, schwer nachvollziehbare Aktionen auf. Stehen solche Menschen zu ihren Ansprüchen, können sich aber durchaus erfolgreiche Lebenswege ergeben wie etwa bei den französischen Schauspielern Jean-Paul Belmondo und Gérard Depardieu.

Ist die Nase an sich unauffällig und nur an der Spitze dick, entsteht optisch der Eindruck eines Phallus, was das Thema phallischer Ansprüche verstärkt. Es gilt, diese bewusst zu leben und Liebeskunst und -kultur zu einem Lebensthema zu machen, etwa im Sinne des östlichen Tantra oder westlichen Carezza.

Die RUNDE, VOLLE NASE drückt ein reiches Gemütsleben aus. Die gefühlvollen Besitzer sind ihren Mitmenschen zugewandt und begegnen ihnen und der Welt mit der entsprechenden Weichheit, Toleranz und Offenheit. Die zum Ausdruck kommende Großzügigkeit und Fähigkeit, mit anderen zu fühlen und sich auf sie einzustellen, verdeutlicht eine sanfte Art der Durchsetzung. Solches mit Bewusstheit zu tun und dabei der eigenen Tiefe und Ausdrucksfähigkeit zu entsprechen ist bereits eine wundervoll erlöste Lebensform.

Die KNOLLIGE NASE wirkt verwachsen und wenig anziehend. Die Betroffenen sind herausgefordert, diese Art der *Auszeichnung* anzunehmen und etwas Besonderes aus sich zu machen. Selbst in den verschrobensten Formen liegt Kreativität und die Möglichkeit, im Selbstausdruck eigenwillige Wege zu gehen. Wird diese schwierige Aufgabe gemeistert, wird einem auch der Gegenpol als Geschenk zufallen. Solche Menschen lernen dann, sich durch innere Qualitäten auszuzeichnen, um so den äußeren Schein zu durchdringen und tiefste Qualität aus der eigenen Tiefe hervorzubringen.

Die Ohren – horchen und gehorchen

Unsere Ohren sind wie Teleskopantennen in den äußeren (Welten-)Raum gerichtet. Mit ihren Muscheln empfangen wir die Welt und hören, was sich um uns herum tut. Im Gegensatz zu den Augen sind sie immer offen und empfangsbereit. Wir lauschen auf die Töne der Welt. Wie wichtig das ist, zeigt die Tatsache, dass Taubheit viel schlimmer zu ertragen ist als Blindheit. Die Ohren lassen über ihre Form auch erkennen, inwieweit wir nach innen horchen und unserer inneren Stimme lauschen und ob wir ihr ausreichend ge*horchen*. Wer seine Antennen nach innen richtet

Die Körperzonen und ihre Symbolik

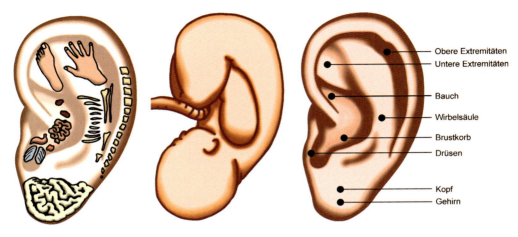

Die Reflexzonen der Ohrmuschel

und der äußeren Welt weniger Beachtung schenkt, wird introvertiert genannt, während derjenige, der seine großen Lauscher weit geöffnet nach außen richtet, als extrovertiert gilt. Insofern ist die Ohrgröße schon ein erster Hinweis über die Ausrichtung eines Menschen zwischen Innen- und Außenwelt.

Bedenkt man, dass in den Reflexzonen der Ohrmuscheln noch einmal der ganze Mensch abgebildet ist – eingerollt mit dem Kopf nach unten wie ein Embryo kurz vor der Geburt –, wird deutlich, wie viel wir über unsere körperliche und auch seelische Befindlichkeit von den Ohren ablesen können. Das Ohr ist nach der Zelle das deutlichste Beispiel unseres Körpers für das Pars-pro-toto-Prinzip, das besagt, dass jeder Teil noch einmal das Ganze enthält. Über die Ohren können wir auch den ganzen Körper erreichen, zum Beispiel wenn wir sie intensiv massieren und durchkneten. Jeder Punkt des Körpers lässt sich von hier aus leicht behandeln und natürlich auch jedes innere Organ, wie die Ohrakupunktur zeigt. Die Reaktion der verschiedenen Punkte und Zonen ermöglicht ihrerseits wiederum Diagnosen. Angesichts dieser Zusammenhänge wird die Gefahr deutlich, die aus der Reizung von Akupunkturpunkten durch Ohrringe und neuerdings vor allem durch Piercings folgt. Hier wird ohne Wissen und Verstand Einfluss auf einzelne Organe und Körper-

Die Ohren – horchen und gehorchen

bereiche genommen. Wer von solch masochistischen Formen der Selbstbehinderung genesen ist, wird die zurückgewonnene Vitalität genießen. Er könnte auch leicht feststellen, welche Zone (und damit Thematik) er gereizt hat, und daraus seine Schlüsse ziehen.

GROSSE OHREN sagen vor allem Positives über ihre Besitzer(innen) aus, zum Beispiel, wie sehr jemand seine Aufmerksamkeit nach außen richtet und wie begierig er ist, die äußere Welt innen zu empfangen. Wie jemand, der auf seinem Dach zwei große Antennen hat, will er wissen, was draußen los ist. Außerdem sind große Ohren oft auch ein Zeichen gesunden Selbstvertrauens und eines klaren, kreativen Denkens. Man will die Welt hören und verstehen, was ein meist gut ausgebildeter, logisch arbeitender und dabei noch fantasiebegabter Verstand auch erlaubt. Die Gefühle bleiben allerdings oft auf der Strecke, was aber in der modernen Welt durchaus als »gute Selbstbeherrschung« geschätzt wird.

Auf dieser Grundlage sind die Besitzer großer Ohren in vielerlei Hinsicht gut informiert und sowohl körperlich als auch seelisch der Welt auffallend gut gewachsen. Sie können sich leicht motivieren und andere dazu bewegen, ihnen zu folgen, verfügen sie doch auch über Ausdauer und Durchsetzungskraft. Sie hören und empfangen gut und können sich die Ergebnisse gut merken. Die Aufgabe kann bei solchen Geschenken nur darin liegen, diesen Anlagen gerecht zu werden und sie zu leben. Wenn die Außenwelt bestens empfangen und verarbeitet wird, fällt es leichter, dem Gegenpol ebenfalls Rechnung zu tragen und sich der eigenen Innenwelt zuzuwenden.

In der Kindheit sind GROSSE, ABSTEHENDE OHREN oft belastend, weil sie sofort auffallen und ihre Besitzer leicht zu Opfern von Hänseleien machen. Das Schicksal mutet solchen Kindern also einiges zu. Nach meiner Erfahrung sind seine Zumutungen aber immer auch Komplimente, denn sie legen nahe, dass selbst große Aufgaben von den damit Betrauten zu schaffen sind. Unser Schicksal fordert uns manchmal bis über unsere Grenzen hinaus. Statt bestraft könnte man sich also auch geehrt fühlen. Der britische Thronfolger Prinz Charles zeigt, dass man mit solchen Ohren trotz allem bestehen könnte. Die abstehenden Ohrmuscheln signalisieren eine betonte Außenorientierung der

Betroffenen. Der Ausdruck »Segelohren, die sich nach dem Wind drehen« macht das noch deutlicher. Diese Kinder müssten lernen, aus sich herauszugehen und sich auf die Umwelt zuzubewegen. Genau das wird ihnen aber durch ihr Problem erschwert und kann sich zu einem wahren Teufelskreis auswachsen. Je nach Selbstbewusstsein des Kindes wäre von Seiten der Eltern zu überlegen, ob man ihm nicht einfach mit einer kosmetischen Operation Erleichterung verschafft. Zu deuten und zu bearbeiten wäre das Thema aber auch in diesem Fall.

KLEINE OHREN verraten, dass hier jemand seine Aufmerksamkeit vor allem nach innen richtet und verstehen will, was in ihm selbst vorgeht. Sie charakterisieren feinfühlige Menschen mit einem guten Draht in die eigenen Tiefen. Introvertierte Menschen sind offen für die eigenen Gefühlswelten und die der anderen und dabei doch zurückhaltend und taktvoll. Nie würden sie sich unaufgefordert in die inneren Angelegenheiten anderer einmischen. Oft haben sie musische Talente und ein reiches Innenleben.

Die Kleinheit der Muscheln reduziert *natürlich* die Landkarte der Reflexzonen und lässt sie notgedrungen einfacher und wohl auch weniger differenziert erscheinen. Entsprechend finden sich bei ihren Besitzern oft einfachere Weltbilder und unkomplizierte Lebensentwürfe. Wenn die reiche Innenwelt integriert ist, könnte als Aufgabe die Öffnung nach außen gelingen, wie ja auch fast jeder musische Mensch, wenn er sein Talent entwickelt und gefördert hat, den Schritt in die Außenwelt tun will, um andere an seinen inneren Schätzen teilhaben zu lassen.

Ähnlich zu deuten sind Ohren mit einem SCHWACHEN AUSSENRAND. Sie gehören in der Regel zu introvertierten, sehr sensiblen Menschen, die ganz in sich ruhen, wenig Außenkontakt pflegen und sich selten über ihre Grenzen hinauswagen. Ihr Körperbild hat einen kleinen, schwachen Rahmen und entsprechend schwache Grenzen. Ihr Wille ist nicht sehr stark ausgeprägt, und Entscheidungen bezüglich der äußeren Welt gehen sie oft aus dem Weg.

Wie die Besitzer kleiner Ohren haben sie häufig musische Talente und können es als Künstler weit bringen, wenn sie ihre Fähigkeiten zu zeigen wagen. Sie sollten sich also auf ihre Gaben besinnen und ihre Ein-

Die Ohren – horchen und gehorchen

fühlsamkeit in Richtung Sensibilität entwickeln, sich aber vor zu großer Sensitivität im Sinne von Überempfindlichkeit hüten. Einfühlungsvermögen kann nämlich auch überfordern, wenn der dazu notwendige Rahmen fehlt. Schwache Grenzen müssen gut bewacht werden. Hier heißt es, auf der Hut zu sein und nur hereinzulassen, was verkraftbar und förderlich erscheint.

Ohren mit SCHWACHER INNENSTRUKTUR weisen auf eine zarte und verletzliche Seele hin. Ihre Besitzer(innen) sind oft stille Wasser, die aber Erstaunliches hervorbringen. Nach außen ist ihre Wirkung eher gering und ihr Wille schwach. Sie sind bescheiden wie die Innenstruktur ihrer Ohren, und entsprechend klein ist oft ihr Anspruch an sich und die Welt. Die Aufgabe liegt darin, sich zur inneren Zartheit zu bekennen und die angelegte Sensibilität zu nutzen und zu pflegen, bis das Zarte in all seiner Schönheit als Chance erkannt und gelebt wird. Sobald das Leben davon erfüllt ist, wird diese Schönheit auch anfangen, nach außen durchzuscheinen.

Menschen, deren Ohren mit einem STARKEN RAHMEN versehen sind, haben Ähnlichkeit mit denen mit großen Ohrmuscheln. Nach außen sind sie so stark und gefestigt wie der Rahmen um ihr Ohr. Er wirkt wie eine Festung, und entsprechend sicher und gefestigt fühlen sich auch die Besitzer(innen) solcher Ohrbastionen. Mit hoher Disziplin und gutem Selbstwertgefühl ausgestattet verfolgen sie ihre Ziele in der Welt souverän und konsequent. Dabei können sie es sich leisten, der Außenwelt großzügig und wohlwollend zu begegnen, was sie bei ihren Mitmenschen beliebt macht. Sie haben meist kein Abgrenzungsproblem. Die Aufgabe liegt darin, aus dem sicheren Rahmen heraus die eigenen Fähigkeiten zu nutzen und zu pflegen, um sich so später auch der eigenen Innenwelt zu öffnen.

Ohren mit AUSGEPRÄGTER INNENSTRUKTUR weisen in eine ganz ähnliche Richtung, und oft kommen beide Tendenzen zusammen. Nach außen gewandt und erfolgsorientiert neigen Menschen mit diesen Ohren dazu, ihre Ziele in der äußeren Welt ehrgeizig und konsequent zu verfolgen – was ihnen umso leichter fällt, als sie sich in ihr sicher und zu Hause fühlen. Ihr Denken und Handeln ist geschickt und gefestigt wie die Struktur ihres Ohrenlandes. Mit dem Ohr am Puls der Zeit sind sie

Die Körperzonen und ihre Symbolik

insgesamt gut belastbar, weltklug und auch unternehmungslustig. All das verleiht ihnen obendrein oft ein gewisses Charisma, das allerdings auch missbraucht werden kann. Der sichere Rahmen ihres Lebens, der am Ohr deutlich wird, kann deshalb auf die Gefahr hinweisen, ihre Selbstsicherheit bis zur Selbstgefälligkeit zu treiben. Dann wird ihr gut entwickeltes Ego zur Belastung für ihre Umwelt und letztlich für sie selbst. Die Aufgabe liegt darin, aus der äußeren Sicherheit und der festen Struktur heraus dem Leben wirklich jenen festen Rahmen zu geben, in dem es möglich wird, auch der Innenwelt sein Ohr zu leihen und die äußere Geborgenheit zu nutzen, um innerlich zu sich zu finden und eigene Wege zu gehen.

Breite Ohren stehen für ein stabiles Seelenleben. Ihre Besitzer(innen) sind nicht so schnell aus dem Gleichgewicht zu bringen und können vieles durchstehen, was sie zu guten Helfern in seelischen Krisen und bei inneren Katastrophen macht. Die Aufgabe geht in die Richtung, Dinge, die man gut bewältigen kann, auch wirklich bewusst auf sich zu nehmen.

Betont schmale Ohren lassen auf ein engeres, mehr dem eigenen Ego verpflichtetes Lebenskonzept schließen. Ihre Besitzer(innen) neigen dazu, nur zu hören, was die enge Ohrmuschel von innen empfängt. Das aber verkünden sie nicht selten recht laut im Außen. Obwohl der Ausschnitt, den sie vom Leben wahrnehmen, nur schmal ist, vertreten sie ihre subjektive Sichtweise selbstbewusst, sehr beredt und mit Nachdruck. Die Aufgabe liegt dann darin, in ihrem schmalen Bereich der Wahrnehmung meisterlich zu werden und dessen Subjektivität zu erkennen und bewusst anzunehmen, um von hier aus auch andere Positionen verstehen und schätzen zu lernen.

Menschen mit **kantigen Ohren** haben oft selbst *Ecken und Kanten* und ein entsprechend schwieriges Verhältnis zu Gott und der Welt und nicht zuletzt zu sich selbst. Solche Menschen *ecken* leicht an, und ihre Beziehungen zur Welt sind nicht rund und einfach. Wer immer mit »gespitzten Ohren« unterwegs ist, muss ständig auf der Hut sein. Auf einer Welt mit Kugelgestalt gibt es für kantige Menschen viele Reibungspunkte. Tatsächlich fällt es ihnen schwer, sich mit der Welt zu arrangieren und in Übereinstimmung zu bringen. So sind sie nicht selten hart

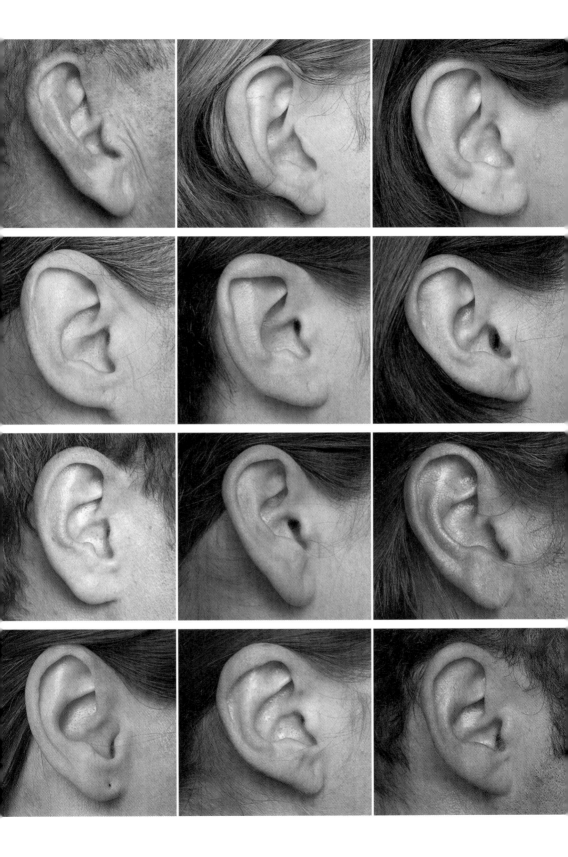

gegen sich und andere und können das Leben nur schwer genießen. Sie neigen dazu, an allem Anstoß zu nehmen und sich auch konkret zu stoßen; auf andere wirken sie rasch *anstößig*. Bei dieser Resonanz finden sie natürlich auch in ihrem äußeren Umfeld überall nur Unrundes.

Sie sind aufgerufen, diesen ausgeprägten Problembezug bei sich selbst zu durchschauen und therapeutisch zu bearbeiten. Im ersten Schritt gilt es, ihn anzunehmen, im zweiten, seine Chancen zu erkennen. Ihre Resonanz könnte ihnen zum Beispiel helfen, nach einer ausgiebigen Eigentherapie gute Therapeuten und Entwicklungshelfer auf allen Ebenen zu werden. Wer mit seinen eigenen Ecken und Kanten ins Reine gekommen ist und sein Leben in einer problematischen Welt zu meistern versteht, ist prädestiniert, auch anderen bei deren (ähnlichen) Schwierigkeiten ein guter Begleiter zu sein.

AUFFALLEND RUNDE OHREN machen es ihren Besitzer(innen) viel leichter in einer Welt, die selbst rund ist. Diese dem Mandala in seiner Vollkommenheit ähnelnden Ohren sind Geschenke, die auf ein reiches, erfülltes inneres Leben schließen lassen. Wie das Mandala haben Besitzer annähernd kreisförmiger Ohren eine aus der eigenen Mitte und Form resultierende Ausstrahlung, die die Umgebung positiv berührt, manchmal sogar begeistert und mitreißt. Die Aufgabe von Menschen mit Mandala-Ohren liegt darin, dieses Geschenk anzunehmen und sich ihrer reichen Innenwelt hingebungsvoll zuzuwenden. Aus ihr heraus können sie eine Strahlkraft entwickeln, die auch ihre Umwelt bereichert.

Ohrläppchen

Das Ohrläppchen stellt den weichen, unstrukturierten Teil des Ohres dar, der sich frei von einem festen Innengerüst entfalten kann. Es ist damit der (los)gelassene, freie Teil des Ohres, dem in der Reflexzonenlehre der Kopfbereich und damit die *Haupt*sache entspricht. Wann immer wir eine Buddhastatue betrachten, fallen die GROSSEN OHRLÄPPCHEN auf, die lang herabhängen. Sie gelten als ein Zeichen hoher Entwicklung und großer Weisheit sowie des erwachten Zustands. Wer dieses Geschenk als Mitgift bekommen hat, wird auf dem Weg der Selbstverwirklichung leichter Fortschritte machen; jedenfalls ist dieser Weg sein Thema.

Große Ohrläppchen verweisen auch auf die Gabe der visionären Schau. Hier spiegeln sich idealistische und oft auch realitätsferne, ja unvernünftige Züge bei Menschen, die sich von ihren Träumen und Idealvorstellungen nicht abbringen lassen. Ihr Denken ist oft von inneren Bildern geprägt, und hier liegt ihre Stärke. Sie fühlen sich in der Seelenbilderwelt oft mehr zu Hause als in der vernunftregierten äußeren Welt. Die Sphäre transzendenter Erfahrungen liegt ihnen näher als alltägliche Dinge. Die Aufgabe besteht darin, die eigenen Visionen wahrzunehmen und wichtig zu nehmen und sie für das eigene Leben und die Umwelt fruchtbar zu machen.

KLEINE OHRLÄPPCHEN zeichnen demgegenüber vernunftbetonte Menschen aus, die ungreifbare Ideenwelten von sich weisen und lieber den klar definierten Teil der Welt in das Zentrum ihres Interesses rücken. Nüchtern und rational gehen sie das Machbare an und überlassen alles andere gern den Träumern und Illusionisten. Mit großer Sachlichkeit verfolgen sie handfeste Ziele und werden so zu Ingenieuren der modernen technischen Welt. Natürlich haben auch sie Emotionen und Gefühle, aber davon lassen sie sich nur wenig beeinflussen, sondern kontrollieren im Gegenteil solche für sie eher schwierigen Bereiche mit großer Akribie.

Bei gleichsam nicht vorhandenen, weil **ANGEWACHSENEN OHRLÄPPCHEN** verstärkt sich diese rationale Nüchternheit noch weiter. Hier hängt und schwebt gleichsam nichts mehr frei im Raum, sondern alles ist festgezurrt und (ab)gesichert, eben angewachsen. Besitzer(innen) solcher Ohren agieren oft völlig traum- und illusionsfrei in einer vernunftorientierten, für sie sogar maschinengleichen Welt. Die Gefahr liegt darin, sich irgendwann auch selbst für eine Maschine zu halten. Aufgabe kann sein, die Alltagswelt erst einmal wirklich verstehen zu lernen, bevor man anfängt, sich in die für einen selbst unsicheren Bereiche des Gefühlvollen zu wagen. Erst wenn die äußere Welt zum Funktionieren gebracht wurde, können diese Menschen die Welt der eigenen Seele entdecken, ohne dabei von Ängsten überschwemmt zu werden. Dann allerdings haben sie eine verlässliche und sichere Basis, von der aus sich zum Beispiel vorurteilsfrei Wissenschaft betreiben und die objektive Erkenntnis auch dieser inneren Welten voranbringen lässt.

Der Mund – Ausdruck und Lebensgenuss

Der Mund sagt durch seine Form mehr, als er ausspricht. Er vermag die Lebensstimmung wiederzugeben. *Natürlich* drückt jeder Mund vorrangig orale Themen aus, die mit Einverleiben und Lebensgenuss verbunden sind. Wir sprechen aber auch von »mündigen Menschen« und meinen damit diejenigen, die für ihre Interessen und die ihrer Mitmenschen eintreten können, die sich auszudrücken wissen und selbstbewusst in der Welt stehen. Man geht davon aus, dass die OBERLIPPE das psychische und die UNTERLIPPE das physische Wollen des Menschen ausdrückt. Gemeinsames Thema von Ober- und Unterlippe ist die Sinnlichkeit – oder ihr Fehlen. Wer beispielsweise eine schmale Ober- und eine volle Unterlippe hat, wird sich sinnlich vor allem auf den Körper und die Materie beziehen und die seelische Welt links liegen lassen.

Ein ständig OFFENER MUND verleiht einem Gesicht oft etwas Dümmliches. Andererseits ist der leicht geöffnete Mund eine Einladung im sinnlichen Bereich – ein Motiv, das gern in der Werbung genutzt wird.

HÄNGENDE MUNDWINKEL künden von missgelaunter Stimmung. Sie erzählen von hinunterziehenden Erfahrungen bis hin zu Depressionen, von tiefen Enttäuschungen, unbewältigten Verlusten und von Trauer, die hier hängengeblieben ist. Dieser resignierte Gesichtsausdruck gehört nicht selten zu Menschen, die sich von ihren Mitmenschen abgewendet und von der Umwelt zurückgezogen haben. Ein zweiter wichtiger Aspekt ist Arroganz. Wer sich über andere erhebt und sie rasch verurteilt, lässt oft verächtlich die Mundwinkel hängen.

Die Aufgabe besteht darin, die missliche Situation zu akzeptieren und sie bewusst zu bewältigen. Es geht also um eine ehrliche Bilanz. Die offenen und nur scheinbar be*seit*igten Rechnungen müssen entdeckt, anerkannt und anschließend beglichen werden. Trauer wäre ebenso nachzuholen. Dazu ist es gut, sich seine Enttäuschungen und Verletzungen einzugestehen und die Depression bis zu ihren Wurzeln zurückzuverfolgen. All das könnte den Mundwinkeln immer öfter erlauben, sich auch wieder zu heben, worauf sich mit der Zeit eine insgesamt aufgeräumtere Lebensstimmung allen sichtbar zeigen würde.

Was die Arroganz angeht, besteht die Herausforderung darin, tatsächlich etwas Besseres zu werden. Es ist jedoch heilsamer, sich in erhebender Weise in ungeahnte Höhen zu entwickeln, statt sich über andere zu erheben. Dann könnte man milde vom Gipfel eigener Entwicklung herabblicken, müsste dabei niemanden herabsetzen, und den Mund könnte ein weises Lächeln umspielen. Es würde die Mundwinkel in die Gegenrichtung bewegen, und vielleicht könnte man dann sogar herzhaft über sich selbst und die eigene Geschichte lachen.

Auf dem Gegenpol zeugen NACH OBEN WEISENDE MUNDWINKEL von gehobener Stimmung, von Heiterkeit, Freude und Lebenslust oder auch generell von optimistischer Weltsicht. Hier verbirgt sich höchstens die Aufgabe, diese Stimmung vom Mund auch auf die Augen übergreifen zu lassen, denn das echte Lächeln, das von Herzen kommt und zu Herzen geht, muss immer die Fenster der Seele einschließen.

Dem GROSSEN MUND entspricht ein reiches Gefühlsleben. Wenn volle Lippen und damit Sinnlichkeit hinzukommen und dieser Mund sich zu einem Lachen verzieht, entsteht ein unwiderstehlicher Eindruck wie etwa bei der Schauspielerin Julia Roberts. Volle Lippen drücken neben Sinnlichkeit auch freundliche und herzliche Gefühle viel leichter aus als schmale. Sie verleihen ihren Besitzern etwas Liebenswürdiges und deuten Verständnis und Mitgefühl an. Hier liegt auch der Grund, warum Frauen zu allen Zeiten mit kosmetischen Tricks versucht haben, ihren Mund zu vergrößern. Werden volle Lippen rot geschminkt, erhöht sich ihr Signalcharakter.

Großmäuler trauen sich im Übrigen, den Mund aufzumachen und ihn oft sogar aufzureißen, um sich solcherart in den Vordergrund zu spielen. Dazu gehören Selbstbewusstsein und Vertrauen in die eigene Kraft und in die Wichtigkeit dessen, was man zu sagen hat, obwohl Letzteres natürlich nicht immer gewährleistet ist. Die mehr demonstrierte als verborgene Aufgabe hinter dieser Art von Mund liegt in der Selbstakzeptanz als gefühlsbetontem Genussmenschen, der mit großer Offenheit der Welt freundlich begegnet. Die Herausforderung ist, Form und Inhalt zusammenzubringen und nicht nur den Mund aufzumachen, sondern auch Großes auszudrücken. Wer eine *große Klappe* hat, den Mund stän-

Die Körperzonen und ihre Symbolik

dig zu voll nimmt und großsprecherisch tönt, müsste erst einmal Großes denken, fühlen und leisten, bevor er es äußert.

Der KLEINE MUND gehört meist Menschen, die wenig herauslassen und Gefühle nur spärlich und im kleinen Rahmen zeigen. Dafür denken sie sich umso mehr, bleiben dabei aber in streng rationalen Bahnen und oft ganz bei sich. Ihre Worte perlen durch den Engpass Mund oft nur zögernd heraus, was die Betreffenden als zurückhaltend und schüchtern erscheinen lässt. Der Extremfall ist mit jenem Mund erreicht, der wie ein »Hühnerpopo« wirkt und – von kleinen Fältchen gesäumt – wie zugenäht erscheint. In eine ähnliche Richtung tendieren verkniffene Münder, deren Besitzer sich in der Vergangenheit alles mögliche an Lebensäußerungen verkneifen mussten. Möglicherweise wurde ihnen *der Mund* so oft und so lange *verboten*, bis es für alle sichtbar wurde.

Früher gehörte der kleine Puppenmund bei Frauen zum Schönheitsideal – als es ausreichend erschien, wenn sie ihn zum Kussmund formten, als sie gar keine eigene Meinung äußern sollten und schon gar nicht *das Maul aufreißen* durften. Sie sollten sich in allem zurückhalten und *den Mund halten*. Reden durften sie nur, wenn sie gefragt wurden.

Kommen zu einem kleinen Mund noch schmale, unsinnlich wirkende Lippen hinzu, verstärkt sich der Eindruck von Rationalität und oft sogar Askese. Solche Lippen sprechen von Entbehrung und Verzicht und können etwas Verbissenes ausdrücken – vor allem, wenn es ihnen nach langem Nachgeben an die eigene Substanz geht. Menschen mit kleinem Mund und schmalen Lippen wirken so insgesamt verschlossen und reserviert. Es fällt ihnen schwer zu genießen. Zurückhaltend und oft sogar allgemein verhalten wirkend haben sie nicht viel vom Leben, obwohl sie über ihren geübten Intellekt, verbunden mit einem gewissen Maß an Verbissenheit, in der modernen Welt viel erreichen können. In dieser Situation gilt es zuerst, sich der Einschränkungen bewusst zu werden, die das Leben mit sich gebracht hat. Alles, was man sich und anderen nachträgt, ist einer Revision zu unterziehen und unter Umständen *abzustellen*, auf dass das eigene Leben leichter und weniger anstrengend wird. Echtes Verzeihen kann vieles erleichtern. Im Hinblick auf beide Themenbereiche wäre an das entsprechende Ritual der CD »Entgif-

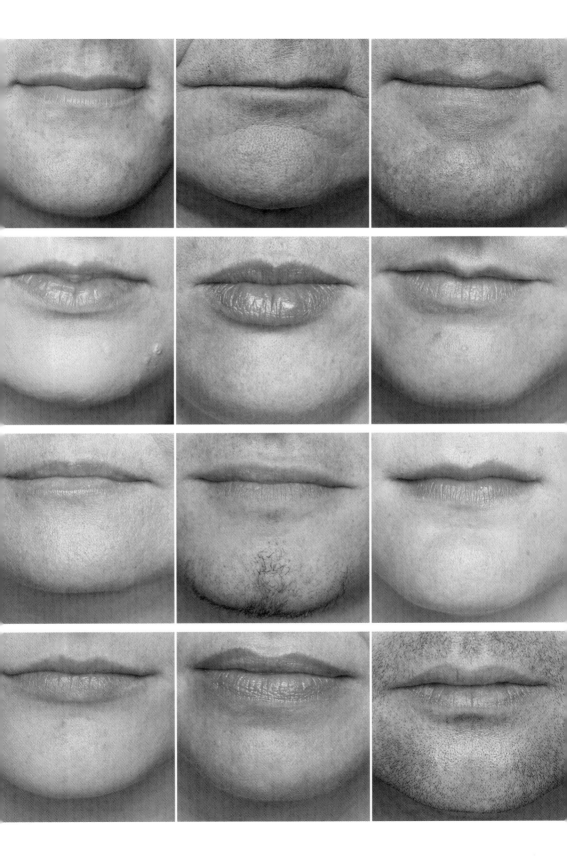

ten, Entschlacken, Loslassen« zu denken. Tatsächlich handelt es sich oft um Gift, das lange nachwirkt und das eigene Leben nicht nur eng macht, sondern auch nachhaltig vergiftet. Wer die Einschränkungen erkannt und vielleicht sogar gelöst hat, kann auch mit kleinem Mund und schmalen Lippen ein mündiger Mensch werden, der das Leben genießt. Ohne den Mund weit aufzureißen, kann er lernen, sich sehr gewählt und bedacht auszudrücken, und so wesentliche Gedanken in die Welt setzen.

Ein SPITZER MUND drückt etwas Offensives aus, wie spitze Bemerkungen zeigen, die ihn gern und häufig verlassen. Er gehört meist zu Menschen, die Auseinandersetzungen nicht scheuen und manchmal geradezu suchen und insgesamt mit dem Urprinzip der Aggression gut vertraut sind. Mit Ehrgeiz und Angriffslust können sie einiges erreichen, zumal sie vielen Bereichen gegenüber aufgeschlossen sind und Herausforderungen anpacken. Sie handeln gern eigenverantwortlich, neigen weniger als andere zur Projektion und sind aufgerufen, sich dieser Anlagen bewusst zu werden und sich an die wichtigen und wirklich herausfordernden Lebensthemen heranzuwagen.

Die Zähne – Zeichen gesunder Aggression

Die Zähne sagen als Reste unserer Waffen aus frühester Zeit viel über unsere Vitalität aus; sie sind Sinnbilder für Gesundheit und Kraft. Die Bedeutung der einzelnen Zähne ist in meinem Buch »Aggression als Chance« beschrieben. Hier geht es allein um ihren äußeren Aspekt und damit vor allem um die sichtbaren vorderen Waffenbrüder, die Schneide- und die Eckzähne.

EBENMÄSSIG GEFORMTE, WEISSE ZÄHNE machen einen ausgewogenen Eindruck und deuten auf Vitalität und Harmonie im Energiebereich hin. Geordnete Energieflüsse verweisen insgesamt auf Gradlinigkeit. Gutes Kauen, das durch gesunde Zähne ermöglicht wird, ist die Basis gesunder Verdauung (des Lebens). Vor dem Hintergrund, dass die chinesische Medizin den Zähnen jeweils einen Funktionskreis oder Meridian zuordnet, werden die Zähne auch zu Aushängeschildern der mit

Die Zähne – Zeichen gesunder Aggression

ihnen verbundenen Organe. Das Gebiss liefert damit eine Gesamtpräsentation des Organismus.

Ein Gebiss ohne Zahnfehlstellungen – das heißt, Aggression folgt geregelten Bahnen – schenkt einem selbst Biss und den anderen Vertrauen. Solche Menschen wirken gepflegt und attraktiv und manchmal sogar richtig strahlend, wenn ihre perlweißen Zähne vor Gesundheit und Lebensenergie nur so blitzen. Wenn die Zähne auf natürliche Weise so blendend aussehen, spricht das für eine ebenso vorteilhafte Lebenssituation des Besitzers; sind sie dagegen gebleicht, sollte sich der Eigner der Diskrepanz zwischen Anspruch und Wirklichkeit bewusst werden. Immerhin will er einen gesunden Eindruck machen, was schon der erste Schritt zur Besserung ist. Er braucht jetzt »nur noch« die entsprechenden inneren Schritte zu tun, bis Form und Inhalt zusammenfallen.

Die geordnete Phalanx der Waffen kann heute auch recht einfach vorgetäuscht werden. Insofern wäre es für die Besitzer solcher Meisterleistungen zahntechnischen Kunsthandwerkes wichtig, sich ehrlich einzugestehen, wie der Originalzustand ihrer Waffen war und was er verriet – und wie weit sie gekommen sind beim Schließen der Diskrepanz zwischen (künstlich verbesserter) Form und Inhalt. Nichts spricht gegen Kunst im Mund, vor allem wenn sie mit dem Eingeständnis verbunden ist, dass man im Umgang mit der eigenen Vitalenergie Hilfe nötig hat.

Das Geschenk attraktiver Zahnharmonie vermittelt die Aufgabe, dieser nach außen gespiegelten Ordnung auch innerlich gerecht zu werden und die blitzenden Waffen gut *in Schuss* zu halten. Im sozialen Bereich gilt es, sich dieser Waffen würdig zu erweisen und das eigene Leben mit all seinen Herausforderungen mutig und offensiv in Angriff zu nehmen. Allerdings spielt auch der Gegenpol herein, und dann liegt oft gerade der individuelle Charme eines Mundes und damit des ganzen Gesichtes in kleinen Unregelmäßigkeiten der Zähne, die die persönliche Note im Umgang mit Aggression im Spiel des Lebens verraten.

AUSGEPRÄGTE GRÖSSE UND FORM können spezielle Betonungen widerspiegeln; legt sich solch ein Zahn quer, deutet es auf entsprechende Verweigerungen hin. Die jeweiligen Besitzer neigen dazu, sich in diesen Themenbereichen querzulegen. Normalerweise greifen die oberen Eckzähne im *Rahmen* des normalen Bisses leicht über die unteren. Kommt es hier bei Männern zu einer Umkehrung, so dass der untere über den oberen beißt, spricht dies für Probleme, seinen Platz als Mann zu finden und zu behaupten. Bei Frauen ist davon auszugehen, dass deren Animus einen schweren Stand hat und ständigen *Übergriffen* ausgesetzt ist. Entsprechende (zahnärztliche) Korrekturen können der wachsenden Persönlichkeit helfen, sich im Lebenskampf zu behaupten und den eigenen stimmigen Platz zu finden.

Ob die Zähne gepflegt sind, sieht man nicht nur, sondern riecht es sogar. Insofern wirken UNGEPFLEGTE ZÄHNE, die nicht *in Schuss* sind, leicht *anrüchig* und *stinken* manchmal sogar *zum Himmel*. Gute »Waffenpflege« mit den entsprechend beeindruckenden Ergebnissen ist ein Zeichen für ein ausgesöhntes Verhältnis zum Aggressionsprinzip und zeugt von einem mutigen, offensiven Umgang mit der eigenen Lebensenergie. Ungepflegte Zähne lassen solch einen positiven Umgang vermissen und erzählen von Vernachlässigung und Missachtung der Zähne und damit auch des Aggressionsthemas. Wer sich nicht um seine Zähne kümmert, will offensichtlich mit diesem Thema nichts zu tun haben.

Das Bild verkommener und verrottender Zähne ist eine deutliche Aufforderung zur Waffenpflege auf allen Ebenen. Natürlich sind zuerst die konkreten Waffen im Mund gemeint. Aber darüber hinaus gilt es auch, die Waffen im übertragenen Sinne etwa in Gestalt von *Schlag*fertigkeit und Durchsetzungs*kraft* zu pflegen und zu kultivieren und das ganze Gebiet der vitalen Energie ins Auge zu fassen. Das kann von bewusstem körperlichem Muskeltraining bis zu solchem der »geistigen« Muskeln gehen. Wer seine Gehirnmuskeln mutig spielen lässt, wird dem Thema noch besser gerecht als ein Bodybuilder, der leicht in die Gefahr gerät, nur zu kompensieren. Desolate Waffen können aber auch auf ebenso verkommene Wege des Aggressionseinsatzes hinweisen. In solchen (Härte-)Fällen geht es darum, sich weniger aggressiv einzubringen und das Aggressionsthema eher ruhen zu lassen.

SCHIEFE ZÄHNE lassen einerseits auf ein Chaos im Energiebereich schließen. Andererseits zeigen sie in ihrem Wildwuchs, dass hier ungezähmte Energie zur Verfügung steht und ihrer Bändigung harrt. Damit stellen Münder voll vitalem Wildwuchs eine Herausforderung für ihre Besitzer und deren Zahnärzte dar. Ein chaotisches Gebiss zeugt von durcheinandergeratenen aggressiven Energien und droht mit unberechenbaren Aggressionen, die Angst auslösen. Wenn die Waffen des Mundes unharmonisch aus der Reihe tanzen, besteht auch für ihre Träger die Gefahr, aus der Rolle zu fallen. Der Volksmund schließt von schrägen Zähnen auf einen ebensolchen Charakter. Jedenfalls klingt das Gegenteil von Gradlinigkeit an. Doch wirken die Betroffenen oft betont unaggressiv. Da sie mit diesem Thema so belastet sind, haben sie es konsequent verdrängt, und es droht umso gefährlicher aus dem Schattenbereich des Unbewussten.

Wenn besonders vordere Zähne in zweiter Reihe stehend eine doppelte Phalanx bilden, fühlt man sich an ein Haifischgebiss erinnert. Wo die aggressiven Kämpfer gar nicht mehr in Reih und Glied stehen, besteht die Gefahr, dass man den Mund nicht mehr zubekommt. Die Entwicklung einer in sich geschlossenen Persönlichkeit ist jedoch davon abhängig, dass auch der äußere Mund geschlossen werden kann. Außerdem sind auf dieser Basis gutes Kauen und gute Verdauung nur noch schwer möglich.

Extrem sorgfältige Waffenpflege auf allen Ebenen ist von den Betroffenen gefragt. Sie müssen sich um dieses Thema kümmern – von der Zahnpflege mit Bürste und Seide bis zu einem bewussten Umgang mit den eigenen Aggressionen inklusive aller Haken und Ösen. Nur wer im übergeordneten Sinne Ordnung in seine vitalen Energien bringt, kann hoffen, über Zahnregulierungen das Problem nachhaltig zu lösen. Die grundsätzliche Aufgabe – aus homöopathischem Blickwinkel – besteht in einem mutigen, unter Umständen auch wilden Umgang mit der eigenen Aggressionsenergie. Thema ist, sich zu trauen, aus der Reihe zu tanzen und über die Stränge zu schlagen, sehr originelle und unkonventionelle Wege zu gehen, verrückte Lösungen ins Auge zu fassen und für seine ungewöhnlichen Ambitionen auch zu kämpfen. Weitere positive Einlösungen zum Thema Aggression finden sich in großer Fülle in dem Buch »Aggression als Chance«. Die Tatsache äußerlich perfekter Regulierung bleibt anderenfalls nur Vortäuschung falscher Tatsachen.

Die detaillierte Deutung der Abweichungen von der Regelmäßigkeit bietet viele Aufschlüsse. So zeigt ein »Diastema«, eine LÜCKE ZWISCHEN DEN BEIDEN MITTLEREN SCHNEIDEZÄHNEN (den sogenannten Einsern), dass die Besitzer ihre männliche und weibliche Seite nicht leicht zusammenbringen. Dahinter steht die Erfahrung, dass der obere linke Schneidezahn dem weiblichen Prinzip entspricht und der rechte dem männlichen. Hier stehen sich symbolisch Mutter und Vater, Göttin und Gott, Anima und Animus gegenüber.

Die Stellung dieser beiden sichtbarsten Zähne lässt Rückschlüsse zu, in welchem Verhältnis die innere Frau zum inneren Mann steht, was sich oft, aber natürlich nicht immer, auch im Verhältnis der eigenen Eltern widerspiegelt. Die distanzierte Stellung dieser beiden Zähne und Prinzipien zueinander zeigt einen Mangel an Integration der beiden Seelenanteile. Bei Männern äußert sich dies häufig darin, dass sie sich von Frauen zugleich angezogen und abgestoßen fühlen; Frauen mit diesem Zeichen stellen ihre Männer gern grundsätzlich infrage. Die Aufgabe und zugleich Chance liegt darin, über entsprechende Auseinandersetzungen mit sich selbst und dem anderen Geschlecht inneren Abstand zum jeweiligen Gegenpol zu gewinnen, um dann auf eine Annäherung in Harmonie hinzuarbeiten. Wo dies gelingt, erscheint der Ausdruck »Glückszähne« für dieses Phänomen angemessen, andernfalls droht – zumindest im Beziehungsleben – eher das Gegenteil. Darüber hinaus ist es ein Merkmal offener, gewinnender Menschen.

Gut zusammenstehende und gleichberechtigt nebeneinander ausharrende Schneidezähne sprechen für eine ausgewogene Beziehung zu Mutter und Vater und eine gute Integration weiblicher und männlicher Energien in der eigenen Persönlichkeit. ÜBERLAGERT EIN SCHNEIDEZAHN DEN ANDEREN und verdrängt ihn tendenziell aus der ersten Reihe, zeigt sich ein Dominanzthema. Wo der linke den rechten verdrängt, dominiert das Mutterbild (im umgekehrten Fall das Vaterbild). Analog dazu überwiegen die weiblichen die männlichen Energien in der eigenen Persönlichkeit. Wo der Mutter- oder Vaterzahn nach innen steht und so als Front ausfällt, spielt der jeweilige Elternteil eine untergeordnete Rolle, und diese Energie steht weniger zur Verfügung. Solche familiären oder

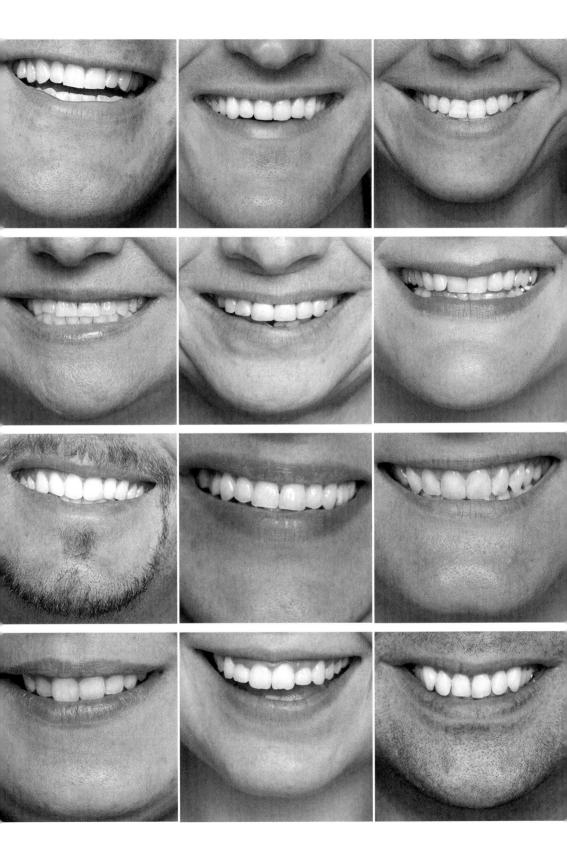

symbolischen Schattenexistenzen können in der Persönlichkeitsentwicklung zu Problemen führen; auf der ästhetischen Ebene fallen sie nur auf.

Die Bearbeitung dieser Gegebenheiten wird heute durch zahnärztliche Korrekturen erzwungen. Dabei wäre wie immer darauf zu achten, dass die innere Entwicklung mit der äußeren Veränderung Schritt hält. Besonderes Augenmerk ist auf die zugehörigen Themen zu legen, so dass sie im Leben den Raum bekommen, den sie brauchen. Wird etwa ein linker »weiblicher« Schneidezahn hinter dem überlagernden »männlichen« hervorgeholt, ist parallel darauf zu achten, dass die eigene weibliche Seite Zuwendung erfährt – und in der Analogie dazu möglichst auch die eigene Mutter.

Im Unterkiefer zeigt die Stellung der Einser (nach Michèle Caffin), welchen Stellenwert die Eltern im Alltag der Kinder haben. Darüber hinaus steht der untere linke Einser für die Art, wie der weibliche Pol ins Leben integriert ist; der rechte verdeutlicht Umgang und Integration des männlichen. Übertrieben große Einser erinnern an ein Nagetiergebiss und an die Aufgabe des Sichdurchbeißens.

Wenn die OBEREN SCHNEIDEZÄHNE DIE BENACHBARTEN ZWEIER VERDRÄNGEN oder nicht durchkommen lassen, überwiegt das Männliche auf Kosten des Weiblichen – die Eins gehört zum männlichen, die Zwei zum weiblichen Prinzip. Ausdrücke wie »Hauer« für die dominanten Einser verdeutlichen dies sprachlich. Solch ein »Raffzahn« strahlt etwas Forderndes und Gieriges aus, auch wirkt er dominant und manchmal bedrohlich aggressiv. Auf diese Weise ist er prominent auf der falschen Ebene. Solche herausstechenden Zähne vermitteln einen aggressiven Eindruck. Diese Aggressionsenergie will im Leben gebändigt werden.

Jede Demonstration hat ihre Schattenseite, und so können überbetonte Schneidezähne eine *zweischneidige* Sache sein. Bezeichnungen wie Hasenzähne erinnern nämlich auch an den ängstlichen Gegenpol und lassen diesbezüglich einschneidende Erfahrungen erwarten. Tatsächlich überwiegen bei diesem Zahnbild die elterlichen Einflüsse im Leben.

Die Betroffenen könnten diese »Auszeichnung« nutzen, um echten Biss zu entwickeln und sich durchzubeißen – bei gleichzeitiger großer Achtsamkeit gegenüber der Gefahr, das Weibliche in sich (in Gestalt des

Zweiers) zu unterdrücken. Wer sich bewusst seinen Teil vom Leben abbeißt, hat auch die Aufgabe, den anderen und besonders den eigenen Gegenpol leben zu lassen. Prominenz könnte auch auf einer ansprechenderen Ebene verwirklicht werden.

DIE STELLUNG DER SEITLICHEN SCHNEIDEZÄHNE ODER ZWEIER erlaubt Aufschlüsse über das Temperament. Stehen die Zweier nach vorn, spricht dies für vorwärtsgewandte Menschen, die sich die Freiheit nehmen, ihren Weg zu gehen. Stehen linker und rechter Zweier nach vorn, kann es bedeuten, dass diese Menschen an ihren Eltern – durch die Einser symbolisiert – vorbeigehen und sich über sie stellen. Die Eltern spielen dann eine untergeordnete Rolle im Leben der Betroffenen, die nicht selten die Auseinandersetzung mit ihnen meiden. Auf diese Art »Ausgezeichnete« werden oft früh unabhängig, selbst wenn sie noch zu Hause leben. Sind die Einser dagegen dominant und überlagern die Zweier, beherrschen nicht selten die Eltern das Leben solcher Kinder oder regieren in deren Leben hinein.

Manchmal sind die Zweier auch auffällig klein gegenüber den Einsern, was ein defensives Auftreten gegenüber den Eltern vermuten lässt. Solche Mäusezähnchen zeichnen liebenswürdige und angenehme Menschen aus, die einen gewinnenden Eindruck machen. Sich selbst lassen sie allerdings leicht *zu kurz kommen* – anfangs gegenüber den Eltern, später gegenüber deren Stellvertretern. Ist nur der rechte Zweier solchermaßen *zurückgeblieben*, neigen die Betroffenen dazu, sich männlichen Autoritäten (wie zuerst dem Vater) zu unterwerfen; auf der linken Seite deutet es auf die unterwürfige Haltung gegenüber weiblichen Autoritäten hin.

PROMINENTE DREIER oder Vampirzähne lassen all die Mythen der Blutsauger Transsylvaniens aufleben. Die in ausgeprägten Dreiern verborgene Aufgabe liegt darin, dem eigenen Leben Ecken und Kanten zu geben, sein Feld mittels der entsprechenden Eckpunkte abzustecken und dem Leben *die Zähne zu zeigen*. Wenn diese »Canini« oder Hundszähne sehr groß sind, geben sie dem Gesicht etwas reißerisch Aggressives, Tierisches und Erschreckendes. Deshalb ist dieser Aspekt kaum noch zu sehen, was nichts anderes heißt, als dass solche Reißzähne schon sehr früh im Leben (nieder)geschliffen wurden, wie manche Festungen im Mittelalter. Die ursprüngliche Botschaft aber bleibt, und so ist zu bezweifeln, ob das solcherart in den Schatten vertriebene Raubtier damit ebenfalls domestiziert ist.

Wenn sich Reißzähne, die bei Menschen entwicklungsgeschichtlich überholt sind, dennoch aufdrängen, wollen sie sagen, dass Jagdaspekte und reißerisch männliche Kraft in durchaus ausgeprägter Weise noch zum Zuge kommen wollen. Werden sie aus kosmetischen Gründen gezogen, erleben die Betroffenen oft einen geradezu dramatischen Verfall ihrer Kraft. Das mag an alte Ausdrücke erinnern wie »Augenzahn«, symbolisiert das Auge doch die weibliche und männliche Kraft und das Bewusstsein von Mond und Sonne. Der Stoßzahn des Elefanten ist für Hindus ein Symbol der Macht, die mit jener Weisheit verbunden ist, für die der Elefant etwa in der Gestalt des Elefantengottes Ganesha steht. So wundert es nicht, dass die Dreier auf allen Ebenen für die Stabilität des Gebisses von entscheidender Bedeutung sind und unter allen Umständen erhalten werden sollten. Für Zahnersatz sind sie die beliebtesten und stabilsten (Eck-)Pfeiler.

Alle Zähne haben phallische Form, aber bei den Canini ist diese besonders ausgeprägt. Die Eckzähne brechen auch das erste Mal mit zwei bis drei Jahren ins Leben, wenn die Trotzphase beginnt. Überhaupt stehen sie laut Caffin mit allen Wandlungsphasen des Lebens von der Pubertät bis zum Wechsel in Verbindung. Starke Dreier symbolisieren die ausgeprägte phallische Kraft, die in einer Zeit, die allgemeine Aggressionshemmung propagiert, schwer zu leben ist. So ist es kein Wunder, dass die entsprechenden Zähne im wahrsten Sinne des Wortes *niedergemacht* werden.

Von seiner Bedeutung zeigt der rechte obere Reißzahn, wie man sich der Welt präsentiert, der linke obere verrät die Haltung gegenüber Wandel und Veränderung im Leben. Der rechte untere Dreier ist nach Caffin in engem Zusammenhang mit dem Körperwachstum zu sehen und zeigt darüber hinaus an, was im Leben vollbracht werden will. Der linke untere verdeutlicht, wie seelische Umstellungen und Veränderungen im Leben gemeistert werden.

Der Hals – Verbindung von oben und unten

Der Hals stellt die Verbindung zwischen Haupt(sache) und Körper und damit zwischen der Zentrale und den Ausführungsorganen dar. Der kurze Weg mag praktisch sein, eleganter ist nach allgemeinem Geschmack jedoch der lange. Der Hals sichert der Zentrale den Überblick. Eine seiner Aufgaben liegt folglich in der Beweglichkeit. Er ist aber auch die enge Pforte zwischen oben und unten sowie gleichzeitig die vermittelnde Instanz zwischen innen und außen. Er bestimmt damit das rechte Maß der Weltaufnahme. Wenn die Brocken zu groß sind, können sie die enge Pforte nicht passieren und bleiben *im Halse stecken*. Der Hals macht diesbezüglich ehrlich. Als Engpass ist er auch der prädestinierte Ort, um Angst darzustellen, wenn es einem *den Hals zuschnürt*. Wann immer es im Leben eng wird, wenn wir *zu viel am Hals* haben, spüren wir es in dieser Körperzone sowie am Atem, der stockt.

Ein LANGER, SCHLANKER HALS gilt als Zeichen von Anmut und Eleganz. Er ermöglicht es, den Kopf graziös und weit zu erheben, und garantiert der *Hauptsache* eine herausragende Position und guten Überblick. Durch seine große Beweglichkeit und seine Möglichkeit schneller Kontaktaufnahme kontrastiert er zum oft scheuen und schüchternen Wesen der Betroffenen. So schön es sein mag, so anstrengend ist es auch, einen schweren Kopf ein Leben lang auf einem Schwanenhals zu balancieren. Da der Schwanenhals in der Regel wenig Leidensdruck auslöst, ist es fast überflüssig, ihn zu deuten. Hier geht es lediglich darum, die körperlich angelegten Möglichkeiten auch im übertragenen Sinne zu Leben zu erwecken, das heißt, Anmut und Eleganz auch zu verkörpern und auszudrücken, Überblick zu gewinnen und die leichte Beweglichkeit zu kultivieren. Doch auch die an sich positiven Eigenschaften wie die stolze, grazile, edle Haltung können Schattenseiten beinhalten. Wer im Elfenbeinturm sitzt und sich über die anderen erhebt, was der lange Hals nahelegt, hat natürlich noch Aufgaben zu (er)lösen, zumal wenn er dabei arrogant wirkt. Der gute Überblick kann auch eine *lange Leitung* bedeuten. Bevor es jedoch darum geht, Demut zu üben, müsste zuerst einmal – homöopathisch gedacht – die eingebildete Entwicklungshöhe innerlich verwirklicht werden. Aus den genannten Aspekten ergibt sich auch schon der Hinweis auf (zu) große Sensibilität und Verletzlichkeit, was auf eine geringe »Alltagstauglichkeit« hinauslaufen kann. Zu gut oder zu schön für das Leben zu sein enthält die Aufgabe, Lebensfähigkeit im Rahmen der eigenen schlanken Möglichkeiten zu trainieren und die Scheu vor dem Leben zu überwinden, um das im Schwanenhals erhaltene Geschenk mit Freude zu genießen.

Bei einem DÜNNEN, MAGEREN HALS besteht die Lernaufgabe darin, klarer und strukturierter zu werden und sich auf Wesentliches zu konzentrieren – in Bezug auf Vermittlung, Beweglichkeit der Zentrale und Integration sowie auf die anderen bereits geschilderten Aufgaben des Halses. Das maximal Zurückgenommene der dürren Form, aus der alles Wasser gewichen ist, was wiederum der Faltigkeit Vorschub leistet, spiegelt das saturnine Prinzip der Reduktion auf das Wesentliche wider. In weiser Beschränkung gilt es hier, das eigene Heil zu suchen, und zwar im Hinblick vor allem auf Besitz. Es ist nicht mehr unterschiedslos alles hereinzulassen, sondern eine weise Auswahl zu treffen.

Falten sind ein Zeichen von Austrocknung (Dehydratation) des Gewebes. Mit dem Seelenelement Wasser verliert das Gewebe an Lebendigkeit und lässt uns im doppelten Wortsinn *alt aussehen*. Je weiter dieser Prozess fortschreitet, desto mehr entsteht das Bild von Alter, Auszehrung und drohendem Ende. Aufnahmebereitschaft und Durchlässigkeit sind so erschöpft und verbraucht wie das Gewebe.

Wer in eine Mangelsituation gerät und seinen eigenen Dürrhals nicht mehr ertragen kann, muss sich eingestehen, dass ihm Wesentliches fehlt. Wenn das Gewebe ausdrucksstark demonstriert, dass es das Seelenelement Wasser nicht mehr (be)halten kann, ist die Botschaft für den Bewohner dieses Körperhauses unübersehbar deutlich: Er sollte sich auf seelischer Ebene reduzieren und weise beschränken, um dem Körper diese Darstellungsaufgabe wieder abzunehmen.

Die Einlösung liegt in der allgemeinen Erlösung des Alters, was auf die Entwicklung von Weisheit und Klarheit, Struktur und Wesentlichkeit hinausläuft. Das Motto »Weniger ist mehr« könnte die bisherige

Der Hals – Verbindung von oben und unten

Fülle ersetzen. Im Hinblick auf den Hals kommen noch seine speziellen Themen wie Kommunikation, Beweglichkeit, Orientierung und Besitz hinzu. Das könnte zum Beispiel eine deutliche Aufforderung sein, sich um den Sinn des eigenen Lebens zu bemühen und Kommunikation und Besitz auf Wichtiges und Wesentliches zu beschränken. Konkret könnte es heißen, die wesentliche Kommunikation auf Zwiegespräche mit der inneren Stimme zu konzentrieren und anzufangen, geistigen Besitz anzuhäufen und dafür den materiellen Besitz zu reduzieren, das Wenige aber wirklich zu besitzen, statt davon besessen zu sein. Für all diese Vorhaben ist es notwendig, den Kopf in die richtige Richtung zu drehen: zum Ziel des eigenen Lebens. Alles Geschwätz und der Tratsch vieler (alter) Menschen müsste auf der Strecke bleiben zugunsten der großen, wesentlichen Lebensthemen.

Ein dünner Hals ist noch schneller als ein massiger vom Zuschnüren bedroht, und so repräsentiert er noch deutlicher den Engpass. Hier handelt es sich um leicht verletzliche und oft empfindliche Menschen, schließlich ist bei ihnen der sowieso schon gefährdete schmalste Durchgang noch dünner. Es mag sie sogar überempfindlich und seelisch gefährdet erscheinen lassen.

Ein dürrer Hals beschwört andererseits rasch das Image von Bedürftigkeit herauf. Auch die Gier klingt nun von der anderen Seite her an: nicht die Gier nach immer noch mehr wie beim dicken Hals, sondern die Gier nach Leben und Überleben. Obwohl wir in einer immer bedürftiger, aber auch gieriger und egoistischer werdenden Gesellschaft leben, haben diese Eigenschaften ein denkbar schlechtes Image. Menschen mit einem entsprechenden Hals erscheinen uns als Mangelwesen, die allerdings kaum Mitgefühl auslösen, weil wir ihnen unbewusst unterstellen, sie wollten den Mangel auf Kosten anderer beheben. Dieses Problem aber hat – gemäß dem Resonanzgesetz – vorrangig mit uns selbst zu tun.

Das DOPPELKINN ließe sich genauso gut in dem Kapitel über das Kinn deuten, denn immerhin hat es sich dort angehängt. Da das Kinn für den Willensaspekt und die Durchsetzung steht, könnte man bei seiner Verdoppelung und damit Betonung der Region von verstärktem und sogar doppeltem Willen ausgehen. Jedoch steht hier nicht die Willens-

Die Körperzonen und ihre Symbolik

stärke im Vordergrund, sondern der DICKE, GEPOLSTERTE HALS, der von Willensschwäche zeugt.

Das doppelte Kinn wirkt weich, sinnlich, und die eigentlich im Kinn angelegte Härte geht im Fett unter. Die fließende Weichheit verweist auf eher gemütliche Menschen, die sich tendenziell nur schlecht durchsetzen können. Die Betroffenen sind fast immer etwas dicker, als es ihnen (gesundheitlich) guttäte, denn sie verwöhnen sich vor allem in kulinarischer Hinsicht. Sie lieben die guten Dinge und Annehmlichkeiten des Lebens und sind hinsichtlich körperlicher und geistiger Bewegung eher bequem. Sie neigen zu einer runden, einfachen Weltsicht und sorgen sich höchstens um die Absicherung ihrer materiellen Verhältnisse.

Die Aufgabe beim dicken Hals lautet zwar eindeutig, sich das Leben einzuverleiben, aber nicht wie im Märchen nach dem Motto »Die Guten ins Töpfchen, die Schlechten ins Kröpfchen«. Im Gegenteil sollte man es sich in vielerlei Hinsicht gutgehen lassen und vor allem auch seelisch und geistig Gehalt- und Wertvolles zu sich nehmen. Der Mensch mit dem dicken Hals darf sich also durchaus mehr nehmen, nur auf der richtigen Ebene, die seine Entwicklung voranbringt. Wer sich zum Beispiel seelisch nährt, indem er Gefühle zu sich herein- und Emotionen aus sich herauslässt, wird nicht nur den Hals, sondern auch das Herz (er)füllen. Wer sich geistig nährt, wird seinen Horizont weiten statt den Hals.

Da der Gesamteindruck beim dicken Hals wenig markant und eher schwammig ist und die Ecken und Kanten der Persönlichkeit in Fettpolstern untergehen, verbirgt sich dahinter möglicherweise auch die Angst, sich mit all seinen Eigenarten zu zeigen. Auf dem Gegenpol könnte man die darin versteckte Aufforderung lesen, sich in geistig-seelischer Hinsicht geheimnisvoller – im Sinne von Verschleiern – zu geben, nicht gleich mit der Tür ins Haus zu fallen, sondern mit seinen Fähigkeiten hinter dem Berg zu halten und ein gewisses Understatement zu pflegen.

Der durch das doppelte Kinn im oberen Bereich mächtig verstärkte Hals macht die Verbindung zwischen Weltkugel und Körperland auf den ersten Blick scheinbar fester und sicherer. Auf alle Fälle isolieren und schützen die zusätzlichen Gewebewülste diesen gefährdeten Bereich, an dem alle möglichen Bedrohungen ansetzen – vom Würgen, Henken bis

Der Hals – Verbindung von oben und unten

zum Halsabschneiden. In Wahrheit lässt sich so aber keine Sicherheit gewinnen; es wäre nichts anderes als Kompensation. Die wirkliche, seelische Aufgabe liegt darin, für weiche, harmonische Vermittlung zwischen Oben und Unten sowie zwischen Außen und Innen zu sorgen, was mit der genussorientierten, bequemen Lebensform durchaus vereinbar ist. Menschen mit Doppelkinn sind aufgefordert, die Diskrepanz zwischen Kopf und Körper zu vermindern und für eine bessere Verbindung zwischen beiden zu sorgen. Es geht darum, im übergeordneten Sinne verbindlicher zu werden, für mehr Sicherheit, für gute, breite Verbindungen und vor allem für Schutz zu sorgen. Sehr deutlich springt auch der materielle Besitzaspekt des Doppelkinns ins Auge: Die Aufgabe geht dahin, sich ruhig materiell abzusichern, genug Besitz anzuhäufen, um ein sicheres Lebensgefühl entwickeln zu können.

Die Körperzonen und ihre Symbolik

Offensichtlich scheinen manche Betroffene *den Hals nicht voll genug zu kriegen*. Dem *Gierhals* wird unterstellt, auch gefräßig zu sein. Die erlöste Version liegt darin, das Leben in großen Brocken zu verspeisen und im buddhistischen Sinne »Weltessen«, zu üben, so dass die Früchte der eigenen Taten mutig und offensiv verdaut werden können. Ein *Geizhals* oder *Geizkragen* nimmt sich im Überfluss und will nichts mehr hergeben. Er blockiert also den harmonischen Ausgleich von Geben und Nehmen und damit den Fluss des Lebens. Er verursacht so ein Ungleichgewicht, wie es sich auch im Übergewicht ausdrückt, das zum Doppelkinn meist dazugehört. Ein **Kropf** kann diese Thematik noch verstärken. Hinzu kommt die Bedeutung der Schilddrüsenproblematik[7]. Es geht dabei um Entwicklung und Bewegung: Der Kropf steht für zu viel Wollen, und dies verhindert Bewegung.

Der dicke Hals kann auch Aggressionen ausdrücken, die sich hier (auf)stauen. Man hat genug (geschluckt) und macht nun dicht und die enge Pforte zu. Insofern mag der Aspekt, des Insichhineinfressens noch hinzukommen. Statt auszuspucken, was einem auf der Seele brennt, wird geschluckt. Wer alles in sich hineinfrisst, dem bleibt sicher manches *im Halse stecken* und lässt diesen anschwellen. Der eigene dicke Hals wird einem selbst rasch *zum Kotzen* sein, weil das unerlöste Thema für alle so sichtbar wird, es einem *am Hals hängt* und irgendwie auch *zum Hals raushängt*. Solch ein »kräftiger Hals« trägt folglich die Aufforderung in sich, für entsprechend *dicke Luft* zu sorgen und denjenigen, die es angeht, etwas zu husten, um seinem Aggressionsstau auf breiter Bahn Ausdruck zu verschaffen.

Schließlich drückt der fehlende Übergang zwischen Kopf und Körper auch eine mangelnde Differenzierung aus. Man unterscheidet gar nicht mehr, sondern lässt alles übergangslos ineinanderfließen – etwa wenn man keine Untergliederung des Tages mehr in Essens- und Arbeitszeiten kennt, sondern ständig vor sich hin mampft. Ähnlich ist es oft auch mit Bewegungsmustern. Statt Zeiten mit intensiver Bewegung von Ruhezeiten zu unterscheiden, bewegen sich die Betroffenen kaum

---

[7] Weitere Informationen in »Krankheit als Sprache der Seele«.

noch. Einerseits nehmen sie ständig das Auto, andererseits kommen sie auch nicht wirklich zur Ruhe. Diese fatale Mischung aus mangelnder Bewegung und mangelnder Ruhe ist heute insgesamt für viele Schwierigkeiten im Zusammenhang mit Gewichtsproblemen verantwortlich. Wer sich kaum noch bewegt und trotzdem keine Ruhe mehr findet, wer ständig isst, ohne je satt zu werden, und sich nur noch fahren lässt, ohne sich innerlich zu bewegen oder inhaltlich etwas in Bewegung zu bringen, ist naturgemäß arm dran, weil all das nicht seiner Natur entspricht. Die drohende Gefahr ist, bei ständiger Bewegung im Sinne von Ruhelosigkeit trotzdem auf der Stelle zu treten und an innerem (geistigem) Stillstand zu leiden. Die positive Variante davon wäre, alles rund werden zu lassen und aus seinem Leben insgesamt eine runde Sache zu machen, wo vieles, wenn schon nicht alles zusammenpasst, statt sich zu behindern.

Die seelische Lernaufgabe bei einem Doppelkinn liegt zusammengefasst darin, insgesamt weicher und fließender zu werden in der Vermittlung zwischen Kopf und Körper, zwischen Zentrale und ausführenden Organen, zwischen Gedankenwelt und Taten, zwischen außen und innen. Außerdem könnte man die Aufforderung darin lesen, die eigene Weltkugel besser einzubringen und abzufedern und so zu schützen. Vor allem aber ist es förderlich, die Welt der Theorien (Kopf) mit der des Erlebens (Körper) weich und harmonisch zu verbinden. Schließlich geht es darum, sich genug Gutes einzuverleiben, das wirklich satt macht – sowohl den Körper als auch die Seele und sogar den Geist. Schlussendlich wird auch das Thema wichtig sein, den Mund aufzumachen, um Worte auszuspucken und Ant(i)worte(n) zu geben, statt alles in sich hineinzufressen und *einen dicken Hals zu bekommen*.

Die Kombination von einem STARKEN, BREITEN UND KURZEN HALS nennen wir Stiernacken. Der Stier steht für Stärke und Kampfkraft, und beides spiegelt sich hier wider. Solche Menschen scheinen in der Lage zu sein, mit schweren Lasten umzugehen und jeden Karren aus dem Dreck zu ziehen. Das zumindest ist auch ihre Aufgabe, aber natürlich in übertragener Hinsicht.

Auf der anderen Seite gelten Menschen mit Stiernacken gemeinhin als stur und starr. Oft sind sie als hart*näck*ig und durchsetzungsstark bekannt in dem Sinne, dass sie *mit dem Kopf durch die Wand* gehen. So ein breiter Nacken kann naturgemäß viel Kraft einsetzen. Diese Kraftentfaltung ist jedoch nur sinnvoll, wenn der Weg klar vor einem liegt, andernfalls wird sie kontraproduktiv. Wo die Kraft groß, die Haltung aber zu festgefahren ist und weder rechts noch links geschaut wird, kommt es aufgrund der Halsstarrigkeit zum typischen Scheuklappenphänomen. In solchen Fällen besteht die Gefahr, dass es *stier und stur* in die falsche Richtung geht. Stiernackige Menschen sind diesbezüglich sehr gefährdet.

Große physische Kraft führt obendrein rasch in die Nähe von roher Gewalt, wiederum ein Gegensatz zu einer geistig anspruchsvollen Haltung. Andererseits sind Stiernackige Tatmenschen und in der Lage, ein schweres Joch zu tragen. Zwar ist es von außen nie klar, ob es sich bei einem körperlichen Phänomen um die Kompensation fehlender oder um die Spiegelung vorhandener seelischer Eigenschaften handelt, aber meist liegt die Aufgabe darin, die dicken Nackenmuskeln im Sinne von seelischer und geistiger Kraft erst zu entwickeln. Auf der physischen Ebene macht der Stiernacken heute weniger Sinn denn je, da wir kaum noch schwere physische Arbeit zu verrichten haben.

Hinzu kommt der Aspekt der Schutzfunktion. Die Betroffenen verraten durch die Betonung dieser Region, dass sie ein Bedürfnis haben, den Kopf einzuziehen und zwischen den Schultern zu bergen – und dass sie damit in einer wartenden, »auf alles gefassten« Haltung leben. Mit »Gut geschützt und zu allem bereit« könnte diese Haltung umschrieben werden. Für Stiernackige mag es deshalb gut sein, sich auf verschiedenen Ebenen – gesellschaftlich, partnerschaftlich und beruflich – entsprechend einzustellen und in Acht zu nehmen. Doch weder ein Muskel noch erst recht ein Fettpolster an dieser heiklen Stelle ist ein hundertprozentiger Schutz vor Nackenschlägen und Rückschlägen aller Art. Es wäre außerdem in der heutigen Zeit viel wichtiger, sich im übergeordneten Sinne zu wappnen und auf soziale Vorsichtsmaßnahmen zu setzen.

Der äußerlich mächtige Eindruck eines fettgepolsterten Nackens bei Übergewichtigen steht nicht selten im Widerspruch zu inneren Themen, die weit weniger beeindruckend sind. Die schwammigen, verwaschenen Konturen verraten, wo die Herausforderungen in Wahrheit liegen.

Die Schultern – Belastbarkeit und Haltung

Die Haltung der Schultern deutet an, wie jemand das Leben *schultert*. Wer anderen seine Schulter zum Anlehnen bietet, gewährt ihnen Schutz und Geborgenheit. Wer dagegen *die kalte Schulter zeigt*, ist abweisend. Jemandem, der die *Schultern* in resignierter Haltung *hängen lässt*, kann man *auf die Schulter klopfen* und ihm Mut machen. Ein enger *Schulterschluss* bürgt für sichere Verbundenheit. So kann man *Schulter an Schulter* füreinander einstehen. Was wir dagegen *auf die leichte Schulter nehmen*, soll uns nicht drücken. Wenn uns jemand *über die Schulter gucken* lässt, erlaubt er, von ihm zu lernen.

Stattliche, BREITE SCHULTERN sind – zumindest physisch – bereit, einiges auf sich zu nehmen. Sie bieten Lasten und Bürden eine breite Fläche, an sie kann man sich anlehnen, und auf ihnen lässt sich einiges abladen. Die Aufgabe besteht darin, diesem nach außen demonstrierten Angebot der breiten Schulter auch von der inneren Haltung her gerecht zu werden. Es geht darum, die Herausforderungen des Lebens bereitwillig und mutig zu *schultern* und auch für andere *Sorge zu tragen*.

SCHMALE SCHULTERN stehen dagegen für geringe Belastbarkeit. Diese Menschen haben keinen breiten Rücken, sie können nicht viel (er)tragen.

Dadurch wirken sie auf die Umgebung wenig einladend, etwas auf ihnen abzuladen, machen sie doch eher den Eindruck, mit dem eigenen Kopf auf den Schultern schon genug zu tragen. Solche Schultern scheinen weder Halt noch Sicherheit zu bieten. In ihrer manchmal elfenhaften Zartheit brauchen ihre Besitzer(innen) oft selbst Hilfe von anderen.

Bei Männern werden schmale Schultern als Zeichen von Schwäche, Kraftlosigkeit und geringer Durchsetzungsfähigkeit gedeutet. Sie verkörpern Unverlässlichkeit und das Gegenteil von Männlichkeit. Bei Frauen stehen sie für Zerbrechlichkeit und Schutzbedürftigkeit, zwei Attribute, die manche Männer beim »schwachen Geschlecht« schätzen und manchmal sogar bevorzugen.

HÄNGENDE SCHULTERN vermitteln einen resignierten oder deprimierten Eindruck. Sie wirken nicht belastbar, sondern überfordert. Dahinter können sich unerträgliche Schuldgefühle oder niederdrückende

Probleme verbergen. Wer die Schultern hängen lässt, von dem wird vermutet, dass er insgesamt dazu neigt, sich im Ganzen hängenzulassen. Auf solchen Schultern lässt sich nichts abladen, denn alles würde von ihnen abgleiten. Sie drücken aus, dass ihre Besitzer(innen) sich energielos und erschöpft fühlen und deshalb alles loswerden wollen.

Die Aufgabe ist denn auch darin zu sehen, Dinge an sich abgleiten zu lassen und sich nicht mehr aufzuladen oder aufladen zu lassen, als man in der Lage ist, zu schultern und zu tragen. Wichtig ist, freiwillig in die eigenen Tiefen zu tauchen und in den Seelenbilderwelten des Schattenreiches nach sich selbst zu suchen. Entscheidend ist auch, sich unter der gerade noch (er)tragbaren Last wieder gerade zu machen. Hier geht es darum, wenig Widerstand zu bieten, sich nicht gegen das Leben zu stemmen, sondern sich von ihm tragen zu lassen und stromlinienförmig durch etwaige Engpässe zu gleiten. Unbelastet mit dem Leben zu fließen könnte die Aufgabe für solch zarte Gestalten sein. Wer bereits so viel zu schleppen hat, dass die Schultern hängen, könnte diese Belastungen und Bürden einer Revision unterziehen und feststellen, ob es überhaupt sinnvoll ist, sie weiter durchs Leben zu tragen, oder ob es nicht besser wäre, sie abzulegen. Bei manchen Altlasten und Verpflichtungen, die längst zu Bürden geworden sind, wäre es unter Umständen günstiger zu *re-signieren*, seine Unterschrift unter bestimmte »Verträge« einfach zurückzuziehen und sich so davon zu lösen.

HOCHGEZOGENE SCHULTERN sprechen von Angst. Wie eine Schildkröte, die den Kopf einzieht, um ihn in Sicherheit zu bringen, versuchen die Betroffenen, ihre *Haupt*sache aus der Schusslinie zu nehmen und sich in sich selbst zu verkriechen. Die Umwelt wird als bedrohlich empfunden, und man tendiert zum Rückzug aus der Gefahrenzone.

In der Lernphase eines neuen Bewegungsmusters, zum Beispiel wenn jemand beginnt, Golf zu spielen, kommt es nach Beobachtungen des Orthopäden Dr. Lanz zu einer Kontrolle der Haltung über die Sinnesorgane (vor allem über die Augen), was ebenfalls zur angespannten Haltung mit hochgezogenen Schultern führt. Wird diese Haltung beibehalten, spricht es für ein Steckenbleiben in der Lernphase und von Versagensangst. Dies führt über die Anspannung der Hals- und Nackenmuskulatur leicht zu Kopfschmerzen. So kommt es zu steifen Bewegungen, die denen des Hampelmanns ähneln.

Das absichtliche Hochziehen der Schultern ist eine Geste, um Unwissenheit und Unsicherheit zu demonstrieren. Das sprichwörtliche Schulter- oder Achselzucken drückt Desinteresse und Gleichgültigkeit aus. Wird es zu einer Dauerhaltung, können sich darin auch Unentschlossenheit und Selbstunsicherheit spiegeln. Wer so durch die Welt geht, findet offensichtlich keinen rechten Zugang zu ihr.

Die Aufgabe liegt darin, die eigene Welt(kugel) in Sicherheit zu bringen und sich Rückzugswege zu suchen. Ein Refugium im Innern und möglicherweise auch eines im Außen kann bei dieser Haltung hilfreich sein und die Bedrohung reduzieren. Statt den Kopf in den Wind oder in die Angelegenheiten anderer zu stecken, empfiehlt es sich, die eigene innere Welt anzuschauen und sich mit ihr auszusöhnen. Unwissenheit könnte sich zu jener tiefen Erkenntnis des Sokrates weiterentwickeln, die in seinem »Ich weiß, dass ich nichts weiß« gipfelt. Gleichgültigkeit ist in jene wundervolle Haltung zu verwandeln, die mit dem buddhistischen Ausdruck »Uppekha« anklingt und darauf beruht, dass alles in dieser Schöpfung seine Gültigkeit hat und frei von jeder Wertung gleich gültig ist.

Die Arme – unsere Art, die Welt zu umarmen

Die Arme sind unsere Armeen im Lebenskampf (von lat. »arma« = Waffen). Im »Rig-Veda«, der ältesten Schrift der Menschheit, entsteht aus den Armen des ersten oder ursprünglichen Menschen (»purusha«) die Kriegerkaste. In den Armen liegt unsere Stärke, weshalb *man* auf seinen Bizeps deutet, um seine Kraft unter Beweis zu stellen. *Dicke Arme machen* heißt auch, Streit anzufangen. Mit Hilfe der Arme können wir die Welt zu uns heranholen und sie sogar herbeizwingen. Unsere Arme umschlingen, was wir haben wollen; sie halten uns aber auch vom Leib, was wir ablehnen. Insofern bestimmen sie unseren Abstand zu den Mitmenschen und zum Leben im Allgemeinen. Die Arme sind außerdem die Vermittler unserer *Hand*werkzeuge, mit deren Hilfe wir alle möglichen Hebel in Gang setzen und so manches sogar ausheben können. *Einen langen Arm haben* bezieht sich auf weitreichenden Einfluss. Jemanden *am langen Arm verhungern lassen* bedeutet, ihn mit Hilfe der eigenen Macht niederzuzwingen. Wenn wir jemanden *auf den Arm nehmen*, spricht das von der Macht, sich über ihn zu erheben und sich über ihn lustig zu machen. Wo uns aber *unter die Arme gegriffen* wird, erfahren wir Hilfe und Unterstützung. In solche Arme kann man sich auch gut werfen, weil es dort Geborgenheit und Sicherheit gibt. Die Festhaltetherapie nach Jirina Prekop macht diese tiefere Bedeutung der Arme anschaulich: Man nutzt die Kraft der Arme zwar ganz konkret, um etwa sein Kind festzuhalten, aber baut vor allem auf die innere Kraft, einen anderen Menschen zu halten, ihm damit Halt und schließlich sogar Geborgenheit, Vertrauen und Liebe zu geben. Darüber hinaus ermöglichen die Arme Balance und Überlegenheit gegenüber den Vierfüßlern, die es seinerzeit versäumt haben, sich auf die Hinterbeine zu stellen und so die oberen Extremitäten für allerlei Spiele freizubekommen.

STARKE ARME sind eine Art Synonym für Lebensbewältigung. Sich in starke Arme zu flüchten oder fallen zu lassen ist der Traum aller Kinder und vieler Frauen, eben weil diese Arme Vertrauen ausstrahlen und Geborgenheit vermitteln. Physisch starke Arme brauchen »nur noch« ihre symbolische Bedeutung in der alltäglichen Lebenspraxis und bei den großen Lebensthemen unter Beweis zu stellen. Wenn *Innen wie Außen* ist, ist alles in Ordnung, und dem Leben kann mit innerer und äußerer Kraft bestens begegnet werden.

MUSKULÖSE ARME spiegeln die Kraft wider, mit der wir das Leben anpacken, mit der wir uns festhalten und den Stürmen des Lebens trotzen. Sie sind geeignet, Hindernisse wegzuräumen, die sich in den Weg stellen und die Durchsetzung eigener Interessen verhindern. Muskulöse Arme können echte physische Kraft entfalten und vieles stemmen, wobei dies auch sehr von der Elastizität abhängt. So können die Arme von Muskelmännern einiges äußerlich vortäuschen, was innerlich gar nicht gegeben ist. Ihre Besitzer wirken oft etwas *überheblich*, wenn sie sich vom Anspruch her übernehmen. Sie müssten prüfen, ob sie das Leben wirklich schon anpacken oder sich diese Arme nur antrainiert haben, um es irgendwann in Zukunft zu tun. Kraftvolle Arme sind eine Aufforderung, das Leben zu umarmen, sich zu nehmen, was einem zusteht und zufliegt. Sie bieten aber auch eine Möglichkeit, das von sich zu stoßen, was man loswerden will.

DICKE ARME zeigen Stärke, allerdings nur im Hinblick auf Umfang, nicht aber auf Kraft. Letztere täuschen sie nur mit Hilfe von Fett vor. In Wirklichkeit sind diese Arme eher schwer und kraftlos. Es ist mühsam, sie hochzuhalten; folglich werden sie meist hängen gelassen, was oft der inneren Einstellung ihrer Besitzer(innen) entspricht. Dicke Arme halten nicht viel aus und können oft das Leben mit seinen Chancen nicht festhalten. Sie gelten insgesamt als unattraktiv. Bei Frauen vermitteln sie obendrein einen männlichen Aspekt.

Die in ihnen verborgene Aufgabe liegt darin, echte Stärke zu entwickeln, um die eigenen Muskeln auf den verschiedenen Ebenen spielen zu lassen. Es geht darum, sich seinen Teil vom Leben zu nehmen, die eigenen Kräfte zu entwickeln und Muskeln zu zeigen, statt Fett aufzubauen. Die Betroffenen sollen lernen, Chancen zu ergreifen und festzuhalten, im Leben zuzupacken – es (das Leben) *zu packen*. Nur so finden sie im Leben Halt und können sich schließlich sogar gehalten fühlen. Darüber hinaus liegt die Herausforderung darin, ihrem Leben den Gehalt zu geben, von dem sie heimlich träumen. Dies wird dann auch oft dazu führen, dass sie das Gehalt bekommen, von dem sie glauben, dass es ihnen eigentlich zustünde.

SCHWACHE ARME signalisieren Kraftlosigkeit und mangelnde Fähigkeit, den Lebenskampf durchzuhalten. Sie deuten an, niemanden halten zu können und auch selbst wenig Halt zu finden. Bei Frauen gelten schlanke, weiche Arme traditionell als schön und elegant. Bei Männern wirken sie dagegen fehl am Platz, weil sie schwach und unwirksam sind, wenn es darum geht, sich zu beweisen und die eigenen Kräfte ins Leben zu bringen. Sie können – wie die dicken Arme – nicht viel heben und somit das Leben nicht stemmen. Die Aufgabe schwacher Arme wäre, sich vom Leben mitnehmen zu lassen, dem Fluss zu folgen, ohne viel Kraft aufzuwenden.

Die Hände – auf das Leben zugreifen

Die Hände zeigen, wie gut man das Leben im Griff hat, die Welt begreift und die Dinge *hand*habt. Die Finger sind dabei die eigentlichen Greifwerkzeuge. Die Opposition der Finger zum Daumen ermöglicht erst den Zugriff auf das Leben. Aber um die Welt zu begreifen, müssen wir auch im geistigen Sinne zugreifen, das heißt, die Dualität von Gut und Böse, Licht und Schatten erfassen und beide Pole der Wirklichkeit – ausgedrückt in Fingern und Daumen – ins Spiel bringen. Wie sehr die Hände mit unserer geistigen Entwicklung verbunden sind, verraten Ausdrücke wie *begreifen* oder *Anregungen aufgreifen*. Sie zeigen, wie *hand*lungsfähig und wie *hand*werklich geschickt man ist. Sie bringen die Fähigkeit des Zugreifens und Zupackens ins Spiel des Lebens. Manipulieren ist ebenfalls ein Thema der Hände (lat. »manus« = Hand). Wer darin geschickt ist, kann andere auf unschöne Art *in seine Hand bekommen*.

Was wir in *die Hand nehmen,* packen wir an, bringen es in Gang oder *ergreifen* davon Besitz. Dieses Thema klingt an, wenn wir *die Hand aufhalten, mit leeren Händen dastehen,* weil wir *die Hände in den Schoß gelegt* haben oder *in festen Händen* sind, nachdem wir *um die Hand des anderen angehalten* haben. Wenn wir *etwas in die Hand bekommen,* haben wir es auch bald *im Griff.*

Wer dagegen *eine krumme Hand macht,* lässt sich bestechen. Allerdings kann auch *eine Hand die andere waschen,* und dann *geht* meist einiges *unter der Hand.* Andererseits gilt ein *Hand*schlag noch immer, und Abmachungen werden damit besiegelt. Wir können sogar (zum Schwur) *die Hand heben* und mit ihr einen Eid leisten, der uns mit höheren Werten verbindet.

Wir begrüßen uns mit Handschlag oder Gesten der Hand, und dabei ist die ehrliche Hand immer offen, während die drohend zur Faust geballte nichts Gutes verheißt. Was mit Argumenten und Worten nicht mehr zu regeln ist, kann zu *Hand*greiflichkeiten und Über*griff*en führen, bei denen man *die Hand gegen jemanden erhebt* oder sich an ihm oder seinem Besitz *vergreift.* Schnell ist *eine Hand ausgerutscht.* Besser wäre es, *sich die Hände in Unschuld zu waschen.*

Von den beiden Händen ist die linke dem weiblichen Archetyp und der rechten Gehirnhälfte zugeordnet. Alles, was wir *mit links machen*, gelingt uns leichter und lockerer. Es heißt, dass die Linke von Herzen kommt. Die Rechte ist dem männlichen Archetyp und somit dem linken Gehirn zugeordnet. Sie folgt der logisch rationalen Vernunft.

Neben der Form hat auch die Gepflegtheit der Hände Aussagekraft. Da die Hände das Handwerkzeug darstellen, mit dem wir uns dem Außen zuwenden, sprechen ungepflegte Hände für einen ungepflegten Umgang mit sich und der Welt, sorgfältig gepflegte dagegen für liebevolle Achtsamkeit und Respekt nach innen und außen.

GROSSE, KRÄFTIGE HÄNDE, wie sie typischer für Männer als für Frauen sind, können zupacken. Starke Hände vermitteln Vertrauen und eine gewisse Sicherheit, da sie scheinbar alles *in den Griff bekommen* können. Im Ernstfall können sie auch handgreiflich werden und sich ihr

Recht mit Nachdruck oder sogar Gewalt nehmen. Die Aufgabe solcher Hände liegt darin, zuzugreifen und das Leben kraftvoll in die Hand zu nehmen. Es gilt, Tatkraft zu beweisen und dem Leben den eigenen Stempel aufzudrücken.

Für Ringträger wäre zu bedenken, dass der Wert von Händen immer in ihren Taten liegt und nicht auf die Finger gesteckt werden kann. Der Versuch, Hände über Ringe wertvoller zu machen, ist durchsichtig und scheitert in der Regel und besonders leicht bei Männern. Dicke, starke Hände können ihren herausfordernden Aufgaben besser nachkommen, wenn sie nicht noch mit Accessoires eigenen Reichtums oder auch nur Zeichen dieses Anspruchs zusätzlich beschwert werden.

ZARTE, FEINGLIEDRIGE HÄNDE, die ihrer Natur gemäß häufiger bei Frauen vorkommen, sprechen für Eleganz, Behutsamkeit und Feinfühligkeit. Sie scheinen weder für grobe Arbeiten noch zum Zupacken und schon gar nicht für Handgreiflichkeiten zu taugen. Ist die Haut solch feiner Hände auch noch weich und nachgiebig, verstärkt sich der Eindruck von Sensibilität, und man vermutet zu Recht einfühlsame und anschmiegsame Menschen. Ihre Aufgabe liegt darin, Feinfühligkeit zu kultivieren und die Schönheit mit Kraft zu verbinden, um schöne Dinge zu handhaben, die Freude machen.

WEICHE HÄNDE verweisen – wenn Schlaffheit der erste Eindruck ist – oft auf mangelnde Struktur im Leben. Wo eigener Wille, Anspruch und Zugriff fehlen, lässt der betroffene Mensch mit sich machen, was er gar nicht will. Die Aufgabe bestünde darin, sich hinzugeben und allen Widerstand loszulassen. Dies müsste allerdings aus einer Position der Stärke und inneren Kraft erfolgen, um Genuss zu bringen.

Wo die weiche Hand dagegen als angenehm und anpassungsfähig empfunden wird, hat sie eine gewisse Eigendynamik bewahrt und kann archetypisch weibliche Eigenschaften vermitteln, ohne schwach zu erscheinen. Solche Hände machen zwar viel mit, aber lassen noch lange nicht alles mit sich machen. Dieser feine Unterschied ist entscheidend und spricht für einen erlösten Umgang mit seinen sanften, flexiblen Händen. Wo das erkannt und umgesetzt wird, können sie ein Geschenk des Himmels sein.

KNOCHIGE HÄNDE wirken dürr und damit auch alt. In ihrer Gebrechlichkeit erinnern sie ein wenig an Gebeine und damit an den Tod – vor allem wenn die Hände auch noch kalt sind. Entsprechend aus- und abgezehrt erscheinen die betreffenden Menschen. Die Aufgabe wäre, alles Überflüssige beiseitezulassen und ohne Umschweife zum Ziel zu kommen. Reduziert auf das Wesentliche und jeden Augenblick konzentriert kann man so das Wichtige erfassen und den Kern einer Sache begreifen.

BEHAARTE HÄNDE wirken animalisch. Generell ist uns alles, was uns an die frühe Entwicklungsgeschichte und die Nähe zum Affenmenschen erinnert, sehr verdächtig. Insofern sind auch haarige Hände weniger beliebt. Ihre Aufgabe besteht darin, das eigene Leben auf archaische, ursprüngliche Weise anzupacken und in den Griff zu bekommen.

Der Rücken – Anstrengung und Aufrichtigkeit

Die Wirbelsäule spiegelt als unsere Weltachse wider, was wir im Leben zu (er)tragen hatten, wie viele Jahre wir auf dem Buckel haben und wie wir heute dastehen. An ihrer Spitze thront die *Haupt*sache, unsere Weltkugel, und verrät durch ihre äußere unsere innere Haltung. Wird der Kopf in den Nacken geworfen, entsteht der Eindruck von Hochnäsigkeit. Lässt man ihn dagegen hängen, werden die Nackenmuskeln überstrapaziert und die Betroffenen hartnäckig. Es drückt obendrein Enttäuschung und Resignation, wenn nicht gar Depression aus und passt zum gebeugten Menschen und Rücken. Die hochnäsige Kopfhaltung passt eher zum langen, geraden Rücken und enthüllt dessen Schattenseite.

Der LANGE, GERADE RÜCKEN zeigt Eleganz und im Spiel der langen Muskeln auch Erotik, vor allem wenn er unten in die sanften Rundungen der Pobacken übergeht und sich nach oben in einem eleganten Schwanenhals fortsetzt. Solche Menschen müssen sich nicht krummlegen, um ihre Interessen durchzusetzen. Ein derart wohlgestalteter Rücken spricht neben der Eleganz auch für Aufrichtigkeit und Gradlinigkeit. Die Aufgabe solch einer eleganten Erscheinung liegt darin, gerade und aufrecht und mit der mitgebrachten Würde durchs Leben zu schreiten und die dazu notwendige Bewusstheit zur eigenen Entwicklung zu nutzen. Zur äußeren Gradlinigkeit soll innere kommen sowie die Ausstrahlung von Ehrlichkeit und Überlegenheit. Der Hagestolz wäre dagegen eine Schattenfigur, deren gerade Haltung übertrieben und steif wirkt und deutlich zu weit geht. Im Hohlkreuz hat sie ihr Symptom.

Das HOHLKREUZ führt zu einer übertrieben aufrechten Haltung, die auf die Kompensation eines Rundrückens schließen lässt. Wer sich zum Beispiel unter einer niederdrückenden Erziehung lange genug gekrümmt hat und schließlich krumm geworden ist, wird auf die gebetsmühlenartige Anweisung »Halt dich gerade!« mit der Entwicklung eines Hohlkreuzes reagieren. Es ist tatsächlich ein Zeichen von Hohlheit, denn es steht keine Kraft hinter dieser Haltung, sondern eine Kompensationsanstrengung. Das mag am Beispiel von Soldaten deutlich werden: Nachdem sie gedrillt und geschliffen wurden und ihnen ganz vorsätzlich das *Kreuz gebrochen* wurde, lernen sie beim Exerzieren, Haltung anzunehmen. Als in ihrem Willen gebrochene und der Militärmaschinerie unterworfene Menschen versuchen Soldaten mittels »Brust raus und Hacken zusammen!« eine eindruckmachende Haltung einzunehmen, hinter der sich ihr wahres Elend verbergen lässt. Auf dem Gegenpol finden sich zum Beispiel die Menschen auf Bali, die selbst in untergeordneten, dienenden Positionen die ihnen eigene Würde in einer natürlich aufrechten Haltung bewahren. Bei einem Hohlkreuz ist zuerst die Kompensation zu durchschauen und die Demütigung in echte Demut zu wandeln, worin wir im Grunde die Aufgabe des Rundrückens erkennen. Erst danach kann es sinnvollerweise darum gehen, die extrem aufrechte Körperhaltung in wahre Aufrichtigkeit zu verwandeln.

Ein RUNDRÜCKEN zeigt, wie sehr sein Besitzer vom Leben gebeugt wurde und nun gebückt und damit auch gedemütigt durchs Leben geht. Ein regelrechter Buckel hat abschreckende Wirkung und deutet darauf hin, dass dieser Mensch nicht aufrichtig und ehrlich im Leben unterwegs ist. Die Lernaufgabe dieser Haltung besteht darin, sich auf übergeordneten Ebenen *krummzulegen* und zu bemühen und aus der aufgezwungenen Demütigung echte Demut zu machen.

Eine besonders verpönte Rückenvariante ist der FETTBUCKEL, der vor allem zusammen mit massivem Übergewicht auftritt. Hier wird der Rucksack, den jemand durchs Leben schleppt, besonders deutlich, wobei noch der Aspekt der Unehrlichkeit hinzukommt, der vom krummen und gebückten Erscheinungsbild herrührt. Die Aufgabe liegt darin, sich des Ballasts bewusst zu werden, der das Leben beschwert und oft genug auch beschwerlich macht. Die Last wird hier in Form von (überflüssigem) Fett deutlich. Es wäre also zu prüfen, ob womöglich eigene Werte zum Ballast geworden sind, die einem im Nacken sitzen und im Kreuz hängen – und man es nur noch nicht gemerkt hat. Die Lernaufgabe liegt darin, mit echter Demut zu tragen, was einem wertvoll erscheint und man im Leben bewahren will, und den Rest loszulassen.

Die SKOLIOSE, bei der die Wirbelsäule zu einer Seite hin von der Mitte(llinie) abweicht, zeigt eine Verdrehung und Schieflage des ganzen Oberkörpers an. Die Entwicklung ist bezüglich der Weltachse auf eine schiefe Bahn geraten und das eigene Leben nicht im Lot. Wer nach links von der Ideallinie abweicht, muss sich fragen, ob er sich nicht auf sinnvolleren Ebenen seiner weiblichen Seite und damit auch seinem Herzen und den Herzensthemen verstärkt zuwenden sollte. Wer sich dagegen nach rechts von der Mitte wegdreht und damit körperlich dem männlichen Pol zuwendet, könnte sich fragen, inwieweit er seine männliche Seite mehr ausleben sollte.

Die weibliche Brust – Sinnlichkeit und Mütterlichkeit

Die Formideale und mehr noch die Präsentation der weiblichen Brust unterliegen in sehr starkem Maße den jeweiligen Moden. Während in früheren Jahrhunderten kleine Brüste bei üppigen Frauen als ideal galten, sind es heute eher üppige Brüste an schmächtigen Frauen. In streng von Kirche und Religion beherrschten Zeiten wurden sie als Lustkugeln verunglimpft und von harten Miedern flachgepresst; in freizügigen Zeiten wie heute werden sie bewusst angehoben und zur Schau gestellt.

Die Körperzonen und ihre Symbolik

Die Brust ist als Organ, das sich erst in der heiklen Pubertätszeit entwickelt, besonders anfällig für Komplexe und Probleme, aber auch empfänglich für Komplimente. Wenn ein heranwachsendes, mit schwachem Selbstbewusstsein ausgestattetes Mädchen wegen seines großen Busens gehänselt wird, beginnt es, ihn zu verstecken. Was sich zuerst in momentanen Fehlhaltungen und seelischen Schmerzen äußert, wird mit der Zeit oft zu einem physischen Problem. Die sich häufig entwickelnde Haltung mit nach vorn genommenen Schultern ist das genaue Gegenteil des Sichbrüstens. Ein Verstecken der Brust aus Scham führt auf Dauer zu Verspannungen und Verhärtungen im Schulter-Nacken-Bereich. Die Betroffene wird hartnäckig und krumm. Der Körper bildet ab, wie sie sich unter der Verhöhnung krümmt und unter Nackenschlägen duckt. Sie kann nicht zu sich und ihrer Erscheinung stehen.

Ein weiteres häufiges Problem entsteht auf dem Boden der Abwertung des Geschlechtlichen und Weiblichen an sich. Normalerweise ist ein pubertierendes Mädchen stolz auf seine sich entwickelnden Brüste. Es neigt dazu, ihr Wachsen mit Ungeduld zu beobachten und sich gegenüber Freundinnen damit zu brüsten. Seine schwellenden Brüste werden aber nicht nur die männliche Umwelt, sondern unter Umständen auch das Mädchen selbst erregen. Die Brüste stehen gleichsam aufrecht, und die Knospen werden bei jeder Armbewegung und jedem schnelleren Gehen von der Kleidung gereizt. Wenn das Mädchen nun erfährt, dass sexuelle Erregung schlecht und unschicklich oder eine reizende Erscheinung aufreizend und verdammenswert sei, wird es zu Enttäuschung neigen und sich eher hängenlassen, als sich zu brüsten. Mit der Zeit aber wird es die »schuldige« Brust hängen lassen, statt sie stolz und aufrecht vor sich herzutragen. Dies aber wird körperliche Anpassungen nach sich ziehen, die dem Mädchen später wiederum vorgeworfen werden, und es wird sie sich dann wahrscheinlich selbst ebenfalls vorwerfen. Eine »Hängebrust« gilt genauso als Schmach wie vorher das Gegenteil.

Nun soll hier nicht der Eindruck entstehen, als sei die Umwelt schuld. Auch in diesem Fall findet die Betroffene ihr Thema lediglich in der Umwelt widergespiegelt. Die Lernaufgabe besteht beim »Hängebusen« genauso darin, durch die Körpersprache die anstehenden The-

men zu erkennen. Alle Versuch, die Dinge funktionell – mittels plastischer Operation – zurechtzurücken, bleiben wie beschrieben so lange zum Scheitern verurteilt, wie die Besitzerin nicht bereit ist, auch inhaltliche Schritte zu wagen.

ÜPPIGE BRÜSTE stehen einerseits für Sinnlichkeit und Erotik und andererseits für Mütterlichkeit und Versorgung. Sie geben mit ihrer Größe ein Bild weiblicher Fülle und locken mit Rundheit. Schließlich ist eine *runde Sache* gut, wenn nicht perfekt. Das Weibliche, wie es in solch runden, vollen Brüsten sichtbar wird, will sich hingeben, will passiv statt aktiv sein und das Machen anderen überlassen. Demonstrative Weiblichkeit ist hier das Thema. Die Erlösung einer Situation, die sich am besten als »reich(lich) beschenkt« beschreiben lässt, liegt einfach darin, ihr gerecht zu werden und die beiden Elemente der Weiblichkeit im Leben zu verwirklichen: das mondig Nährende und das venusisch Verlockende. Wobei beide natürlich zusammengehören, denn zuerst wird gelockt, um anschließend Tatsachen zu schaffen, die Nähren erfordern und so eine neue Runde im Spiel des Lebens eröffnen. Die Aufgabe bei großen Brüste liegt darin, die Fülle anzunehmen, zur eigenen prallen Rundheit zu stehen, mit ihr zu fließen und die ausgedrückte überbordende Lust zu genießen. Dem jeweiligen Partner ist zu demonstrieren, was Weiblichkeit sein kann und wie eine reife Frau empfindet und liebt.

Bei SCHWEREN, HÄNGENDEN BRÜSTEN handelt es sich meist auch um weiche, reife Brüste, die oft gestillt und viel gelebt haben und aus diesem Grund Anerkennung und Dankbarkeit verdienen – und sie in Afrika und in den meisten archaischen Kulturen auch bekommen. *Sie* ist den vorgegebenen Weg gegangen und im Laufe ihrer Zeit weicher und fließender und damit noch weiblicher geworden. Dies ist allerdings in Gesellschaften, die dem modernen Jugendkult verfallen sind, zumindest auf der Körperebene wenig beliebt und wird sogar diffamiert. Dass erfahrene, gelebte Brüste in der Regel viel sensibler sind als unreife junge und deshalb deutlich mehr Freude bereiten können, spielt dabei nur eine geringe Rolle, denn heute triumphiert die äußere Form über alles Inhaltliche. Die Erlösung liegt offensichtlich in der dankbaren Annahme der gegebenen Brüste als Organen der Liebe, die – empfindsam und bereit zu erotischer Ekstase – die Zierde gelebter Weiblichkeit sind.

Die HÄNGENDE, AUSGESAUGTE BRUST deutet dagegen auf verbrauchte Vitalenergie hin. Die Kraft scheint bereits entschwunden zu sein. Langes Hungern auf den verschiedenen Ebenen kann in der Vorgeschichte eine Rolle spielen. Hier geht es um Themen wie sich hängenlassen, keine weibliche Energie mehr übrig haben, den Kindern alles geben. Heutzutage kommen oft noch die sozialen Probleme zerfallener Familienstrukturen hinzu. Wer *sitzengelassen* wurde, mag dazu neigen, sich selbst zu entwerten und sich *hängenzulassen*. Wer sogar mit Kindern sitzen- und hängengelassen wurde, fühlt sich nicht nur verlassen, sondern meist auch *fallengelassen*. Als ausrangiertes »Auslaufmodell« glaubt *sie* dann, nicht mehr so anmachend, »brauchbar«, frisch, neu, voll und eroberungswürdig, sondern angeschlagen zu sein. Je weniger ihr dieses Empfinden bewusst ist, desto deutlicher wird es die Körperbühne zeigen.

Für die Einlösung dieser körperlichen Situation gilt das oben bereits bezüglich hängender Brüste Gesagte. Hier kommt als Aufgabe hinzu, sich der eigenen Lage bewusst zu werden und sich vorsätzlich hängenzulassen im Sinne von verdienter Regeneration und Erholung. Loslassen, ausspannen und sich regenerieren steht an und kann den Körper von der Aufgabe entlasten. Wichtig ist auch, sich klarzumachen, dass entgegen allen modernen Vorurteilen gelebte Brüste meist lebendiger, genussfähiger und erregbarer sind. Sie haben Leben gespendet, ernährt, erhalten und Lust erlebt, und wenig nährt Gelüste so wie gelebte Lust. Hinzu können Dankbarkeit und Freude darüber kommen, dass sie nähren durften und so neues Leben ermöglicht haben. Andererseits können diese Brüste auch verdeutlichen, dass die mütterlich nährende und erotisch lustvolle Zeit eher vorüber ist und neue, jetzt wichtigere Aufgaben warten wie die Rolle als große Mutter, die den eigenen Enkeln und allen Kindern Vorbild wird, aber natürlich nicht auf körperlicher, sondern auf geistig-seelischer Ebene. Ihre Größe liegt nun in Geist und Seele; die Körperlichkeit tritt im Alter zurück.

Kleine, mädchenhafte Brüste wirken vergleichsweise unreif oder kindlich und nicht annähernd so nährend wie große, volle, wobei dies konkret sehr täuschen kann, denn hinsichtlich der Muttermilchproduktion sind sie oft erstaunlich ergiebig. Die Bearbeitung der Thematik kleiner Brüste und einer eher archetypisch männlichen Figur liegt in einem entsprechend aktiven, eigenständigen, stolzen und herausfordernden Leben, das den Kriterien der modernen Zeit sowieso am besten gerecht wird.

Spitze Brüste wirken kokett, vorwitzig und herausfordernd. Durch die feste, phallische Form gehören sie zum männlich geprägten marsischen Archetyp. Bei jungen Mädchen sind spitze Brüste häufig, bei reiferen Frauen dagegen etwas Besonderes; sie verleihen ihnen einen jugendlich herausfordernden Touch. Die Aufgabe liegt darin, die Herausforderung anzunehmen und das Offensive der eigenen Körperform im Leben auszudrücken.

Die Körperzonen und ihre Symbolik

Der Bauch – Mitte des Menschen

Das Bauchideal hat sich im Laufe der Zeiten stark verändert. Heute gilt ein flacher, fester Bauch als erstrebenswert. Bei der Frau darf dabei der Bauchnabel ein wenig einsinken und Reste von weichen Formen andeuten. Der Spruch »Eine Frau ohne Bauch ist wie ein Himmel ohne Sterne« ist heute aber auf die muslimische Welt beschränkt. In unseren Breiten, wo er durchaus auch einmal galt, hat er kaum mehr Anhänger. In orientalischen Ländern dagegen lebt der Bauchtanz ganz entscheidend von der erotischen Ausstrahlung des Bauchs, dem Schwung der Hüften und den wiegenden Bewegungen der Brüste. Benannt aber ist er nicht ohne Grund nach dem Bauch.

Dagegen stehen westliche Menschen heute auf eine Art Negativ des Bauchs. Er sollte sehr flach und am besten sogar eingefallen sein: ein möglichst tiefes Loch statt eines sanften, mandalaförmigen Hügels. Westliche Mädchen zeigen heute bei jeder Gelegenheit so viel FLACHEN, STRAFFEN BAUCH wie möglich und sind stolz auf eine harte Mitte, die als solche mehr aus- als auffällt.

Die Aufgabe bei einem natürlich flachen Bauch liegt darin, sich wenig um die eigene Mitte zu sorgen und sich auch wenig daraus zu machen. Es gilt, sich selbst und den Bauch in Form zu halten, darüber aber nicht die Mitte des Lebens zu vergessen.

Ein Nichts von Bauch, die eingefallene Mitte, wird von vielen jedoch mit viel Verzicht und sogar Entbehrung erkauft. Für die Härte des Bauchs muss *sie* hart arbeiten und sich einige Härten in Gestalt von Bauchmuskelübungen zumuten. Nur so bleibt der Bauch fest und hart – und es ist fraglich, ob das Ergebnis in Gestalt eines männlichen Bauchs überhaupt zum eigenen weiblichen Leben passt. Für wen oder was quält sie sich so sehr – wenn der flache Bauch nur durch Selbstkasteiung in Form von andauerndem Hunger, den sie nicht stillen darf, und unter anstrengenden Bauchmuskelübungen, mit denen sie nicht aussetzen darf, in Form gehalten wird? Wenn sie ihre Lebensenergie längerfristig diesem Ideal opfert, lässt dies auf eine selbstquälerische, masochistische Grundtendenz schließen. Einem für das eigene Leben ungeeigneten

Ideal nachzueifern heißt nichts anderes, als sein Leben in anstrengender Weise zu vertun.

Die Aufgabe besteht darin, Idealvorstellungen und Modediktate zu durchschauen und darüber zu meditieren, ob *sie* nicht lieber auf anderen zentralen Ebenen Energie aufwenden sollte, wo es ebenfalls um die Mitte geht – jetzt aber die des Lebens. Wer in seiner Mitte gefestigt ist und gegenüber einer schwierigen Umwelt Front machen kann, mag sich sicherer fühlen; viel Weibliches wird dabei – im Hinblick auf die eigene Mitte – aber auf der Strecke bleiben müssen.

Wenn *er* dieser Marotte in Gestalt eines Waschbrettbauchs verfällt, ziert ihn wenigstens vor seinen Weichteilen ein männlicher Muskelpanzer, der dem klassischen männlichen Figurideal entspricht. Laut Umfrage hätten 89 Prozent der deutschen Männer gern selbst einen Waschbrettbauch. Auf diese Weise fühlten sie sich gut gepanzert und gerüstet für die Härten des Lebens, gegen Tritte in den Bauch oder unter die Gürtellinie. Solcherart gewappnet könnten sie vieles von sich abprallen lassen, zum Beispiel auch Ansprüche von Frauen an männliche Zärtlichkeit und Weichheit, die diese heute immer offensiver vorbringen. Andererseits könnte auch das Motto »Harte Schale, weicher Kern« zugrunde liegen. Das Kompensationsmodell »Außen statt innen« mag hier gelten und so zum Beispiel auch einem »Schlappschwanz« zu einer ansehnlichen Vorderfront verhelfen. Hinter den Muskelmauern von Bodybuildern warten ja häufig Enttäuschungen auf jene mutigen Frauen, die diese *Fest*ungen erstürmen.

Die Aufgabe liegt darin, sich diesen Schutz mittels Training oder durch ein physisch anstrengendes Leben zu erhalten. Muskulär gut gerüstet zu sein geht allerdings sehr häufig auf Kosten der Flexibilität. Wer Muskeln aufbaut, sollte sie auch weich und elastisch erhalten. Da *man* aber anders als bei Kraftübungen die Ergebnisse von Dehnungsübungen nicht sieht, kommen Letztere in der Regel viel zu kurz. Der vor Muskeln strotzende, steife und sich selbst und dem Lebensfluss im Wege stehende Muskelberg ist peinlicher Beleg dafür – vor allem wenn die Steife gerade jene eine Stelle, wo sie gefordert wäre, ausspart, was oft genug durch Einnahme entsprechender Pillen geschieht und dann durch weitere Einnahme der entsprechenden kleinen blauen Pillen kompensiert wird.

Es könnte aber auch das von vielen Frauen ersehnte Ideal verwirklicht sein: der muskulöse, starke Mann, der – äußerlich gepanzert, innerlich weich und einfühlsam – beide Seiten der Wirklichkeit auf erlöste Weise in sich vereint. Schließlich könnte sich natürlich auch ein innerlich sehr starker Mensch äußerlich entsprechend wappnen nach der Devise »Wie innen, so außen«. Selbst wenn das in der Realität eher selten sein mag, besitzt dieses Ideal große Faszination.

Der DICKE MÄNNERBAUCH, bei dem der Verdauungstrakt weitgehend ausgelagert ist, bringt eine Reihe *gewicht*iger Probleme mit sich, an denen die Besitzer solcher Wohlstandsbäuche schwer zu tragen haben. *Outsourcen* mag zwar im Trend der modernen Zeit liegen, es hat aber viele Nachteile, besonders im Bereich des eigenen Körpers. Ein großer Bauch sieht aus, als könnte er gut verdauen; er täuscht es jedoch nur vor. In Wirklichkeit ist das Leben für seinen Besitzer meist schwer verdaulich. Nicht umsonst hat er an sich und seinem Leben für jeden sichtbar so schwer zu tragen. Der äußerlich übertriebene, aufgeblähte Verdauungstrakt fordert dazu auf, das Leben verdauen zu lernen. Er kann auch als Gegenpol und Modell des Widerstands gegen die moderne Zeit mit ihrem ehrgeizigen Ideal verstanden werden. Dies umso mehr, als hier auch noch der Schatten der Großen Göttin hereinspielt, die das Leben aus der Fülle schenkt.

Wenn bei Großbauchträgern die Vorderfront in Gestalt der Bauchmuskeln gänzlich zusammengebrochen ist, kann das Zwerchfell, unser Hauptatemmuskel, nicht mehr unterstützend auf den Verdauungstrakt einwirken und die Därme massieren, was sonst bei jedem Atemzug geschieht. Wenn diese ständige natürliche Darmmassage ausfällt, sind Verdauung und Verarbeitung der Nahrung und des Lebens erschwert. Man verdaut dann das Leben nicht mehr innen, sondern versucht es außen vorgelagert, was die Statik des Organismus überfordert. Um nicht umzufallen, müssen die Betroffenen sich ständig nach hinten lehnen. Dies belastet langfristig die Bandscheiben einseitig, was sich wiederum in Rückenbeschwerden niederschlagen kann. Es

Der Bauch – Mitte des Menschen

entsteht der Eindruck, dass bei Auslagerung so wesentlicher Bereiche einiges verschoben und anderes *vorgeschoben* wird – und nicht nur Bandscheiben. Die Besitzer bringen schwerwiegende Barrieren zwischen sich und das Leben. Die Aufgabe liegt darin, sich bewusst zu schützen, um sich im übertragenen statt im konkreten Sinne zurücklehnen zu können. Zuerst einmal muss man sich vielleicht überhaupt seines Schutzbedürfnisses bewusst werden und es sich zugestehen.

Neben einem erheblichen Gasdruck aufgrund von falschem Essen und Fehlverdauung liegen der Situation oft auch schwache Bauchmuskeln zugrunde, die zu leicht nachgeben. Ein Hang zum Sichgehenlassen anstelle von aktiver Bewegung und Anstrengung hat die Vorderfront auf Dauer zermürbt und erschlaffen lassen; er verhindert, dass man das Leben auf dieser Ebene konfrontieren kann. Wer aber keine feste Vorderfront ausbildet, kann sich nicht abgrenzen und wird – sichtbar in seinem Schwabbelbauch – nach vorn in Grenzenlosigkeit zerfließen. Die Betroffenen machen sich geistig-seelisch zu und weichen stattdessen die Körpergrenze auf, was zu dem erbärmlichen Erscheinungsbild führt, das besonders die männliche Welt immer mehr beherrscht. Der erste Lösungsschritt besteht darin, sich geistig-seelisch mehr zu öffnen, während man die konkrete Körperfront durch Training stärkt. Der gute Rat lautet: loslassen, ohne sich gehenzulassen; gut kauen, statt sich vollzustopfen. Die wesentlichste Aufgabe besteht in dieser Situation darin, sich um die Mitte zu kümmern, den Schwerpunkt des eigenen Lebens zu finden, in sich zu ruhen und eine bessere Balance zu entwickeln sowie auch Reserven im übertragenen Sinne zu bilden.

Ein KUGELBAUCH kann wie schwanger wirken. Diese besondere Art von Scheinschwangerschaft täuscht Fruchtbarkeit vor. Die Gefahr besteht, dass diese *gewicht*ige »Schwangerschaft« Jahrzehnte anhält und das Leben belastet und erschwert, ohne dass etwas Wesentliches zur Welt gebracht wird. Die Betroffenen sind mit und von sich selbst schwanger und kommen nie zum Gebären – es kommt im wahrsten Sinne des Wortes nichts dabei heraus als Elend. Und sie kreißen oft bis ans Ende ihrer Tage, ein schweres Leben lang. Die zu klärende Frage wäre, womit *man(n)* schwanger geht. Was will da geboren werden und

Die Körperzonen und ihre Symbolik

kommt einfach nicht heraus? Da der Bauch die Mitte des Körpers darstellt und eine Schwangerschaft natürlicherweise auch zum Zentrum des Lebens wird, gilt es im Zentrum des eigenen Lebensumfeldes zu suchen, was das Leben von einem an Geburten erwartet, um schließlich die eigene Mitte zu finden und seelisch statt körperlich rund zu werden.

Bei einigen Betroffenen sieht es tatsächlich so aus, als würden sie ihr inneres Kind beständig mit sich herumschleppen und sich das Leben dadurch schwermachen. Die Aufgabe dieses »Babybauchs« liegt darin, das innere Kind anders und bewusster am Leben zu beteiligen und zum Ausdruck zu bringen. Statt es ständig mit sich und vor sich herumzuschleppen, würde es schon genügen, es im Auge zu behalten

und – jedenfalls für einige Zeit – in den Mittelpunkt des Lebens zu stellen. Damit das Leben eine runde Sache wird, muss man das innere Kind daran beteiligen. Während aber immer weniger Frauen in der sogenannten ersten Welt schwanger werden, finden sich zunehmend und schon ab Mitte dreißig solche »Babybäuche«, die die Sehnsucht nach dem inneren Kind ausdrücken.

In gewisser Weise handelt es sich beim Kugelbauch auf der Ebene der Formen auch um eine Auseinandersetzung zwischen den Kugeln: Dominiert die *Haupt*sache in Gestalt des archetypisch eher männlichen Kopfes und der harten oberen Kugel, oder darf der Bauch, die weiche und archetypisch eher weibliche untere Kugel, zur Hauptsache werden und den Lebensgenuss über den Intellekt stellen? Ein Kugelbauch erhebt diesen Anspruch von unten, und sein Träger macht deutlich, wie sehr er seinen Lebensschwerpunkt niedriger ansiedelt zugunsten runder Gemütlichkeit.

Der dicke Kugelbauch wird nicht ohne Grund bei Männern oft auch als BIERBAUCH bezeichnet. Dieses Bauchmodell liefert den Beweis, dass man sich nicht nur rund essen, sondern auch trinken kann. Tatsächlich ist da(rin) oft wirklich (viel) *Hopfen und Malz verloren* (gegangen) und scheinbar alles zu spät für eine Lebensumstellung, weil Bier durch seinen Alkoholanteil auch das Bewusstsein benebelt. Darüber hinaus enthält Bier viele Kalorien, die seinen Anbetern, Anhängern und Abhängigen nicht selten eine oder sogar zwei zusätzliche Mahlzeiten pro Tag bescheren mit entsprechenden Auswirkungen auf Figur und Gesundheit. Außerdem enthält Bier in beträchtlichem Ausmaß östrogenähnliche Wirkstoffe, was bei nicht wenigen Konsumenten zu einer sichtbaren Verweiblichung führt – nicht nur in Gestalt des runden Kugelbauchs und Pos, sondern auch durch ansehnliche Brüste. Die sich aufdrängenden Fragen sind: Was gab den Anlass, das eigene Leben zu *versaufen*? Wieso muss es *schöngetrunken* werden? Was soll im Alkohol ertränkt werden? Das Angebot an Antworten ist breit und reicht von (Liebes-)Kummer bis zu genereller Frustration.

Die Aufgabe liegt offenbar darin, den eigenen weiblichen Anteil weniger physisch als vielmehr psychisch auszudrücken. Wer als Mann

167

Die Körperzonen und ihre Symbolik

die Figur der Venus von Willendorf annimmt, huldigt der Großen Mutter auf der falschen Ebene. Viel besser sähe es und sähe auch er aus, wenn er der Anima, seinem inneren weiblichen Wesen, auf geistig-seelischer Ebene mehr gerecht würde.[8] Eine weitere Aufgabe liegt darin, zu erkennen, dass Alkoholabhängige, auch speziell exzessive Biertrinker, keinesfalls harte Burschen sind, wie es die Werbung gern suggeriert, sondern im wahrsten Doppelsinn des Wortes *Weicheier* oder auch *Flaschenkinder*, denen die Welt zu hart ist, weshalb sie sie weichtrinken. Obendrein macht weniges so nachhaltig impotent wie zu viel Alkohol.

Nebenbei zeigt dieser Typ, wie sehr er und all seine kugelbäuchigen Leidensgenossen zur Karikatur des antiken Vollkommenheitsmodells des Kugelmenschen werden. Wer seine Bierkugel auf dünnen Beinen vor sich herschiebt, macht überdeutlich, wo sein Leben rund ist und wo sich Defizite ergeben. Mit einer biergestützten Kugel als Bauch ist echter Fortschritt im Leben kaum zu vereinbaren. Solch einer *Rauschkugel* fehlt Kraft und die notwendige Härte für das Leben. Von echter Rundheit und wirklichem Fortschritt kann keine Rede sein. Sich dies einzugestehen ist der erste Schritt zur Besserung, der zweite liegt in der Erlösung des Fluchtthemas. Es geht darum, hinter der Sucht die Flucht und dahinter die Notwendigkeit der Suche zu erkennen und einen Platz auf der Welt zu finden, wo das eigene Leben weich und gefühlvoll ertragen und sogar genossen werden kann und wo inneres Rundwerden das entscheidende Anliegen wird. Das gilt in ähnlicher Weise für das Problem der Esssucht.

Dass ein AUFGEBLASENER BAUCH zu einem aufgeblasenen Typ gehört, vermutet der Volksmund. Die Naturheilkunde diagnostiziert hier das Roemheld-Syndrom, das auf einer fehlgeleiteten Verdauung beruht, die zu starker Gasentwicklung führt und den Bauch aufbläht, vor allem bei Menschen, die sich zu gut sind, den Druck auf dem vorgezeichneten Weg nach hinten unten zu entlassen. F. X. Mayr, der österreichische Arzt und Begründer der nach ihm benannten Fastenmethode, sprach sehr anschaulich vom Großtrommelträger-Bauch. Der hohe Gasdruck durch Fehlverdauung führt zu einem erheblichen Innendruck, der bis auf das

---

[8] Siehe dazu das Kapitel »Lebensmitte« in »Lebenskrisen als Entwicklungschancen«.

direkt über dem Zwerchfell liegende Herz wirken kann. Fehlende Bauchmuskeln verschärfen die Problematik zusätzlich, weil die vorderen Grenzen fehlen und dem Innendruck nichts entgegenwirken kann. Vorn schutzlos, ist der Träger der großen Trommel seiner fehlgeleiteten Expansionstendenz körperlich ausgeliefert. Es entwickelt sich eine runde Sache auf falscher Ebene, die wie eine eigene Weltkugel vor sich hergetragen wird, wobei jederzeit heftige Gasexplosionen aus dem Innern drohen. Das Bild der Kesselexplosion macht den aggressiven Charakter dieser Problematik deutlich. Wie aber kommen all diese Aggressionen in den Bauch? Ihre Besitzer haben sie in der Regel aus verschiedenen Gründen geschluckt.[9]

Es steckt nicht viel echtes Gewicht hinter solchen Bäuchen, die auch bei sonst dünnen Menschen vorkommen können, sondern eigentlich nur *heiße* und, wenn sie hinten herum entweicht, *anrüchige Luft*. Die Aufgabe bei dieser Situation besteht zuerst darin, diese Luft in Gestalt des (Über-)Drucks abzulassen. Wer konkret *Dampf ablässt*, macht sich unmöglich, wenn die heiße Luft zum Himmel stinkt. Sie kommt ja auch aus Hades-Plutos *schreck*lichem Schattenreich. Wer seinen Überdruck im sozialen Rahmen ablässt, macht sich aber mindestens genauso unbeliebt. Das liegt an den dahintersteckenden Aggressionen plutonischen Charakters, die der Volksmund mit Ausdrücken wie *hinten herum stänkern* oder *gegen etwas anstinken* umschreibt. Heiße Luft und Aggressionen müssen auf beiden Ebenen herausgelassen werden, und das verlangt Mut.

In zweiter Linie geht es darum, die Fehlverdauung zu verstehen und sich klar zu werden, warum man das eigene Leben weder verarbeiten noch verdauen kann. Bildlich fordert der Bläh- oder Großtrommelträger-Bauch dazu auf, seiner eigenen Mitte auf geistig-seelischer Ebene viel mehr Raum zu geben, sich mit Nachdruck rund werden zu lassen, sich wichtig zu nehmen und auf sich aufmerksam zu machen. Das Luft- und Gedankenelement soll dabei offenbar eine wesentliche Rolle spielen, was zum Beispiel darauf hinauslaufen kann, die eigenen Geistes- und Gedankenkräfte einzusetzen, um seinen Raum in gesellschaftlicher oder

---

[9] Siehe dazu »Aggression als Chance«.

Die Körperzonen und ihre Symbolik

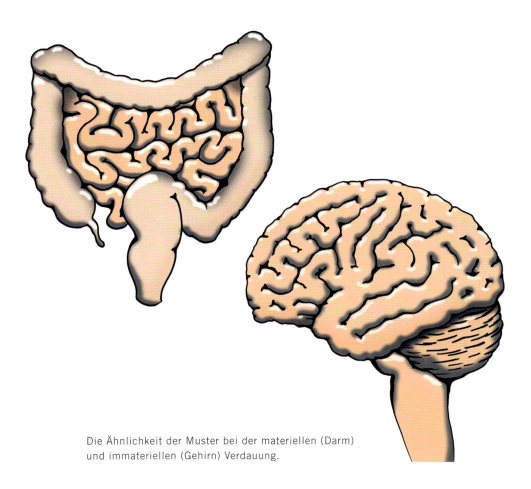

Die Ähnlichkeit der Muster bei der materiellen (Darm)
und immateriellen (Gehirn) Verdauung.

wirtschaftlicher Hinsicht einzunehmen. Mit der Gedankenkraft lassen
sich heute ganze Imperien aufbauen, die durchaus mehr Eindruck
machen als ein entsprechend umfangreicher Bauch. Großes Wissen und
die Weisheit, es raumgreifend und gewinnbringend einzusetzen, bringen viel weiter, als geblähte Bauchdecken es jemals vermögen. Hier
handelt es sich ebenfalls um Verdauung, wenn auch auf anderer Ebene.
Die ähnliche Gestalt und Signatur von Großhirnwindungen und Dünndarmkonvolut machen die Nähe der Thematiken sehr deutlich.
Ein voller Bauch mag zufriedener wirken als ein leerer, allerdings zieht er
auch erheblich herunter. Außerdem scheint sich der Lebenshunger langfristig auf physischer Ebene nicht befriedigend stillen zu lassen. Ernäh-

rung hat beim dicken Bauch oft die Rolle von Ersatz und nicht selten von Liebesersatz. Somit gilt es, den Lebenshunger als solchen zu erkennen, zu begrüßen und mit wirklich sättigenden Inhalten zu stillen. Denn nur so kann auf dieser Ebene Frieden einkehren. Hunger der Seele lässt sich mit physischer Nahrung nur scheinbar beseitigen.

Insgesamt lassen alle ÜBERDIMENSIONIERTEN BÄUCHE auf einen problematischen Lebensschwerpunkt schließen. Beim Blähbauch ist die Verschiebung des Luftelements, das die Gedanken beflügeln sollte, auf die Körperebene besonders deutlich. Aber auch andere Bauchformen zeigen, wie sehr die Relationen im Leben verschoben und problematische Schwerpunkte auf bedenklichen Ebenen entstanden sind. Der Kopf ist bloß noch eine kleine Kugel im Vergleich zum großen Trommelbauch, die kleinen Kugeln der Hoden verdeckt er völlig und lässt sie und die Geschlechtsorgane insgesamt verschwinden. Ein großer Bauch ist sexuellen Freuden oft so sehr im Weg, dass sie (ihm zuliebe) ausfallen. Die vor allem BEI MÄNNERN zunehmend auftauchende bauchig ausladende Figur lässt deren Männlichkeit als etwas völlig Untergeordnetes erscheinen. »Der kleine Mann« ist im wahrsten Sinne des Wortes *undercover* unter dem Hängebauch abgetaucht. Das beste Stück wird übersehbar und seiner Rolle nicht mehr gerecht. Damit bekommt der Bauch eine Dominanz, die ihm nicht zukommen darf. Er verhindert – mit der Sexualität – die Weitergabe des Lebens und nicht selten darüber hinaus Entscheidendes im persönlichen Leben.

Die Aufgabe wird wieder in Form und Gestalt deutlich. Es geht darum, seinen Lebensschwerpunkt in der eigenen physischen Mitte zu erkennen. Ein materielles Problem im Zentrum des Lebens ist zu bearbeiten, die Last des Lebens zu (er)tragen, wenn auch auf anderer Ebene. Ein nach unten hängender Bauch zieht auch herab und will die Aufmerksamkeit auf Mutter Erde lenken. Mit solch einem Bauch kommt es zu einem Absacken der Energie, alles zieht nach unten. Sein Besitzer sollte sich stattdessen in geistig-seelischer Hinsicht herablassen und sich dem Thema der eigenen Mitte und der Materie stellen, um insgesamt runder und stimmiger zu werden. Wer die eigene Mitte in Fett untergehen lässt, läuft Gefahr, sein Zentrum zu verlieren. Die naheliegendste Chance ist, die Lebensgewohnheiten zu ändern, sich mehr zu bewegen und weniger zu essen und Bauchmuskelübungen zu seinem täglich Brot zu machen. Zugleich gilt es die psychischen Muster hinter dem ästhetischen Desaster – vom Kummer- über den Belohnungs- und Schutzspeck bis zum Babyspeck – aufzuspüren, um dieser *schwerwiegenden* Falle zu entkommen.

Da ein GROSSER, DICKER BAUCH BEI FRAUEN als besonders unvorteilhaft empfunden wird, sowohl von Männern als auch von den Frauen selbst, wird er von den Betroffenen fast ständig eingezogen. Der permanent eingezogene Bauch behindert jedoch nicht nur die Verdauung der konkreten Nahrung, sondern auch die des Lebens, denn beides braucht Platz. Hier traut *sie* sich nicht, den notwendigen und ihr zustehenden Raum einzunehmen. Die Aufgabe liegt darin, das Thema Bauch weniger wichtig zu nehmen, es aus dem Zentrum des Lebens zu holen und durch wirklich relevante Themen zu ersetzen. Es wäre förderlich, in zentralen materiellen Bereichen tätig zu werden, statt ständig auf die eigene figürliche Wirkung zu schielen.

SPUREN VON SCHWANGERSCHAFTEN AM BAUCH gelten in Kulturen, die Kinder wirklich schätzen, als Zeichen der Ehre und Reife. Eine eher kinderfeindliche Gesellschaft wie die moderne westliche hat dafür jedoch nur Verachtung übrig. Statt dankbar zu sein, dass eine Frau sich so sehr für die kommende Generation *zerrissen* hat, erntet sie entwürdigende Abwertung. Schwangerschaftsstreifen (Striae) zeigen an, wenn eine Schwangerschaft die Betroffene überfordert und ihr im wahrsten Sinne des Wortes die Mitte zerrissen hat. Wenn alle Stricke reißen, geht es *ans Eingemachte*, an das eigene Gewebe, und die entsprechenden Streifen zeichnen sich ab und sie aus. Sie hat sich mehr zugemutet, als sie (er)tragen konnte, hat mehr getragen, als für sie gut war, und mehr auch, als ihre Kräfte hergaben und erlaubten. So hat sie ihre Fähigkeit der Expansion überzogen und die Flexibilität (ihres Gewebes) überfordert, ist gezeichnet durch die Striae und ausgezeichnet als aufopferungsvoller Mensch. Statt sich diese Zeichen wegoperieren zu lassen, könnte sie sie mit Würde tragen.

Allerdings kann die Entstehungsgeschichte der Schwangerschaftsstreifen auch weniger heroisch sein und muss nicht einmal etwas mit einer Schwangerschaft zu tun haben. Sehr rasche, sehr starke Gewichtszunahme kann ebenso dazu führen wie mangelnde Zuwendung während der Schwangerschaft (seitens des Umfeldes). Im ersteren Fall ist hinter der Gewichtszunahme genauso eine Überforderung zu vermuten. Hier ist jemand unbewusst ebenfalls schwanger, jedoch in der Regel mit einem für ihn schwer zu bewältigenden Thema.

Taille und Hüfte – in Bewegung bleiben

Taille und Hüfte gelten heute als besondere »Problemzonen«. In manchen Magazinen werden junge Frauen über drei Ziffern definiert, und zwei davon sind in dieser kritischen Region beheimatet. Hüftumfang, Taille und Oberweite ergeben eine Zahlenkombination, die oft die Lebensstimmung erheblich beeinflusst. Ideal ist, wenn der obere und der untere Wert möglichst groß ausfallen und der mittlere möglichst klein bleibt. Entscheidend ist Letzteres.

Die WEIBLICHE WESPENTAILLE, in der Frühzeit der Menschheitsgeschichte noch gar kein Thema, ist heute ein Muss. War früher eine *stämm*ige Figur eine Art Lebensversicherung, gilt heute die Figur mit oberer und unterer Fülle bei gleichzeitiger Zerbrechlichkeit in der Mitte als besonders sexy. Die schmale, schlanke Taille betont Brust und Becken. Durch den Kontrast treten die Rundungen noch deutlicher hervor und werden zum anziehenden, verlockenden Blickfang. Eine extrem enge Taille lässt die ganze Frau sehr weiblich und dabei zierlich erscheinen. Das Wissen um diese Zusammenhänge führte einst dazu, dass sich Frauen für das Ideal der Wespentaille kasteiten, etwa wenn sie sich in viel zu enge Mieder schnüren ließen. Ohnmachtsanfälle aufgrund von Atembehinderung und Kreislaufproblemen wurden dabei in Kauf genommen. Die Frauen waren wie abgeschnürt und konnten nicht mehr frei durchatmen. Tatsächlich lebten sie weit weniger frei als heute und waren in ihrer eigenen Mitte eher gebunden, eigentlich sogar gefesselt. Wer sich heute solch ein enges Korsett anlegt, wird ein Problem mit seinem Freiheitsbedürfnis haben.

Die Körperzonen und ihre Symbolik

Die Aufgabe einer natürlichen Wespentaille könnte darin liegen, die obere und untere Ebene des Lebens zu differenzieren. Der indianische Auftrag »Die Füße tief in Mutter Erde verwurzeln, den Kopf zum Vater im Himmel erheben« geht in diese Richtung. Auch das Bibelwort »Gib dem Kaiser, was des Kaisers ist, und Gott, was Gottes ist« kann die Richtung andeuten. Die untere Welt der Mutter Erde mit dem Becken und die obere der Emotionen und des Gefühls mit dem Herzen als Zentrum sind auseinanderzuhalten, und jede sollte ihr eigenes Gewicht bekommen.

Eine GERADE KÖRPERLINIE durch fehlende Taille und Hüften entspricht dagegen dem männlichen Muster und lässt die Frau im Prinzip unweiblich erscheinen. Wenn eine Frau von knabenhafter Figur ist, wird dies zwar heute geschätzt, aber es bedeutet, dass die typische Entwicklung Richtung Weiblichkeit ausfällt. Die Aufgabe könnte dann darin liegen, den eigenen männlichen Seelenanteil mehr in den Lebensvordergrund zu stellen.

Trotz des Modediktats ist die ausgeprägte weibliche Taille für die heterosexuelle Mehrheit der Männer eine Art Schlüsselreiz. In dem Maße, wie die Taille wegfällt, lässt auch die durchschnittliche männliche Reaktion nach. Wenn *sie* also ihre Taille in BABYSPECK untergehen lässt, kann sie damit rechnen, dass sie auf dieser Ebene ihre Ruhe bekommt. Wo sich dagegen die Kurven stark entwickeln, geht die Aufgabe in Richtung ausgeprägt weibliches Lebensmuster.

Eine SCHMALE TAILLE UND HÜFTE ist für MÄNNER das Ideal. Ein Bodybuilder versucht gezielt, seine Schultern zu verbreitern, um über einen möglichst dreieckigen Oberkörper mehr Männlichkeit auszustrahlen. Die eigentliche Aufgabe würde natürlich darin bestehen, der Männlichkeit auf geistig-seelischer und sozialer Ebene besser zu entsprechen.

Der berüchtigte »Rettungsring« aus HÜFTSPECK verunstaltet die männliche Silhouette, weil er das Dreieck ruiniert. Die Mitte wird einerseits durch Fett betont, andererseits kommt es auf anderen Ebenen zum Verlust der Mitte, vor allem aber entwickelt sich so beim Mann ein weibliches Figurmuster. Hüftspeck ist oft das Resultat von »Frustfraß«, der auf seine Art – als Schwimmreifen – überdeutlich das Schlimmste verhindert. Es wäre natürlich besser, auf ästhetisch anspruchsvolleren

Ebenen dafür zu sorgen, nicht unterzugehen oder sogar ganz oben zu schwimmen.

Im Fett des weichen Gürtels geht die schmale Hüfte, das archetypisch Männliche, unter. Der Besitzer lässt seinen Schwerpunkt und oft genug auch sich selbst auf diese Weise *herunterkommen*, und nicht selten sinkt mit dem Körperschwerpunkt auch sein Stern. Hier geht es darum, sich mehr um bodenständige Themen und Angelegenheiten zu kümmern und vom hohen Ross herunterzusteigen, um sich mit den Niederungen des Lebens auszusöhnen.

Wo sich zum weichen »Rettungsring« auch noch ein weicher Bauch dazugesellt, nimmt das Weibliche auf falscher Ebene weiter überhand. Ein Bauch, der über den Hosenbund quillt, gilt als höchst unattraktiv – besonders beim Mann, weil er dort archetypisch noch weniger hingehört. Sein Besitzer schiebt in der Regel einfach den Gürtel hinunter und gibt damit dem Bauch Freiheit. Auf diese Weise gewährt er eine Freiheit, die er selbst längst nicht mehr hat, und lässt seinen Bauch und meist auch sich selbst hängen. Hier nimmt sich jemand die Freiheit, unattraktiv zu sein. In Kulturen wie der indischen mag das für satten Wohlstand stehen, bei uns verrät solch eine Figur eher einen Missstand. Wer sich auf diese Art gehenlässt, steht auf Kriegsfuß mit der eigenen Mitte.

Die Aufgabe ist, sich mehr um seine Lebensmitte zu kümmern, die Themen, die den Mittelpunkt des Lebens ausmachen, besser zu nähren, der Lebensmitte Gewicht zu verleihen und sie mit wertvoller Energie zu versorgen. Außerdem liegt eine Aufforderung darin, sich mehr mit dem eigenen weiblichen Seelenanteil, der Anima, zu beschäftigen im Sinne der materiellen Lebensgrundlage. Es werden zwar Reserven angelegt, aber dies geschieht auf der physischen Ebene. Besser wäre es, in übertragener Hinsicht – und sei es auf dem Bankkonto – Rücklagen zu bilden. Vor allem aber geht es darum, die Schätze der eigenen inneren Weiblichkeit zu entdecken und wahr- und wichtig zu nehmen, sich diese Energie zu erhalten und entsprechende Erfahrungen zu speichern.

Die Figur stämmiger Menschen (ohne viel Taille) verrät die Aufgabe, die Beckenbasis mit der Herzensmitte intensiver zu verbinden. Hier sollte zum Beispiel die materielle Lebensgrundlage mit dem emotionalen und Gefühlsbereich besser verknüpft werden. Die Beziehung zwischen Oben und Unten wäre auszubauen und zu verbreitern.

Das Becken – die Lebensgrundlage

Das Becken ist die Quelle unserer Lebendigkeit, Sinnlichkeit und Lebensenergie. Es ist die Basis des Lebens; in dieser Schale ruhen wir. Die Beckenschale trägt uns auf ihre ruhige Weise durchs Leben, so wie es die Füße auf ihre geschäftige Art tun.

Nach der östlichen (Chakra-)Energielehre steigt die Lebenskraft aus dem Becken in Gestalt der Kundalini-Schlange auf. Bei den meisten Menschen ruht sie schlafend und in dreieinhalb Windungen aufgerollt im untersten Wurzel-Chakra. Auch in der westlichen, christlich geprägten Kultur wusste man offenbar, dass die Höherentwicklung von hier unten, vom Fuß der Wirbelsäule, ausgehen muss, heißt doch das Kreuzbein *Os sacrum*, heiliges Bein. Die Entwicklung zum vollkommenen heil(ig)en Menschen kann nur hier unten beginnen. Damit ähnelt das Becken nicht nur in seiner Schalenform dem heiligen Gral. Darüber hinaus ist das Wurzel-Chakra für die Überlebensfunktionen zuständig und sichert unsere Selbsterhaltung.

Das Becken beherbergt außerdem das zweite oder Sexual-Chakra. Wie immer wir Sexualität gesellschaftlich einschätzen mögen – sie ist der Garant des Überlebens der menschlichen Art. Das Becken als Heimat der primären Geschlechtsorgane steht diesbezüglich im Mittelpunkt. Damit teilt es aber natürlich auch all die Missachtung, die diese erfahren.

Das Becken ist zudem neben dem Trommelfell und den Stimmbändern eines der wenigen Musikinstrumente des Körpers; es dient uns als Rhythmusinstrument und -organ. Wie virtuos jemand auf diesem Instrument spielt, hängt von vielen Faktoren ab. Wer nur ein Instrument besitzt, es aber nicht spielen kann, ist noch kein Musiker. Das gilt für die meisten Menschen, die zwar ein Becken besitzen, aber kaum darauf spielen. Sie verfügen zwar über die notwendigen Anlagen, sind aber noch nicht bereit, als Menschen zu erwachen. Höhepunkt des Menschseins wäre jenes Erwachen, das den Buddha Gautama als den Erwachten auszeichnet. Bei ihm wird die voll *entfaltete* Kundalini-Energie oft in Gestalt einer Königskobra dargestellt, die mit ihrem gespreizten Hals seinen Scheitel überragt.

Wie jemand im Leben steht, verrät bereits sein Beckenstand. Hier ergeben sich zwei extreme Positionen. Eine nach vorn GEÖFFNETE BECKENSCHALE führt zur Haltung des »Entensteißes«. Die Beckenschale ist so gekippt, dass ihr Inhalt nach vorn auszufließen droht. Entsprechend handelt es sich dabei um Menschen, die ihre grundlegenden Energien in die Welt hinausfließen lassen. Die nach hinten gekippte, VERSCHLOSSENE BECKENSCHALE sorgt dafür, dass nichts von den Beckenthemen hinaus ins Leben gelangt. Es ist die etwas breitbeinige, sehr wachsame Haltung des Revolverhelden kurz vor dem Showdown. Eine solche Verteidigungsstellung gilt auch im Alltag als männlich und positiv, wobei sie energetische und seelische Verschlossenheit spiegeln kann. Diese für viele Männer typische Beckenhaltung verrät, dass *man* sein Leben aus einer kampfbereiten Überlebenshaltung heraus be*streit*et. Im Idealfall könnte sie aber auch Ausdruck eines guten Zusammenspiels von Körper und Seele sein und zeigen, dass jemand das Leben mit all seinen Aufgaben mutig und entschlossen konfrontiert.

Das ARCHETYPISCH MÄNNLICHE BECKEN ist schmal und kontrastiert zu den deutlich breiteren Schultern. Wo der Oberkörper ein eindrucksvolles Dreieck formt, ist die männliche Idealform verwirklicht. Wer als Mann über solch ein schmales Becken verfügt, könnte seine Männlichkeit ausspielen und genießen. Auf dieser männlichen Basis könnte er, spätestens ab der Lebensmitte, auch noch seine Anima gedeihen lassen, um der inneren Frau ebenso gerecht zu werden. Damit würde er die von C. G. Jung definierte Aufgabe erfüllen und ein *ganzer Mann* werden, der auch seine weiblichen Seiten leben und genießen kann wie etwa die Kunst der Einfühlung und des Mitgefühls.

Der MANN MIT BREITEM, ARCHETYPISCH WEIBLICHEM BECKEN ist dagegen aufgefordert, seine Anima primär und verstärkt zu verwirklichen und seinen (eher weiblichen) Rhythmus im Leben zu finden und zu leben. Er hat – obwohl als Mann geboren – von vornherein und für alle offensichtlich die Aufgabe mitbekommen, sich im eigenen Körperhaus mit einer archetypisch weiblich gefärbten Lebensaufgabe auszusöhnen. In diesem Leben geht es für ihn vor allem um weibliche Qualitäten wie Rhythmus und fließende Bewegung, nährende Fähigkeiten und Mitschwingen.

Bei FRAUEN IST DAS BREITE BECKEN dagegen typisch und ideal geeignet, um Kinder auf die Welt zu bringen. Diese Form wurde deshalb von der Evolution immer bevorzugt. Heute ist das breite Becken allerdings völlig aus der Mode, die aus allen Frauen hübsche, schlanke Knaben machen will. Die Tatsache, dass heute an großen Oberweiten und breiten Schultern gearbeitet wird, aber sicher nicht an einem breiten Becken, zeigt auch, wie wenig die weibliche Körperbasis noch geschätzt ist. Die Frau mit dem breiten Becken könnte – entsprechendes Selbstbewusstsein vorausgesetzt – die Mutterrolle mit Hingabe ausfüllen und dadurch undankbaren Gesellschaften wie unserer modernen in selbstloser Weise die Lebensbasis erhalten. Schon in naher Zukunft wird der männliche Pol, der seine Dominanz so überreizt hat, eines Besseren belehrt werden und sie gezwungenermaßen wieder schätzen lernen. Bis dahin bleibt es schwierig, gegen das Zeitgeistideal glücklich zu werden. Die Herausforderung besteht darin, sein Leben zu leben und sich auch in zuweilen unpopulären Bereichen zu verwirklichen, ohne Anerkennung zu erwarten.

Die wenigen Frauen, die das Zeitgeistideal des schmalen, jungenhaften Beckens mitbekommen haben, könnten es als Geschenk und Chance betrachten und die Anerkennung für ihre »Top-Figur« genießen. Wichtig wäre für sie, dankbar damit umzugehen und auf jungenhafte Weise das zum Teil recht verschrobene Spiel dieser Gesellschaft genussvoll mitzuspielen. Was das Mutterwerden anbelangt, sind sie theoretisch mit Schmerzen konfrontiert, die ihnen aber praktisch über den Weg des Kaiserschnitts weitgehend abgenommen werden. Wenn sie auf natürliche Weise gebären und Leben schenken wollen, werden all die modischen Vorteile zu Nachteilen, und sie werden in ganz besonderer Weise als Frau gefordert und gefördert. Wer schwere Aufgaben löst, der lernt *natürlich* mehr.

Der Po – sich durchsetzen

Ein GROSSER PO war und ist ein *starkes Stück* und ein besonderes Signal. Wir können annehmen, dass er in der Frühzeit, als der Geschlechtsverkehr wie im Tierreich ausschließlich von hinten erfolgte, eine »gute Frau« auszeichnete. So liegt es nahe, dass auch heute noch sexuell unerfüllte Frauen unbewusst solche Signale aussenden, um zu locken und an den Mann zu kommen. Wer den Po herausstreckt, die Beckenschale nach vorn kippt und damit öffnet, *macht an*. So präsentiert eine Frau dem potenziellen Partner den Befruchtungsort der Vorzeit. Dazu kommt heute noch das Einziehen des Bauchs. Eine moderne Frau könnte heute allerdings mit dem großen Po auch den Gegeneffekt auslösen, weil ein dickes Hinterteil inzwischen noch ganz andere und neuerdings vor allem negative Assoziationen auslöst.

Wo sich Paare einer freizügigeren, lebendigeren und damit archaischeren Sexualität zuwenden, als sie die katholische Kirche zur Fortpflanzung empfiehlt, spielt der Po auch heute eine gewichtige Rolle, zu deren Erfüllung er allerdings nicht expandieren müsste. Ein großer Po könnte bei beiden Geschlechtern diesbezüglich einerseits betonte Bereitschaft und andererseits zugleich Unterforderung signalisieren. Das Signal wird vergrößert, weil es schon zu lange übersehen wurde – ähnlich wie nicht ausreichend befriedigte Vorsteher- oder Schilddrüsen zu wachsen beginnen.

Mit der sogenannten Missionarsstellung sollte der Po aus dem Mittelpunkt des sexuellen Interesses gedrängt werden und nach Vorstellung der Missionare wohl auch ganz verschwinden. Geschlechtsverkehr in Liebe braucht tatsächlich die Augen als Fenster der Seele und den entsprechenden Kontakt über sie. Dies scheint aber eine recht neue Variante zu sein, gemessen an der langen Geschichte der Menschheit, so wie wahrscheinlich auch die Liebe noch gar nicht so alt ist, sondern ein spätes Kind der Kultur. Der Kampf zwischen Kultur und Natur ist bis heute nicht annähernd beendet und sorgt für viel Zündstoff in den Beziehungen.

Darüber hinaus signalisiert(e) ein gut entwickelter Po jede Menge Kraft in entscheidenden Bereichen auch beim Mann. Bei Abschiedspartys für Junggesellen, die inzwischen auch von Frauen gefeiert werden, darf die Gefeierte manchmal nach Herzenslust an knackige Männerpos fassen, die zu diesem Zweck von ihren Freundinnen angeheuert wurden. Insofern kann man davon ausgehen, dass auch männliche Pos einen Schlüsselreiz für Frauen darstellen, wie es umgekehrt längst gesichert ist.

Heute hat der DICKE HINTERN meist ganz banal mit der (Fehl-)Ernährung zu tun. Innerhalb der letzten dreißig Jahre ist die Fastfood-Welle, aus den USA kommend, über die ganze Welt geschwappt. So weit die Versorgung mit dem minderwertigen Schnellfutter reicht, so weit ist auch der Fastfood-Hintern als Bestandteil einer entsprechenden Figur vorgedrungen. Wir werden hier Opfer des in der Evolution verfeinerten Überlebensprogramms und unsere Pos zu ungeplanten Fettspeichern. Denn während wir gelernt haben, mit Mangel umzugehen, haben wir – wie schon beschrieben – keinerlei Erfahrung mit Überfluss. Die im doppelten Sinne *überflüssige* Mangelernährung über Fastfood und die moderne Bequemlichkeit sind zwei wesentliche Faktoren, die heute weltweit den »Elefantenhintern« auch junger Menschen zu einem Markenzeichen modernen Lebens machen.

Früher waren ausufernde Pos eher ein Thema nach der Lebensmitte. Wer im Laufe seines Lebens nicht gelernt hatte, sich durchzusetzen, versuchte es *auf den letzten Drücker* noch durch Expansion auf dieser hinteren Ebene. Neben dem Ernährungs- und Bewegungsmangel sind letztlich seelische Gründe entscheidend; sie fördern Übergewicht in vielen vom modernen Lebensstil hervorgebrachten Mustern.

Wer gutes Sitzfleisch hat, kann alles aussitzen, wobei es sich hier weniger um Fleisch als eigentlich um Sitzfett handelt. Sogleich fällt einem der mächtig übergewichtige deutsche Exkanzler Kohl ein, der dafür bekannt war, auch *schwerwiegendste* Situationen bequem auszusitzen. Er tat oft einfach nichts, sondern blieb still (sitzen), während die Opposition tobte und gegen seine Ruhe wenig vermochte. So hat er viele Probleme ausgesessen und einige auf diese Weise auch gleich gelöst. Wer einen guten Sitz hat und sich durchsetzen kann, wird auch bestehen. Wer zu sich stehen kann, wird andererseits auch gut sitzen und sich häufig durchsetzen.

Der Po – sich durchsetzen

Der dicke Hintern verdeutlicht neben dem Thema Durchsetzungsfähigkeit zugleich auch Trägheit, selbst wenn diese in der Lebenswirklichkeit gar nicht erkennbar ist. Bei Helmut Kohl verlief dies nach dem Motto »Wie innen, so außen«: großer Po für starke Durchsetzungskraft und für die Fähigkeit und Beharrlichkeit des Aussitzens. Bei der Mehrheit aber wird es eher nach der Devise gehen »Außen statt innen«: anstelle von Durchsetzung im Leben ein Riesenanspruch, sich endlich durchzusetzen, den der ausladende Po verdeutlicht. Hier muss der gewichtige Hintern die mangelnde Wichtigkeit im Leben kompensieren. Ein dicker Po statt Durchsetzungsfähigkeit macht die Aufgabe überdeutlich, für echte

Durchsetzung auf den entscheidenden Ebenen des Lebens zu sorgen, als da wären das Beziehungs- und Familienleben oder der Bereich von Beruf(ung) und Arbeit. Hier wäre echtes Sitzfleisch im übertragenen Sinne von Durchhaltevermögen, Beständigkeit und Konsequenz zu entwickeln. Wer einen guten Sitz und Stand im Leben erreicht, wird sich durchsetzen, eine gute Position im Leben finden und dementsprechend eine gute Figur im Leben machen.

Vulgärausdrücke wie »Fettarsch« rücken den dicken Po in ein wenig günstiges Licht. Redewendungen wie »den Hintern nicht hochkriegen« lassen neben Trägheit auch Faulheit anklingen, die ja häufig der Grund für Sitzen- und Steckenbleiben und alle möglichen Blockierungen ist. Wer nicht weiterkommt und einfach auf seinem Steiß hocken bleibt, wird wenig erreichen. Wer in der Schule zu weit zurückfällt, muss die Klasse wiederholen. Wer in der Schule des Lebens zurückfällt, bleibt möglicherweise ebenfalls sitzen oder wird sitzengelassen. Es könnte sogar ein Zurückbleiben in der Evolution bedeuten, wenn sich jemand etwa auf übertriebene Hinterteile als sexuellen Schlüsselreiz spezialisiert und beschränkt.

Die Aufgabe liegt darin, echte innere Ruhe zu verwirklichen und aus der eigenen Mitte gelassen zu entscheiden, statt in hektischen Aktionismus zu verfallen. Bei einem überdimensionierten Hintern sollte die Devise lauten: »Weniger ist mehr.« Wer sie mit Leben füllt, um in ruhiger und besonnener Weise mehr zu erreichen, wird sich mit weniger Aufwand besser *durchsetzen* und seine Ge*wichtigkeit* auf wichtigere Ebenen heben. Diese Lebenseinstellung ist zwar eher im Osten als in der modernen westlichen Machergesellschaft populär, aber Kohls Karriere kann zeigen, dass sie auch bei uns funktioniert.

Natürlich können Trägheit und Faulheit und daraus folgend Bewegungsmangel zu entsprechenden Auswüchsen auf der Rückfront führen. Wer sich konkret und gedanklich zu wenig bewegt, wird Rost in seinen Gelenken und Fett an den Speicherorten ansetzen und zudem Muskeln und Hirn abbauen. Die Aufgabe liegt auch hier darin, zuerst einmal echte Ruhe in sich zu finden. Denn einzig aus der Ruhe kommt die entscheidende Kraft zum Neubeginn.

Ein dicker Po drückt auch eine gewisse Schwerfälligkeit und Plumpheit aus. Der Besitzer wird sich möglicherweise wie ein Elefant im Porzellanladen bewegen und mit dem dicken Hinterteil wieder einreißen, was er vorn aufgebaut hat. Ausdrücke wie »Tollpatsch« und »Trampel(tier)« spielen darauf an. Ein mit Plumpheit geschlagener Mensch macht in der Regel eine unglückliche Figur und wirkt unbeweglich, unsportlich und unvorteilhaft. In solch einem Fall geht es darum, seine grobe Kraft zu entwickeln und Durchsetzung mit Nachdruck zu lernen.

Ein dicker Hintern kann auch das Symbol für Selbstzufriedenheit sein. Bei Männern findet sich häufig das Phänomen kritiklosen Übergehens und Übersehens des eigenen Figurdesasters, wobei der *Hintern* besonders leicht übersehen wird. Es wäre zu prüfen, was der Selbstzufriedenheit zugrunde liegt. Es gibt Menschen, besonders Männer, die auf anderen Ebenen so viel erreicht haben, dass sie sich körperlich gehenlassen und dabei ein besonders dickes Sitzpolster erwirtschaften. Dicke finanzielle Polster können sich so in entsprechend voluminösen Körperpolstern spiegeln.

Die Lösung wäre in echter Zufriedenheit zu suchen, die auf tiefgehenden Erfahrungen, inneren Erlebnissen und Werten beruht. Wer mit großer innerer Zufriedenheit in sich ruht, kann die Welt um sich in aller Ruhe betrachten. Er ist selbst gelassen und entspannt und muss nicht stellvertretend überflüssiges Gewebe in Gestalt eines schlaffen Pos hängen lassen.

Schlimmer ist, wenn die dicken Polster, auf denen man sitzt, die finanziellen auf dem Konto ersetzen müssen. In diesem Fall steckt wohl auch mehr »Frustfraß« und Unzufriedenheit dahinter. Hier geht es darum, das Leben zu verdauen, sich die Welt auf anspruchsvolleren Ebenen einzuverleiben als essend, Frustrationstoleranz zu erlernen und an den eigenen Misserfolgen zu wachsen, indem man sie verstehen und vermeiden lernt, statt den Po wachen zu lassen.

Wenn jemand zwei Plätze für sein BREITES HINTERTEIL braucht, wirkt er vereinnahmend, aber nicht gerade (für sich) einnehmend. Wie gequält so jemand ist, lässt sich zunehmend in Flugzeugen erleben, wo die Sitze der Touristenklasse den Hinterteilen wenig Spielraum lassen.

Mit einem XXL-Hinterteil müsste man sich wenigstens die erste Klasse leisten können, um noch halbwegs bequem zu reisen. Aber oft reicht es nur für einen Platz in der »Economy«. Dann scheint der große Anspruch (auf unpassender Ebene) durch. Breite Hinterteile wirken unvorteilhaft und ihre Besitzer zu vereinnahmend, sie beanspruchen zu viel Platz für sich, und auch das wirkt wenig sympathisch – besonders wenn das Phänomen bei Männern auftritt, wo es archetypisch noch weniger passt. Partner dürften sich fragen, ob sie neben so einem »dicken Arsch« überhaupt noch Platz (im Leben) finden. So könnte das Spiel des Lebens zum Kampf um den besseren Platz und die eigene Position werden.

Oft sind diese äußerlich gewaltigen Menschen innerlich verletzt und – obwohl äußerlich rund – innerlich alles andere als heil. Ein Mensch mit »Elefantenpo« wirkt entstellt und fühlt sich meist auch so. Wer *unbeholfen* wirkt, ist in der Regel wirklich hilfsbedürftig. Oft können diese massigen Menschen gar nicht mehr schnell gehen oder rennen. Sie leiden psychisch noch mehr als physisch unter ihrer Massenhemmung. Wie dem sprichwörtlichen Elefanten im Porzellanladen fehlt ihnen jedenfalls auf körperlicher Ebene das Feinfühlige. Dabei sind es seelisch oft sehr differenzierte Personen, die – zurückgezogen in ihrer festen Burg – in der inneren Emigration im Sinne von »Außen statt innen« und damit auf der Kompensationsebene leben und unter Mangel an E*rfüllung* leiden. Die Gefahr liegt darin, dass sie viel Wind um nichts machen und einen äußeren Riesenanspruch aufbauen, dem innerlich gar kein seelisches Gegengewicht entspricht. Denn auch wenn sie sehr kräftig aussehen, sind sie meist nicht in ihrer Kraft – die Aufgabe aber lautet, gerade dort hinzugelangen. Wenigstens sind solche Pos in der Regel eher weich und schwabbelig und damit leicht verformbar und anpassungsfähig. So können die Besitzer sich überall hineinzwängen, selbst in enge Flugzeugsitze. Wiederum ist schwer zu entscheiden, ob es sich hier um die Spiegel- oder die Kompensationsfunktion handelt. Sind die Besitzer der entsprechenden Pos auch in anderer oder gar jeder Hinsicht so schwabbelig?

Die Erlösung liegt darin, in fließender, anpassungsfähiger und mutiger Weise, seinen Raum im übergeordneten Sinne einzunehmen und sich durchzusetzen. Außerdem vermitteln breite Hintern die Aufgabe, Geduld und Ausdauer zu entwickeln, eben gutes Sitzfleisch. Die Besitzer müssen wieder lernen, sich auf die eigenen vier Buchstaben, auf den Hosenboden, zu setzen und durchzuhalten. Sich hinsetzen und eine Aufgabe wirklich zu Ende zu bringen ist gefordert. Im positiven Sinne sind die Dinge auszusitzen, das heißt, abwarten, dranbleiben und mit Nachdruck Eindruck machen, sich ein- und durchsetzen. Weich gepolstert können sich auch sehr gute Positionen, etwa im Berufsleben, ergeben. Wer beispielsweise in der Chefetage Platz nimmt, ist in der Regel gut abgefedert und vermag Eindruck zu hinterlassen. Insgesamt gilt es in dieser Situation zu lernen, auf sinnvolleren Ebenen Platz einzunehmen und im positiven Sinne für sich einnehmend zu wirken. Wer auf geistiger, seelischer und sozialer Ebene seinen Platz findet und den ihm entsprechenden Raum einnimmt und seine Position ausfüllt, wird zu einem zufriedenen und innerlich runden Menschen werden. Dazu fordert der große, breite Po auf seine Art auf.

Frauen, die sich dem figürlich immer sichtbarer werdenden inneren Ruf der Großen Göttin widersetzen, etwa weil diese Ablehnung dem männlich geprägten Zeitgeist entspricht, könnten den Konflikt zunehmend auf der Körperbühne darstellen: in Form eines GROSSEN, WEICHEN WEIBLICHEN POS. Er tritt häufig zusammen mit Übergewicht auf und als bereits bei den Figurtypen gedeutetes Reithosenphänomen. Typisch und stimmig ist, dass sowohl die vielen Crash-Diäten als auch die Fastfood-Misere das Figurdilemma und den Po sichtbar vergrößern. Die Betroffenen nehmen zu ihrem großen Kummer eher oben ab als unten, wo es ihnen so viel wichtiger wäre. Der große weiche Po und das Reithosenphänomen bringen die andere Seite und gerade deswegen einen ähnlichen Aspekt ins Leben wie Magersucht und Bulimie. Erstere zeigt Probleme mit dem Annehmen der weiblichen Lebensrolle in dem Versuch, weibliche Formen auszuhungern. Letztere setzt diese Formen auf der Körperebene durch und zeigt so die Verweigerung, sie seelisch zum Zuge kommen zu lassen.

Die Aufgabe des großen, weichen weiblichen Pos ist *offensichtlich*: Es geht darum, den eigenen (Lebens-)Schwerpunkt nach unten, in den

Die Körperzonen und ihre Symbolik

weiblichen Pol der Wirklichkeit, zu verlegen. Die Aufgabe lautet, im eigenen Lebensmuster weiblicher und irdischer zu werden. Das könnte darauf hinauslaufen, mehr Erdung zu gewinnen, eigene Standpunkte zu festigen (oder sie erst einmal zu gewinnen) sowie seinen Platz zu finden und zu sichern, um die einem entsprechende Position einzunehmen. Es könnte auch darum gehen, eine breitere Lebensgrundlage zu finden; immerhin entspricht dem großen Po in der Regel ein ebensolches Becken. Auf alle Fälle könnte ein breiterer Standpunkt notwendig sein, um eine bessere, weil verlässlichere Basis im Leben zu verwirklichen und so Sicherheit zu gewinnen.

Insgesamt handelt es sich hier um die Aufforderung, den unteren weiblichen Pol zu stärken. Der große weibliche Po ist ein deutliches sexuelles Signal; das breite Becken symbolisiert die zugehörige Gebärfreudigkeit. Es geht darum, die Ebenenverwechslung zu erkennen und rückgängig zu machen, die einer falschen Gewichtung im Leben entsprechen dürfte. Das untere Weibliche wird physisch überbetont und sollte im geistig-seelischen Sinne hervorgehoben werden und zu seinem Recht kommen. Die Grundvoraussetzung ist, zu lernen, die eigene Weiblichkeit in ihrer ganzen Kraft anzunehmen.

Heute ist es für Männer und Frauen gleichermaßen erstrebenswert, einen Po zu haben, der FEST UND MUSKULÖS, RUND UND PRALL, eben knackig ist. All das hat etwas Junges, Jungenhaftes und unverbrauchtes Unschuldiges. Die Muskeln, die den Po formen, sind dieselben, die die Schenkel bedienen. Solch ein Po spricht für echte und nachdrückliche Durchsetzung der eigenen Interessen und Wünsche, während der große, weiche Po, jedenfalls bei Männern, nur diesen Anspruch ausdrückt, aber die Fähigkeit vermissen lässt. Der männliche »Knackarsch« wirkt sportlich, sogar athletisch und vielversprechend in dem Sinne, dass er auch *harte Nüsse knacken* kann. Dieser Po bei Männern kommt immer gut an; bei Frauen kann er aber auch abschrecken, wenn die Besitzerinnen als unnahbar, hart und unweiblich oder sogar arrogant (aus männlicher Sicht »schwer zu knacken«) eingeschätzt werden.

Die volle, runde Form hat auf alle Fälle Sexappeal und strahlt generell Attraktivität aus. Wer die *Hose* in dieser Hinsicht *voll* hat, kann sich auf den davon ausgehenden Reiz und das klare Signal von Vitalität verlassen. Ein voller, praller Po reizt und wirkt verführerisch. Und meist will er auch verführen und verführt werden, damit er seine Kraft zeigen und vorführen kann. Jede knackige, reife Frucht hat etwas Anmachendes und will geerntet, genommen und genossen werden. Sie lockt weibliche wie männliche (Woll-)Lust gleichermaßen. Der Ausdruck »Apfelpo«, der sich auf die der Frucht ähnliche Form bezieht, könnte auch den verbotenen Apfel aus dem Paradiesgarten anklingen lassen. In Kulturen, wo Sexualität an sich schon ein Tabu darstellt, ist der Po besonders verpönt und so verboten wie die verlockende Frucht des Paradieses, der er so ungemein ähnelt. Solch ein Po ist Ausdruck von kräftigen Schenkeln und großer Vitalität. Die Aufgabe besteht darin, diese Geschenke oder antrainierten, erarbeiteten Auszeichnungen auch zu nutzen und ihre Kraft zur eigenen und zur Freude anderer einzusetzen.

Der KLEINE, FESTE WEIBLICHE PO wie bei der Barbie-Puppe ist ein unrealistisches, aber verzweifelt verfolgtes Ziel junger Mädchen, die den Kampf im Zuge der Pubertät und des beginnenden Frauwerdens fast immer verlieren. Als Ideal ist er typisch für die moderne Kindergesellschaft[10], in der erwachsene Frauen nirgendwo richtig Platz finden und erst recht keine angemessenen *P*ositionen.

Die Aufgabe solch eines Pos liegt darin, mit Hingabe und Genuss Kind zu sein und sich seinem inneren Kind mit Freude zuzuwenden. Für die wenigen Frauen mit sehr kleinem Po geht es offenbar weniger um Durchsetzung und gesellschaftliche Wichtigkeit als darum, ihren kleinen Platz mit kindlicher Energie, Kraft und Lebendigkeit auszufüllen. Offensichtlich wird von ihnen erwartet, dem Urprinzip des Mondes gerecht zu werden, zu dem auch das Kindliche gehört. Diese heutzutage eigentlich schwierige Aufgabe wird der Betreffenden dadurch erleichtert, dass ihr Typ plötzlich überall gesucht ist. Wer ihn vom Schicksal geschenkt bekommen hat, darf sich mit dieser anspruchsvollen Aufgabe, eine kindliche Basis in diese harte patriarchalische Gesellschaft einzubringen, *ausgezeichnet* fühlen.

---

[10] Siehe dazu das Kapitel »Pubertät« in »Lebenskrisen als Entwicklungschancen«.

Die Körperzonen und ihre Symbolik

Der HÄNGENDE, SCHLAFFE PO symbolisiert das Gegenteil von Kraft und Vitalität. Hängenlassen kann man sich auf allen Ebenen, auch auf dieser hinteren körperlichen. Der Verdacht liegt nahe, dass die dazugehörigen Schenkel keine große Macht und (Stoss-)Kraft ausüben können. Ein hängender Hintern, den man also nicht mehr hochbekommt, löst unangenehme Assoziationen von Versagen aus und lässt einen – jedenfalls was Männer angeht – kraftlos und unbeweglich erscheinen. Der Verdacht drängt sich auf, dass es heißen könnte: »Wie hinten, so vorn und im Ganzen.«

Zwischen dem knackigen »Apfelpo«, der dem Schönheitsideal entspricht, und dieser Hängepartie liegt meist einfach Zeit – Zeit, die uns altern und (das Gewebe) erschlaffen lässt. Solche im wahrsten Sinne des Wortes heruntergekommenen Pos werden kaum jemanden erfreuen, wobei ihre Besitzer deswegen noch keine *heruntergekommenen* Typen sein müssen. Möglich wäre zum Beispiel, dass der Po mit fortschreitendem Alter einfach immer mehr an Wichtigkeit verliert und andere Themen in den Vordergrund rücken. Trotzdem hat der »Hängepo« oder »Schlaffarsch« eine *deut*liche Aussage. Er kann zu einem Menschen gehören, der sich im Hinblick auf Durchsetzung hängenlässt. Genauso gut ist das Gegenteil denkbar, dass der Betreffende auf anderen Ebenen sehr angespannt und sogar verspannt ist. Spiegel oder Kompensation – das ist wieder die Frage.

Es mag sehr schwer sein, einen hängenden und möglicherweise dicken Hintern im konkreten[11] wie übergeordneten Sinne hochzubekommen. Die Aufforderung und Aufgabe lautet, in geistig-seelischer und sozialer Hinsicht lockerer zu lassen, wenn es um Durchsetzung und Sitzfleisch geht. Man sollte sich selbst anstelle seines Gewebes hingeben und, wo es die Situation erlaubt, sich sogar fallenlassen. Der Po bringt diesbezüglich noch die Ebene der Schenkelkraft mit ins Spiel des Lebens und könnte insgesamt anregen, seine Durchsetzung auf geistiger und seelischer Ebene im weichen weiblichen Bereich der Wirklichkeit zu suchen.

---

[11] Konkrete Übungen finden sich in meinem Buch »Das Gesundheitsprogramm«.

Die Beine – Fortschritt und Standfestigkeit

Die Beine zeigen, wie es im Leben steht und geht. **Wohlgeformte Beine** bringen die Aufgabe mit sich, sich genauso harmonisch auf das Leben einzustellen und auf eigenen Beinen gut auf dem eigenen Weg voranzukommen. Idealerweise spiegeln wohlgeformte Beine die innere Einstellung und zeugen von Kraft und Ausdauer, Eleganz und Balance. Bei Männern können sportliche Beine dazu anregen, das Leben als jenes herausfordernde Spiel zu sehen, als das es die Inder in Gestalt von »Lila«, dem kosmischen Spiel, erkennen. Frauen sollen heute zwar schlanke Beine zur Schau tragen, aber trotzdem ihren Mann stehen, was sie sogar in Bezug auf die Beine in das schon beschriebene Dilemma bringt.

Dicke Beine zeugen von einer schwerfälligen Lebensein*stellung*; möglicherweise ist der Kampf um die Position im Leben noch nicht ausgestanden. Jemand mit diesen Schwierigkeiten versucht, seine Stellung auf körperlicher Ebene abzusichern. Auf festen, starken Säulen ruhend soll mehr Stabilität erreicht werden. Dicke Beine wollen Kraft und Energie darstellen, wirken aber tatsächlich eher plump und unbeholfen und sind bei fehlenden Muskeln natürlich sogar instabil.

Die Aufgabe liegt darin, in sozialer Hinsicht mehr Sicherheit herzustellen, mehr Verlässlichkeit ins Leben zu bringen und einen sicheren *Stand* zu entwickeln, zu dem feste Standpunkte gehören. Es geht darum, diese Standpunkte zu entwickeln, Stellung zu nehmen und Position zu beziehen. Die Perspektive ist, seinen Lebensschwerpunkt zu finden und bodenständiger zu werden – um mit ausreichender Bodenhaftung zu sich stehen und für die Ziele seines Lebens einstehen und sich verwurzeln zu können. Erst wenn eine solche primäre Absicherung erfolgt ist, kann der Gegenpol – Eleganz, Beweglichkeit, Flexibilität und Leichtfüßigkeit – sinnvoll zur Aufgabe werden.

Da die Beine verraten, wie wir im Leben stehen, wie lebendig und flink wir unterwegs sind und wie stabil und belastbar unser Stand im Leben und unsere Stellung ist, wirken die Besitzer von **X-Beinen** auf den ersten Blick verzwickt – sowohl im wörtlichen als auch im anatomischen Sinne. Sie produzieren eine betont verschlossene Situation im Schoß-

bereich, wenn sie ihre Knie nicht auseinanderbekommen. Die Botschaft ist eindeutig: Hier will man seine intimsten Bereiche verstecken und keinesfalls die Schenkel öffnen und jemanden dazwischenlassen. Die Aufgabe könnte darin gesehen werden, im geistig-seelischen Sinne für eine geschlossene Persönlichkeit zu sorgen und sich Zeit für sich zu nehmen, um mit den intimsten und persönlichsten Themen *ins Reine zu kommen*.

O-BEINE sind auf dem Gegenpol angesiedelt. Hier können die Knie so weit auseinanderstehen, dass ein Handball hindurchpasst. Diese Menschen wirken vergleichsweise offen, wenn auch ein wenig großspurig und gespreizt. Diese Beinform kann man bei Reitern oft beobachten: Um den Pferdeleib besser zu umschließen, haben sie sich ihm angepasst und bilden schließlich auf Dauer seine Form ab. Wenn nun jemand, der gar nicht reitet, auf solchen Reiterbeinen durchs Leben stakst, wirkt das eigenartig. Solche Beine wollen sich umklammernd festhalten. Die Aufgabe bezieht sich darauf, im geistig-seelischen und sozialen Sinne Halt zu suchen, (sich) am Leben festzuhalten und dessen Bedürfnissen, Notwendigkeiten und Anforderungen anzupassen. Außerdem geht es darum, sich in seinem geheimsten und intimsten Bereich, dem Schoß, zu öffnen, die Beine als Schutzorgane aufzumachen und das Leben hereinzulassen.

Oberschenkel

Die Schenkel stehen für die Kraft des Ausschreitens, des Eintretens und Durchgehens, des Durchstehens und für all das, was von einem »richtigen Mann« von jeher erwartet wird. Sie verfügen über die stärksten Muskeln und bewegen die größten Gelenke des Körpers. Archetypisch handelt es sich um eine jovische Region, die die Schritte ins Leben, die großen Reisen – in konkreter und auch geistig-seelischer Hinsicht – vermittelt. Darüber hinaus sind die Schenkel für den Schutz der weiblichen Geschlechtsorgane zuständig, um sie vor neugierigen Blicken und besonders vor Zugriffen und erst recht Zutritten zu bewahren. Die Benimmregel für Mädchen und Frauen, die Beine geschlossen zu halten, hat hier ihren Ursprung. Wo die Beine breitgemacht werden, wird dies als eindeutig und auffordernd angesehen.

STARKE OBERSCHENKEL vermitteln BEI MÄNNERN im Idealfall Kraft und die Macht, alles was ihnen dazwischenkommt, zu be*herr*schen. Solche Schenkel sind kräftig und schlank zugleich, von starken Muskeln geformt. Sie sind in der Lage, sich mit männlicher Kraft überall dorthin zu bewegen, wo Männer sich hinbewegen müssen, wo sie gebraucht werden, und ganz nebenbei ihre Stellung im Leben sichern.

BEI FRAUEN gelten mächtige Schenkel, die zu einem ebenso starken Becken gehören, heute als Problem. Früher waren sie natürlicher Ausdruck weiblicher Kraft und Energie, wie sie in der großen Muttergöttin zum Ausdruck kamen. Bis heute bleiben sie ein Symbol für die Kraft, sich im Sattel zu halten, das Pferd oder den Mann in den Griff zu bekommen oder sogar zu bezwingen. Man denke nur an Brunhilde aus dem germanischen Mythos, mit deren Kraft es nur der eine Mann aufnehmen konnte, der ihr bestimmt war. Starke weibliche Schenkel besitzen neben starker sexueller Ausstrahlung grundsätzlich auch die Fähigkeit, mit beiden Beinen auf dem Boden zu stehen. Stämmige, stabile Säulen, die etwas tragen können, mögen aber auch bei Frauen mehr Anspruch als Wirklichkeit widerspiegeln. Die Aufgabe kann dann darin liegen, im geistig-seelischen und sozialen Sinne stämmiger und sicherer zu werden, besser auf den Beinen zu sein und mehr zu sich zu stehen, um sich zielstrebig *besserzustellen* und auf die (eigenen) Füße zu kommen. Mächtige Schenkel symbolisieren insgesamt die Aufgabe, viel weibliche Kraft und Durchsetzung zu entwickeln, unter Beibehaltung guter Bodenhaftung und abgesicherter, stabiler und verlässlicher Wurzeln.

Allerdings sind ausgesprochen WEICHE OBERSCHENKEL BEI FRAUEN heute – wie so viel Weibliches – in das bekannte Dilemma geraten und als bevorzugte Heimat von Orangenhaut-Phänomenen zur Problemzone erster Ordnung verkommen. Die typisch weiblich weiche und beeindruckbare Gewebesituation, einstmals als attraktiv bewertet, ist heute verpönt und wird mit (fast) allen Mitteln bekämpft. Die Kriegserklärung ist medienwirksam erfolgt, und die Kampfmethoden reichen von der Fettabsaugung bis zu Jeans, die, innen mit Vitaminen beschichtet, ebenfalls Cellulite vertreiben sollen – natürlich ein vergeblicher Versuch.

Was zu Rubens' Zeit noch verlockend ideal war, gilt heute längst als schwabbelig und strukturlos. Tatsächlich sollten und durften Frauen damals auch keine eigene Struktur und Individualität entwickeln, und Selbstständigkeit war für sie undenkbar. Ihre Aufgabe beschränkte sich darauf, das Weibliche an sich darzustellen und schön zu sein. Fleischige Schenkel mit wenig Kraft, die nur die Symbolik des voluminösen Weiblichen in sich trugen, strukturlos weiches Gewebe, in dem man(n) versinken konnte, anschmiegsame Fülle waren damals so *in*, wie sie heute *out* sind. Inzwischen herrscht auch beim Gewebe das männliche Ideal selbst bei Frauen vor. Hungernd und sich quälend sollen sie sich stählen und ein männliches Gewebe entwickeln, nicht nur an den Schenkeln.

Für eine Frau mit weichen, fülligen Schenkeln lautet die zeitlose Aufgabe, die Ideale des Weiblichen zu leben: Hingabe und fließende Ergebenheit an den Augenblick. Das weiche Wasser, das den stärksten Stein höhlt, könnte das Vorbild sein.

Knie

Das Knie ist eine Region, die unsere Demut anzeigt. Man beugt das Knie vor Personen, die man verehrt. Der Knicks war früher eine allgemeine Höflichkeitsbezeugung, die auch Demut ausdrückte, etwa beim Hofknicks oder beim Kniefall. Wenn wir jemanden *auf die Knie zwingen*, nötigen wir ihn in eine Demutshaltung. Knieprobleme weisen also auf Demutsthemen hin. Wenn wir etwas *übers Knie brechen*, fehlt uns in der Regel die notwendige Demut oder Geduld dafür.

Hervorstechende Knie bei sehr dünnen Beinen betonen diese Thematik und fordern ihre Beachtung. Hier wäre es geboten, sich intensiver und bewusster mit der Demut im Allgemeinen zu beschäftigen und dies zu einem prominenten Anliegen des eigenen Lebens zu machen.

Spitze Knie weisen darauf hin, dass es um eine wehrhafte Haltung im Bereich der Lebensstellung geht. Bei Rüstungen waren früher die Knie wie Waffen mit Spitzen bewehrt. Heute gibt es den Kniestoß nur noch bei Fußball und Eishockey, wo er illegal ist. Spitze Knie sollen folglich mehr Durchsetzung im Bereich der eigenen (Lebens-)Stellung anregen.

Unterschenkel und Waden

KRÄFTIGE WADEN symbolisieren erfahrungsgemäß die Fülle von Emotionen, die die Besitzer in Bewegung bringen sollen. Die Wadenmuskeln sind unsere Sprungorgane, die uns ermöglichen, auf dem Sprung zu sein und den Absprung aus ungeeigneten Situationen zu bekommen, um auf ein anderes und hoffentlich besseres Niveau zu gelangen. Ein Springinsfeld ist ein ausgelassenes Fohlen oder ein junger Mensch, der in seinen Bewegungen (noch) Lebenslust ausdrückt. Diese sind spontan und unberechenbar wie der uranische Archetyp, zu dem die Unterschenkel gehören.

Bei dicken Waden liegt die Aufgabe darin, ständig absprungbereit und wach durchs Leben mehr zu hüpfen als zu gehen und offen für verrückte Einfälle und Sprünge zu sein. Letztlich heißt es, den Sprung zu schaffen und sich mit Nachdruck und Kraft einzubringen oder den Absprung zu bekommen, wenn er denn vom Schicksal gefordert ist.

Dick sind Waden vor allem bei Sportlern, die sie trainieren. Aber auch hier lässt sich erkennen, dass es bei der Körperertüchtigung eigentlich um etwas Tieferliegendes geht. Die meisten Sportler verfolgen mit ihrem Ehrgeiz Ziele, die über die jeweilige Disziplin und über die Körperebene hinausgehen. Dicke Waden wollen ihnen Mut machen, es mit dem Leben und seinen eigentlichen Themen zu wagen.

Von dicken Stampfern spricht man dagegen, wenn **DICKE FESSELN** hinzukommen. Solche Unterschenkel wirken mehr stämmig als kräftig und drücken in der Körpersprache die Aufgabe aus, auch einmal aufzustampfen und seinen Willen aus- und sogar durchzudrücken. Wer solche Mittel der Durchsetzung in ausgeprägtem Maße mitbekommen hat, könnte darüber nachdenken, ob diese auf anderen Ebenen fehlen, obwohl sie offenbar von ihm gefordert sind.

Die Füße – Beständigkeit und Verwurzelung

Ähnlich wie die Ohrmuscheln spiegeln die Füße den ganzen Menschen wider. Dies zeigt sich bis in ihre Reflexzonen, die den vollständigen Organismus abbilden und, nach der Metamorphosetherapie, auch alle seelischen Themen und vor allem die gesamte Entwicklung verzeichnen. Ganz unten bei unseren Wurzeln zeigt sich, wie wir im Leben und auf dem Boden (der Tatsachen) stehen. Man kann erkennen, ob jemand auf großem Fuß lebt und wie er sich um seine Wurzeln kümmert. Ungepflegte Füße wirken abstoßend und lassen Rückschlüsse auf den allgemeinen Pflegezustand zu. Füße machen folglich wie der übrige Körper sehr ehrlich, gerade weil sie weit weg von der *Haupt*sache sind und im Gegensatz zu den Händen fast immer verhüllt werden.

SCHWEISSFÜSSE ziehen die Aufmerksamkeit auf sich und *stinken* jedem. Anrüchige Wurzeln wollen etwas loswerden, das offenbar aus dem ganzen Körper nach unten sinkt und sich dort Luft macht, um dann von ganz unten wieder nach ganz oben zum Himmel zu stinken. Daher ist es naheliegend, auf einen Entgiftungsakt zu schließen. Diesen sollte man besser konkret im Sinne von Fasten[12] fördern und vor allem auch im übergeordneten Sinne durch seelisches und geistiges Entgiften[13]. Wer alles, was er anderen nachträgt, loslassen kann, wird viel Belastendes abschütteln, und sein Leben entwickelt sich unbeschwerter. Wer alles, was er anderen vorhält, entlässt, wird freier, und derjenige, der sein Beleidigtsein aufgeben kann, wird viel Leid los. All diese negativen Haltungen vergiften das eigene Leben, nicht das des anderen, wie es vordergründig beabsichtigt ist. Neben der Entgiftung im geistig-seelischen Sinne besteht eine weitere Einlösung darin, seinen Einflussbereich mit ansprechenderen Methoden zu markieren – angefangen von Parfum und Räucherwerk bis zu geistig-seelischer Ausstrahlung.

Fußform

Schmale, zierlich kleine Füße werden generell mit dem weiblichen Prinzip assoziiert, breite und große mit dem männlichen.

Das längsgerichtete Gewölbe spannt den Bogen zwischen Vorderfuß und Ferse, das quergerichtete den zwischen kleinem und großem Zehenballen. Der Zustand des Gewölbes verrät folglich einiges über

---

[12] Siehe dazu mein Buch »Fasten Sie sich gesund«.
[13] Siehe die CD mit Begleitbuch »Entgiften, Entschlacken, Loslassen«.

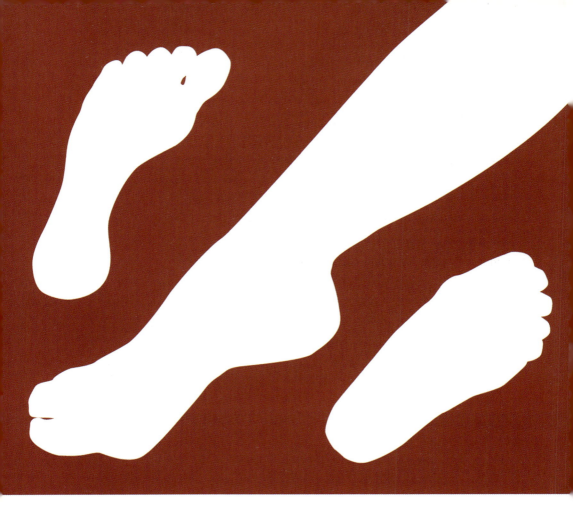

Bodenhaftung, Erdverbundenheit und Verwurzelung. Gut ausgebildete Gewölbe lassen auf entsprechende Eigen- und Selbstständigkeit schließen. Wenn sie dagegen kaum ausgebildet sind, verweist das auf Abhängigkeit von Eltern und Autoritäten. Im Fall von Kindern mit Down-Syndrom wird das besonders deutlich; sie haben meist keinerlei Gewölbe und bleiben lebenslang abhängig.

Die natürliche Dreipunktauflage, die sich aus den beiden Fußgewölben ergibt, macht uns standfest und sicher. Bei Platt-, Spreiz- und Senkfüßen werden jedoch selbst große Füße zu unsicheren Säulen. Plattfüße kommen eher platt und haltlos daher, Spreizfüße eben gespreizt, wobei beide einen ähnlichen Effekt erreichen und einen plumpen Eindruck erwecken. Wir sind heute im Alltag fast alle ziemlich gespreizt und die meisten auch ein bisschen platt und wirken so insgesamt etwas

Die Füße – Beständigkeit und Verwurzelung

tollpatschig und plump. Die Bodenhaftung geht verloren, Heimatgefühle werden unwichtiger, und niemand will sich mehr so richtig festlegen. Alle schwimmen eher unsicher herum, und die Dinge und Werte verschwimmen mit dem Verlust der Standpunkte. Tatsächlich macht die moderne Menschheit diesen Eindruck: Wir stellen uns bei einfachen Dingen enorm an; unsere Lösungsvorschläge sind platt und alles andere als nachhaltig; unser Umgang mit der Natur, der eigenen und der äußeren, ist ausgesprochen plump. Insofern spiegeln die Füße der mächtigen Mehrheit auf unserem Heimatplaneten dessen Zustand; unsere Verwurzelung zeigt unseren Umgang mit ihm. Zwar nehmen wir eine ständig größer werdende Fläche in Anspruch, aber unser Halt auf der Erde wird immer geringer und unsere Sicherheit damit auch.

Ist das kleine Gewölbe unter der Last der Belastungen zusammengebrochen, ergibt sich ein SPREIZFUSS, der auf *gespreizte* Typen hinweist, die sich bei allem zieren. Der Vorderfuß ist in dieser Situation gespreizt und dadurch breiter und weiter aufgefächert, dafür aber flacher. Dieser Versuch, die Standfestigkeit zu erhöhen, ist kontraproduktiv, denn auf drei Punkten ruht man viel sicherer als auf zweien, selbst wenn aus den vorderen zwei Punkten nun eine etwas breitere Fläche geworden ist. Die Betroffenen lassen so ihre Standpunkte verflachen, was insgesamt unvorteilhaft ist, obwohl es auf den ersten Blick praktischer erscheinen mag und man sogar mehr Zustimmung bekommt. Die Aufgabe liegt darin, freier durchs Leben zu schwimmen, sich weniger um Halt zu bemühen und mehr loszulassen.

Kippt die Ferse nach außen und das Sprunggelenk nach innen, ergibt sich der KNICKFUSS, der in der Kindheit bis zum siebten Lebensjahr und bei Hypermobilen normal ist. Ist auch noch das Längsgewölbe durchgetreten, ergibt sich ein SENK- ODER PLATTFUSS, der auf entsprechend *platte* Typen verweist. Wer dagegen auf den Zehenspitzen lebt, will offenbar höher hinaus, wie es der Spitzentanz einer Primaballerina verdeutlicht.

Im Extremfall des Knick-Platt-Spreizfußes ist die Standfestigkeit minimal und die Bodenhaftung übertrieben demonstriert. Dies führt zu einer äußerst unsicheren Position. Die Aufgabe lautet bei durchgetretenen Gewölben, im geistig-seelischen und sozialen Sinne mehr auf den Boden der Tatsachen und also auf den Fußboden zu kommen und sich auf flüssigere Art zu bewegen. Wer ständig fließend durchs Leben gleitet, ohne sich irgendwo festzufahren oder gar festzubeißen, bekommt eine ganz andere Sicherheit, die aus der Bewegung stammt.

Fußgröße

Aus der Fußgröße Rückschlüsse auf Ver*stand* und Ver*ständ*nis zu ziehen ist mutig bis gewagt. Andererseits muss man offenbar wirklich (physisch) stehen können, um (geistig) zu verstehen, wie sich am Anfang des Lebens, bei der Kindesentwicklung, so eindrucksvoll zeigt. Ähnlich muss man aufrecht sein, um aufrichtig werden zu können. Wichtig für die Beurteilung der Füße ist in jedem Fall ihr Verhältnis zum Körper. Bei einer Körpergröße von zwei Metern ist Schuhgröße 46 sehr klein, bei einem Meter sechzig sehr groß; genauso sind drei Haare wenig auf dem Kopf, aber (zu) viel in der Suppe. Klobig, grobschlächtig und in der Wirkung ungeschlacht wirken nur Füße, die im Verhältnis zum Körper zu groß sind.

Füße und Schuhe stellen ein großes Thema für Frauen dar. Es zeigt, wie wichtig Bodenkontakt, Bodenständigkeit und Verwurzelung für sie sind. Dies ist auch (selbst)verständlich, da ihre zentrale Aufgabe im Sinne der Evolution ein sicheres Nest voraussetzt.

Form und Größe der weiblichen Füße wurden früher noch viel mehr Regeln unterworfen als heute. Da fast immer und überall KLEINE FÜSSE das Schönheitsideal waren, verstümmelte man die Füße heranwachsender Mädchen in einigen Gegenden der Welt wie etwa in China. Diese gewickelten und damit langfristig behinderten Füße blieben auf Kindergröße. Wahrscheinlich sollten die Frauen insgesamt Kinder bleiben und mit t(r)ippelnden Schritten im Leben gar nicht vorwärtskommen. Als zarte, schwankende und schutzbedürftige Wesen ohne sichere eigene Standpunkte mussten sie sich anlehnen und ständig gestützt und beschützt werden. Das zierliche Ideal ist aber nicht nur ein asiatisches Phänomen. Interessanterweise lieben es auch viele aufgeklärte moderne und sogar emanzipierte Frauen, sich bei Schuhen bis zur Selbstkasteiung an Kindergrößen zu halten. Männer hingegen wollen keinesfalls als niedlich eingestuft werden.

Für kleine Männerfüße gilt Ähnliches wie für kleine Frauenfüße, doch in verschärfter Form, weil kleine Füße zu Männern archetypisch weniger passen. Wer als Mann oder als Frau seiner natürlichen Ausstattung gemäß auf kleinem Fuß lebt, hat leicht etwas Unsicheres und manchmal auch kindlich Unbeholfenes. Der Stand ist unsicherer; feste Standpunkte sind schwerer zu verteidigen. Wer nicht richtig *im Leben steht*, kann jedoch auch nicht viel *durchstehen*, wird nicht leicht *standhalten* können, weil ihm das *Stehvermögen* fehlt. An diesen wackeligen Typ lässt sich schwer anlehnen. Kleine, schmale Füße finden sich eher bei Träumern und Traumtänzern, die zum Abheben und zu hochfliegenden Fantasien neigen. Sie wurzeln oft mehr in transzendenten Reichen, und ihre zarten Füßchen sind eher Flossen, mit denen sie rasch davonschwimmen. Doch ohne Wurzeln wird alles zur Bedrohung, selbst die an sich erhebendste Meditation. Hier ist vor allem – allopathisch gedacht – für ausreichende Erdung[14] zu sorgen. Allerdings haben solche im Himmel wurzelnden Füße auch einen positiven Gegenpol, wenn man etwa an die zwölfte Tarotkarte, den »Gehängten«, denkt. Er hat hinter sich gebracht, was Gustav Meyrink die »Umstellung der Lichter« nennt, und wurzelt im Himmel. Die Prioritäten haben sich geändert, und das Obere ist nun zur eigentlichen Heimat geworden. Daraus ergibt sich auch der langfristige und nachhaltigere, weil homöopathische Rat an die spirituellen Traumtänzer, nämlich schlicht und einfach mit dem spirituellen Weg ernst zu machen.

Andererseits sind kleine Füße auch sehr flink und beweglich. Wie zur Kompensation haben Menschen mit kleinen Füßen oft einen betont energischen Auftritt. Wenn man mit kleinen Füßen ins Rennen geschickt wurde, liegt die Aufgabe jedoch nahe, sich bescheiden seinen Platz (im Leben) zu suchen, nicht zu viel Wind zu machen und sich auch außerhalb von sich selbst Halt zu suchen. Der große Auftritt wäre

---

[14] Siehe dazu das Kapitel »Spirituelle Krise« in »Lebenskrisen als Entwicklungschancen«.

übertrieben und eine Flucht vor der eigenen Aufgabe. Ein kleiner Auftritt ist ausreichend und viel überzeugender als eine kompensatorische Anstrengung. »Klein, aber fein« müsste hier, auch im übergeordneten Sinne, die Devise fürs Leben lauten.

Menschen mit GROSSEN, BREITEN FÜSSEN sind meist Realisten mit abgesicherten Standpunkten, gutem Bodenkontakt und vernünftiger Einstellung. Sie wurzeln sicher in der materiellen Welt – oder haben zumindest diesen Auftrag. Große Füße gehören archetypisch zu Männern, bei denen sie auch keinerlei Problem darstellen. Dagegen kaufen nicht wenige Frauen aus diesem Grund Schuhe vorsätzlich eine Nummer zu klein. Interessanterweise gehen manche Frauen mit deutlich größeren Füßen aus einer Schwangerschaft hervor. Einerseits braucht *frau* natürlich mit der Verantwortung für eine Familie mehr Standfestigkeit, andererseits ist hier auch an die übertragene Bedeutung zu denken, also im Sinne einer gesicherteren Beziehung oder materiellen Basis. So wäre zu prüfen, ob nicht vor allem Frauen diese Erfahrung der Fußvergrößerung erleben, die hier etwas kompensieren, was sie auf wichtigeren Ebenen nicht erreichen, obwohl es dringend notwendig wäre.

Große Füße verraten allgemein den Wunsch, *auf großem Fuß* und großzügig zu leben. Die Gefahr liegt dann in der Großspurigkeit. Der große Auftritt und die breite Spur, die jemand mit großen Füßen hinterlässt, muss allerdings nicht zwingend von *großspurigen* Typen stammen. Im Gegenteil sind es oft bescheidene Menschen, die Großartiges geleistet und große Spuren gelegt haben. Wer sehr große Füße mitbekommen hat, müsste sich dieser Aufgaben bewusst werden. Er sollte *auftreten* können, *Eindruck* machen, sich mit den unternommenen Schritten Achtung verschaffen und Spuren hinterlassen. Es geht für ihn darum, Tritt zu fassen, seine Meinung zu ver*treten* und *Stand*punkte zu beziehen. Bei seinen Aktivitäten dürfte er nicht so schnell außer Tritt geraten, sondern im Gegenteil leichter Balance halten und trittsicher seinem Weg folgen. Große Füße garantieren all das im Konkreten, denn natürlich steht man auf ihnen sicherer und stabiler. Die Aufgabe ist, auch auf anderen Ebenen, wie etwa der sozialen, gut im Leben zu *stehen*, mit den Aufgaben *Schritt zu halten* und sie durchzu*stehen*.

Im Haus der Seele wohnen

Wer sich im Spiegel seines Körpers erkennt, wird nicht nur mehr über sich wissen. Er wird auch mehr mit sich anfangen können und vor allem besser mit sich fertig werden. Fertig zu werden mit den gestellten Herausforderungen ist aber die über das Lebensglück entscheidende Aufgabe.

Den Körper als das Haus der Seele zu erkennen, und zwar als das einzig zu Verfügung stehende, wird das Leben in diesem Haus dramatisch verändern – noch ganz ohne das Haus zu verändern. Solche Versuche mit Hilfe sogenannter Schönheitschirurgie sind zwar populär,

verraten aber den Widerstand gegenüber der vom Schicksal gestellten Aufgabe und bringen erhebliche Probleme mit sich. Zum einen ist es nicht leicht, sich im »neuen«, der Seele nun fremden Haus einzuleben, zum anderen ist der Energiefluss nach solchen Eingriffen gestört. Wer sein Schicksal dagegen als geschicktes Heil (lat. »sal« = Heil) erkennt und sich im Sinne des »Dein Wille geschehe« in Unabänderliches fügt, wird die Kraft entwickeln, Veränderliches zu seinen Gunsten zu wandeln.

Erfahrungen aus dreißig Jahren Seminartätigkeit zeigen, dass aus der Annahme der Wirklichkeit die stärkste Kraft erwächst, diese zu beeinflussen und im eigenen Sinn zu verändern.

Unsere Figur entspricht weitgehend unserer Natur. Wo die Kultur Forderungen stellt, die Letzterer scheinbar zuwiderlaufen, lässt sich – auf dem Boden von Erkenntnis – einiges durch Motivation, Willen und Disziplin wandeln. Selbstverständlich ist die Figur veränderbar, vor allem wenn man Grunddaten wie Größe und Knochenbau akzeptiert. Wer herausfindet, welcher Inhalt am besten in die eigene Form passt, wird eine gewisse Macht über diese gewinnen.

Den Inhalt kann erfahren, wer innehält. Aus Inhalt wird sich Sinn ergeben, und Sinn führt zum Ziel. Wer den Körper als Vehikel begreift, sein Lebensziel zu erreichen, wird mehr von ihm haben, ihn ungleich besser genießen und sich selbst damit lieber mögen. Wer sich selbst in seiner mitgebrachten Form liebt, wird auch seinen Nächsten mehr lieben. Er wird dazu neigen, sich und seine Aufgabe zu verwirklichen, und der äußeren Form dankbar sein, die ihm das ermöglicht. Dankbarkeit dem eigenen Körperhaus gegenüber ist aber die beste Basis, um dieses in die einem wirklich entsprechende Form zu bringen.

Ich hoffe, dieses Buch hilft, sich mit all seinen Aufgaben im eigenen Haus zu erkennen und wohlzufühlen. Es mag aufregend sein, mit den Modelmaßen von Claudia Schiffer ins Leben geschickt zu werden. Es ist aber wahrscheinlich lustiger und lebensfroher, als Miss Piggy aufzulaufen. Glücklich macht auf jeden Fall nur, sich anzunehmen, an sich zu arbeiten und sich zu verwirklichen, um das Beste aus seinen mitgebrachten Anlagen zu machen. Das wünsche ich meinen Leserinnen und Lesern von Herzen.

Anhang

Weiterführende Literatur

Caffin, Michèle: Was Zähne zeigen. Aurum, Bielefeld, 5. Aufl. 2005.
Huter, Carl: Illustriertes Handbuch der praktischen Menschenkenntnis. PPV, Schwanstetten, 10., verb. Aufl. 1997.
Lanz, Eduard: Dehnen – Kräftigen – Bewegen. Body Control System. Eigenverlag, Graz, 13. Aufl. 2004.
Müller, Manfred: Das Gesicht als Spiegel der Gesundheit. Haug, Stuttgart, 2. Aufl. 2005.
St. John, Robert: Metamorphose. Die pränatale Therapie. Synthesis, Essen, 7. Aufl. 1984.

Bücher von Ruediger Dahlke

Aggression als Chance. Be-Deutung und Aufgabe von Krankheitsbildern wie Infektion, Allergie, Rheuma, Schmerzen und Hyperaktivität. Goldmann, München 2006.
Arbeitsbuch zur Mandala-Therapie. Hugendubel, München 1999.
Bewusst fasten. Wegweiser zu neuen Erfahrungen. Goldmann, München 1996.
Das Gesundheitsprogramm. Vital durch Atmung, Bewegung, Ernährung und Entspannung. Hugendubel, Kreuzlingen/München 2004.
Das große Buch der ganzheitlichen Therapien. Integral, München 2007.
Das große Fastenbuch. Goldmann, München (in Vorb.)
Das senkrechte Weltbild. Symbolisches Denken in astrologischen Urprinzipien (zusammen mit Nikolaus Klein). Ullstein. Berlin 2004.
Depression. Wege aus der dunklen Nacht der Seele. Goldmann, München 2006.
Der Weg ins Leben. Schwangerschaft und Geburt aus ganzheitlicher Sicht (zusammen mit Margit Dahlke und Volker Zahn). Goldmann, München 2004.
Die Leichtigkeit des Schwebens. Beschwingte Wege zur Mitte. Heyne, München 2005.
Die Psychologie des blauen Dunstes. Be-Deutung und Chance des Rauchens (zusammen mit Margit Dahlke). Knaur, München 2000.
Die Säulen der Gesundheit. Körperintelligenz durch Bewegung, Ernährung und Entspannung (zusammen mit Baldur Preiml und Franz Mühlbauer). Goldmann, München 2001.
Die wunderbare Heilkraft des Atmens. Körperliche, seelische und spirituelle Regeneration durch unsere elementarste Fähigkeit (zusammen mit Andreas Neumann). Integral, München 2001.

Literatur, CDs und Videos

Entschlacken, Entgiften, Entspannen. Natürliche Wege zur Reinigung. Rowohlt, Reinbek 2005.
Fasten Sie sich gesund. Das ganzheitliche Fastenprogramm. Hugendubel, Kreuzlingen/München 2004.
Frauen-Heil-Kunde. Be-Deutung und Chancen weiblicher Krankheitsbilder (zusammen mit Margit und Volker Zahn). Goldmann, München, 3. Aufl. 2003.
Gewichtsprobleme. Be-Deutung und Chance von Übergewicht und Untergewicht. Knaur, München 2000.
Habakuck und Hibbelig. Eine Reise zum Selbst. Ullstein, Berlin 2004.
Herz(ens)-Probleme. Be-Deutung und Chance von Herz- und Kreislaufsymptomen. Knaur, München 1990.
Krankheit als Sprache der Seele. Be-Deutung und Chance der Krankheitsbilder. Goldmann, München, 12. Aufl. 1997.
Krankheit als Symbol. Ein Handbuch der Psychosomatik. C. Bertelsmann, München, 15., vollst. überarbeitete u. erweiterte Aufl. 2007.
Krankheit als Weg. Deutung und Be-Deutung der Krankheitsbilder (zusammen mit Thorwald Dethlefsen). Goldmann, München, 13. Aufl. 2000.
Lebenskrisen als Entwicklungschancen. Zeiten des Umbruchs und ihre Krankheitsbilder. Goldmann, München, 5. Aufl. 1999.
Mandalas der Welt. Ein Mal- und Meditationsbuch. Hugendubel, Kreuzlingen/München 2006.
Meditationsführer. Wege nach innen (zusammen mit Margit Dahlke). Schirner, Darmstadt 2005.
Reisen nach Innen. Geführte Meditationen auf dem Weg zu sich selbst. Ullstein, Berlin 2004.
Richtig essen. Der ganzheitliche Weg zu gesunder Ernährung. Knaur, München 2006.
Schlaf – die bessere Hälfte des Lebens. Sleeping Wellness für moderne Menschen. Integral, München 2005.
Verdauungsprobleme. Be-Deutung und Chancen von Magen- und Darmsymptomen (zusammen mit Robert Hößl). Knaur, München 2001.
Vom Essen, Trinken und Leben. Mit allen Sinnen kochen: 97 Rezepte für besondere Momente (zusammen mit Dorothea Neumayr). MVS, Stuttgart 2007.
Von der Weisheit unseres Körpers. Interview mit der Gesundheit. Knaur, München 2007.
Woran krankt die Welt? Moderne Mythen gefährden unsere Zukunft. Goldmann, München 2003.
Worte der Heilung. Schirner, Darmstadt 2005.

CDs mit Begleitbuch
(im Goldmann Verlag)
Angstfrei leben – Entgiften, Entschlacken, Loslassen – Mein Idealgewicht (drei CDs) – Rauchen – Tinnitus und Gehörschäden.

Heil-Meditationen auf CD von Ruediger Dahlke
(im Goldmann-Arkana-Audio Verlag)
Ärger und Wut – Allergien – Angstfrei leben – Bewusst fasten – Den Tag beginnen. Meditationen und Bewegung für jeden Morgen (zusammen mit Franz Mühlbauer) – Depression. Wege aus der dunklen Nacht der Seele – Der innere Arzt. Aktivierung der Selbstheilungskräfte – Die vier Elemente – Elemente-Rituale – Energie-Arbeit – Entgiften, Entschlacken, Loslassen – Frauenprobleme. Heilungsrituale und weibliche Archetypen (zusammen mit Margit Dahlke) – Ganz entspannt – Hautprobleme (Doppel-CD) – Heilungsrituale (Doppel-CD) – Herzensprobleme (hoher Blutdruck, Infarkt) – Kopfschmerzen – Krebs. Aktivierung der Selbstheilungskräfte – Lebenskrisen als Entwicklungschance – Leberprobleme. Das eigene Maß finden – Märchenland. Entspannung und Fantasie für Kinder – Mandalas. Wege zur eigenen Mitte – Mein Idealgewicht – Naturmeditation. Der Mensch und die Erde sind eins – Niedriger Blutdruck – Partnerbeziehungen – Rauchen – Rückenprobleme – Schattenarbeit. Befreiung von Zwang und Schuld – Schlafprobleme – Schwangerschaft und Geburt (zusammen mit Margit Dahlke) – Selbstheilung – Selbstliebe – Sucht und Suche – Tiefenentspannung zur Synchronisierung beider Gehirnhälften – Tinnitus und Gehörschäden – Traumreisen. Die eigene Seelenwelt erkunden – Verdauungsprobleme. Geben und Nehmen – Visionen. Den eigenen Weg finden – Vom Stress zur Lebensfreude.

(im Integral Verlag)
Die Heilkraft des Verzeihens – Die Leichtigkeit des Schwebens – Erquickendes Abschalten mittags und abends – Schlaf, die bessere Hälfte des Lebens – Schutzengel-Meditationen – 7 Morgenmeditationen. Archetypische Einstimmung auf jeden Tag der Woche.

(im Ariston Verlag)
Eine Reise nach Innen: Begegnen Sie den Seelenführern – Eine Reise nach Innen: Finden Sie die innere Führung.

Vorträge und Tagesseminare von Ruediger Dahlke auf CD und Video
erhältlich über Auditorium Netzwerk, Hapsbergstraße 9a, D-79379 Müllheim, Telefon: +49-7631-170743, Internet: www.auditorium-netzwerk.de

Aggression als Aufgabe und Chance – Angst – Depression – Die Säulen der Gesundheit – Die spirituelle Herausforderung – Gesunder Egoismus, gesunde Aggression – Gewichtsprobleme – Heilung und Ordnung in der Medizin – Krankheit als Symbol – Krankheit und Sucht. Suche, Sinn und Mitte. Lebensgesetze und Vision – Möglichkeiten ganzheitlicher Heilung – Partnerschaft als Chance und Aufgabe – Psychotherapie, Reinkarnationstherapie – Reise nach innen – Wege der Heilung. Einführung in Medizin und Weltbild der spirituellen Philosophie – Woran krankt die Welt? – Wunden des Weiblichen.

Adressen

Informationen zu Ausbildungsprogrammen, Vorträgen, Seminaren, Fastenkursen, Reisen, Ärzte- und Firmenfortbildungen

Heilkunde-Institut
Oberberg 92
A-8151 Hitzendorf
Telefon +43-316-7198885
Fax +43-316-7198886
Internet: www.dahlke.at
E-Mail: info@dahlke.at

Informationen zu Therapien

Heil-Kunde-Zentrum Johanniskirchen
Schornbach 22
D-84381 Johanniskirchen
Telefon +49-8564-819
Fax +49-8564-1429
Internet:
www.dahlke-heilkundezentrum.de
E-Mail: hkz-dahlke@t-online.de

Register

A
Adlernase 114
Akupunktur(punkte) 96, 116
Altersflecken 97
Amazone 53
Aminas (Nahrungszusatz) 38
Androgynität 28f.
Anima 26, 27, 28, 30, 87, 132, 168, 175, 177
Animus 27, 28, 30, 92, 94, 130, 132
Antike 8, 63, 64, 168
Apfelform 67
Apfelpo 187, 188
Appetitzügler 37, 38
Archetypen siehe Urprinzipien
Armform 19, 61, 148–150
Askese 58, 61, 126
athletische (sportliche, kraftvolle) Figur
 – Frau 53, 63
 – Mann 61–64
Augenbrauen 106–109
Augenfarbe 98–101
Augenform 101–106
Augenlider
 – geschwollen 111
 – hängend 103 f.
Augenringe 110 f.
Augenschlitze 104 f.
Augenzahn 136

B
Baby-Doll-Mode 53
»Babybauch« 166f.
Babyspeck 32, 54, 172, 174
Backen siehe Wangen
Bandscheiben 164 f.
Barbie-Figur 56–58, 63, 187
Bartform 92–95
Bauchform 162–173
Bauchgefühl 70, 109
Becken 21, 29, 41, 50, 51, 56, 173, 174, 175, 176–178, 179, 186, 192
Beine 189–194
Besenreiser 98
Bierbauch 164 f., 167
Birnenform 67
Blähbauch siehe Trommelbauch
Bodybuilding 64, 130
 – Frau 27, 28, 63
 – Mann 59, 63, 163, 174
Botox 44, 84
Brustoperation 44, 46–48
Buckel 155, 157
Bulimie 185
Busenform 157–161

C
Chakra 176
 – Kronen-Chakra 76
 – Sexual-Chakra 176
 – Wurzel-Chakra 176
chymische Hochzeit 27, 29

D
Damenbart 29, 92
Denkschädel 71
Diastema 132
Diät 32, 33, 34, 36, 37, 185
Doppelkinn 45, 92, 139–143
drittes Auge 85

E
Eckzähne 128, 129 f., 135 f.

F
Fasten 13, 61, 195
Fastfood 180, 185
Fettabsaugen 32, 36, 45
Fettbuckel 157
Fettspeicher 180
Fettsucht 29, 30, 34, 35, 42
Figurideal (Idealmaße) 26, 29, 31, 38–43, 61, 65, 162 f., 188; siehe auch Schönheitsideal
 – Frau 21 f., 28, 29, 38–43, 48, 51, 56 f., 157, 173 f. 178, 187
 – Mann 22, 58, 61, 63, 163 f., 174, 177
Fingerringe 153
Fuß 53, 69, 174, 176, 192, 194 f.
 – Form 195–198
 – Größe 198–200

G
Gebiss siehe Zähne
Gehirnhälften 82, 152
Gesäßform siehe Poform
Gesichtsform 28, 29, 61, 78–81, 82, 87 f., 89
Gesichtsschädel 72, 73
Gewichtsregler 33
Göttin (Große Göttin, Mutter-/Fruchtbarkeitsgöttin) 28, 29, 31, 48, 51, 164, 185, 192

H
Haarefärben 77
Haarfarbe 74–77
Haarstruktur 77 f.
Hängebauch 171 f.
Hängebusen 158, 160 f.
Hängepo 188
Hakennase 114
Halsform 64, 59, 137 f. 140–142, 154
Hamsterbacken 74
Handform 151–154
Hautfarbe 95–97
Hautstrahlung 95
Herkules 28, 63
Hinterkopf 74
Hohlkreuz 155

Register

Hüften 21, 41, 44, 45, 162, 173–176
Hüftspeck 174f.

Idealmaße siehe Figurideal
innere Frau siehe Anima
innerer Mann siehe Animus
inneres Kind 54, 102, 166, 167, 187

Jugendkult 56, 76, 160

Karma 30f.
Ken (Barbie-Puppe) 63
Kiefer siehe Oberkiefer, Unterkiefer
Kieferform siehe Kinnform
Kindchenschema 22, 53, 112
Kinnform 22, 72, 74, 88–92, 94; siehe auch Doppelkinn, Unterkiefer
Knickfuß 197
Knie 191, 193
Knollennase 115
Körperschwerpunkt 51, 175
Körpertraining (Sport) 7, 43, 44, 64, 65, 130, 163, 165
Kopfform 59, 64, 71–74, 84
Kopfplastikheit 70
Krampfadern 98
Kropf 142
Kugelbauch 165–167
Kugelgestalt 30, 66, 67, 120
Kummerspeck 32, 33

Lächeln 23, 87, 125
Lebenshunger 30, 170f.
leptosome (dünne, magere) Figur
 – Frau 38–43
 – Mann 58–60, 61, 66
Lippen 22f., 45, 94, 124, 125, 126, 128
 – Oberlippe 94, 124
 – Unterlippe 124
lockiges Haar 77f.

Magenbändelung 36f.
Magersucht 15, 27, 29, 39, 59, 185
Mandala 32, 86, 98, 102, 122, 162
Mentaltraining 44
Meridiane 36, 45, 128
Modediktat 39, 41f., 163, 174
Molligkeit 42, 53f., 66f.
Mondgesicht 87
Mund 45, 94, 129, 130 131; siehe auch Lippen
 – Form 124–128
Mundwinkel 124f.
Muttermal 23, 78, 97

Nacken 143f., 147f., 154, 157, 158
Nägel 22
Nährstoffe 35f.
Nasenform 45, 111f., 113f.

O-Beine 191
Oberkiefer 72
Oberlippe 94, 124
Oberschenkel 191–193
Ohr
 – äußere Form 117–122
 – Innenstruktur 119f.
 – Rahmen 118, 119, 120
 – Reflexzonen 96, 116 (Abb.), 122, 194
Ohrläppchen 122f.
Ohrringe 116
Orangenhaut 192f.

Pausbacken 87
Piercing 116
Pigmentflecke 97
plastische Chirurgie (Schönheitsoperation) 19, 43–48, 56, 57, 84, 159, 201
Plattfuß 196f.
Poform 49, 50, 51, 55, 179–188
Puppenmund 126
pyknische (mollige, runde) Figur
 – Frau 42, 53–55
 – Mann 66–67

Reflexzonen 122, 194
 – Fuß 194
 – Ohr 96, 116 (Abb.), 122, 194
Reinkarnation (Wiedergeburt) 12, 24
Reithosenphänomen 49–51, 185
Rückenform 154–157
Rundrücken 155

Säftelehre 11
Schenkel 41, 49, 50, 51, 55, 186, 188, 191; siehe auch Oberschenkel, Unterschenkel
Schneidezähne 128–136
Schönheitschirurgie siehe plastische Operationen
Schönheitsideal 41, 66, 96, 126, 188, 198; siehe auch Figurideal
Schönheitsoperation siehe plastische Chirurgie
Schulmedizin 15, 19, 36–38, 84, 88
Schulterform 59, 61, 145–148, 158, 174, 177, 178
Schwanenhals 137f., 154
Schwangerschaftsstreifen 172f.
Schweißfüße 195
Segelohren (abstehende Ohren) 46, 117f.
Selbstliebe 33–35
Senkfuß 196f.
Sexualität 32, 51, 54, 111, 158, 171, 174, 176, 179, 182, 186f., 192
Sitzfleisch 182
Skoliose 157
Sommersprossen 97
Sonnenbräune 96f.
Sport siehe Körpertraining
Spreizfuß 196f.
Stiernacken 143f.
Stirnfalten 84–86
Stirnform 22, 81–84, 111
Stupsnase 112, 114
Symmetrie 23

Tätowierung 96
Taille 21, 44, 49, 173–175
Tränensäcke 109f.
Trommelbauch 168–171

Übergewicht (Leibesfülle) 16, 30–38, 61, 66, 74, 142, 144, 157, 180, 185
Untergewicht 41
Unterkiefer 72, 82, 87, 88f., 91f., 134; siehe auch Kinn
Unterlippe 124
Unterschenkel 194
Urprinzipien 16, 17, 22, 53, 128, 187
 – jovisches/Jupiter-Prinzip 16, 191
 – Mond-Prinzip 22, 46, 53, 87, 98, 136, 160, 187
 – Sonnen-Prinzip 98, 136
 – Venus-Prinzip 110, 160

Venus von Willendorf 29, 48, 168
Verdauung 31, 88, 128, 131, 142, 164f., 168–170, 172
Verdauungssystem 37, 170 (Abb.)
Vollwertnahrung 35f., 38

Waden 194
Walküre 53
Wangen 87f.
Waschbrettbauch 44, 66, 163
Wespentaille 21, 173f.
Wirbelsäule 69, 154, 157, 176
Wohlstandsbauch 164

X-Beine 189, 191

Zahn-/Gebissform 128–136
Zahnfehlstellung 46, 129, 130f.

207

Der Autor

Dr. med. Ruediger Dahlke, Jahrgang 1951, Arzt und Autor; ist seit 1978 als Psychotherapeut, Fastenarzt und Seminarleiter tätig. 1989 begann er zusammen mit seiner Frau Margit das Heil-Kunde-Zentrum für Psychotherapie, ganzheitliche Medizin und Beratung in D-84381 Johanniskirchen aufzubauen und zu leiten.

ARBEITSSCHWERPUNKTE: Seminare und Ausbildungen in Psychosomatik (Archetypische Medizin), Atem- und Psychotherapie, Fasten und Bilder-Meditation, Wassertherapie; Vorträge und Firmen-Trainings im deutschsprachigen Raum und in Italien.

INTERESSENSCHWERPUNKTE: Entwicklung einer ganzheitlichen Psychosomatik, die spirituelle Themen einbezieht, wie sie sich in den Bestsellern »Krankheit als Weg«, »Krankheit als Symbol«, »Krankheit als Sprache der Seele«, »Aggression als Chance« und »Depression – Wege aus der dunklen Nacht der Seele« mit den dazugehörigen CD-Programmen ausdrücken. Ruediger Dahlkes Bücher liegen in 165 Übersetzungen in 22 Sprachen vor. Weitere Informationen auf www.dahlke.at.